《山海封神榜》 前傳 上卷

Tales Of Terra Ocean   Rise of the Imperial Guardians

蘆葦草 著

新時代古典奇幻文學 有著作權 侵害必究

未經授權不許翻印全文或部分

及翻譯為其他語言或文字

ISBN: 1494854910
ISBN-13: 978-1494854911

序

傳說在很久以前，有兩個大神爭奪天地，世界遭受了空前浩大的災難。冰洋極海的積雪被烈焰融化，形成無數川流，萬畝方圓的地域被汪洋淹沒，島嶼陸沉，天傾地陷的巨災一觸即發。

四位仙人遵照天象經緯的指示，仗著仁厚膽識之心走遍天下，在極地荒涼的隱僻之處發現了天地相輔、山海相循的奧秘。靠著天地山海所吸收的日月精華，經過火風水土的醞釀所淬煉出的幻化靈珠，能使天下安定，扭轉人類榮枯興衰的契機。因此四位仙人展開了收集靈珠的旅程，將靈珠鑄成神器，使用這股力量來解救蒼生。

千百年來，八柄神器代代相傳，四仙人為天下樹立了萬世範典，以彩雲峽為地界的中心點，先後創立了天山國、蓬萊國、鬱樹國和翠雲國。

後來四仙人擇地隱修，萬古神器與四象通靈召喚術之傳承的重責大任落到了後裔身上，在戰亂的年代，光明御史被賜予了平定亂世的力量，並且為四國揭開了序幕之戰。

原始的な天と地がどんよりとした暗闇であった。盤古の天地ができて以来、地球から見ると太陽は黄道上を回り、毎６万６千６百６６年に一度、必ず大きな災難が起きる。その災難は広い地域で津波、山崩れを引き起こす。大災難が起きると、池が乾き、地が避けるだけではなく、さらには気温も低くなり、洪水も起きて、島と陸地が沈没し、生霊でさえも絶滅に至る。

四人の仙人は、世界を歩き回り、非常に辺鄙なところに、天と地がお互いを助けあうかのように寄り添い合っていた。山と海との相性が合うという奥秘を発見した。

天地山海の精気と火風水土の栄養を吸収することによって、幻の霊珠を作れて、人類が衰えるのを防ぐことが出来るという代物を見つけた。このいくつかの四象霊珠を兵器にはめ込んだ。代々伝わり、後世の百姓には「万世神器」と呼ばれている。

この小説は万古神器と四象霊珠の呼びかけ術について書いており、読者方様をかつてにはなかった古典ファンタジーの新紀元へとお連れ致します。

どうぞご期待ください。

《目錄》
～山海封神榜 前傳 上卷～

第一章 龍脈長城

天山國北方的邊界雪山環繞，空中飄著白茫茫飛雪，天色微亮。山上有高峰阻路，雲霧漫谷，岩石光禿，陡峭的山壁寸草不生。

話說鳳凰山脈由南而起，北至天山國，乃是制控疆界的重要防線。山的周圍築有石墩和堡壘，工程艱巨，烽火相連，據說是為了要鞏固地勢，防禦異族侵犯而設立的軍事重地。有侍衛長期駐守在此，若是站在遠處遙望，蜒蜿的磚牆起伏於山間，隱約看似一頭巨龍，因此又稱為龍脈長城。

那地方空谷迴風，一個青年奔得累了，喘氣吁吁停下腳步，蹲下半身，從地上挖起雪塊含在嘴裡，嚼了嚼止渴，暗想：「這地域真是荒涼，白茫茫一片還不如蓬萊仙島好玩，蓬萊島上至少還有花草樹木，這裡卻什麼都沒有，整天待在這，守護這鳥不生蛋的地方，可真的會悶死人了。」胡思亂想一回，當下還有要事在身，歇息片刻，便起程趕路。

奔了將近一個時辰，青年順坡攀下，沿路經過一條溪流，低頭俯瞰，見河面上漂浮許多塊浮冰，邊走邊看，不知不覺來到了一座石墩堡壘前。

守衛的侍衛正沒事做，一見有陌生人來，立刻上前盤查：「等等！什麼人來此？快示出通行證來。」青年掏取文件，說道：「我是奉蓬萊國白雲郡主之命差派，前來捎信的，我叫刑天！」侍衛接過對方手中的通行證，仔細分辨，見那文件無誤，驚訝叫：「是蓬萊國的光明御史，刑天大人？」

刑天微笑：「不敢不敢。」侍衛將通行證給歸還，恭敬道：「御史大人請通過！」刑天點頭致意：「多謝你了！」

侍衛叮嚀：「大人可千萬小心，前面路段很不好走，有些石階已經脫落斷裂，行走時千萬謹慎。」

刑天連聲謝過，把通行文件揣入懷中，仰起頭看，見那石關築建獨特，檻門之間各有三重關鎖。三重關鎖均由堅磚岩牆連接而成。城關三面臨山，出口在南邊，無論何人要從南關離開，勢必會先經過三道石門，可見侍衛如此警戒守崗，森嚴之極，顯然是對這地勢極為看重。

「天山國境內的烽火臺工程艱巨，修造它原是為了要防禦邊疆的狩獵族來侵犯，看來嬋郡主已經派出了大隊軍馬在此駐守了？」刑天並無顧忌，邊走邊看，正待穿越那三重關鎖，背後的侍衛忽又追趕上，喘氣喊：「等等！大人等等！」刑天側頭問：「嗯？還有什麼事情嗎？」侍衛說：「啟稟大人，天山國的頭號通緝犯最近逃出了地牢，在天山境內肆虐，至今都還沒捉到，請大人務必小心！」

刑天睜大圓眼，問：「怎麼？發生了什麼事？有人劫獄嗎？」侍衛回答：「大人可不知道啊！最近這幾個月來，邊疆的狩獵族不斷侵擾天山，嬋大人、風羌大人和海棠大人忙著應付國事，才會讓那通緝犯僥倖逃脫。」刑天問：「那通緝犯怎麼稱呼？若是我遇見他，再向你們通報。」侍衛回答：「那通緝犯的名字叫貓！」刑天點了點頭：「謝謝你的提醒，我知道了。」

天空不斷下著大雪，積雪約深二丈有餘，龍脈長城的石磚太過難行，刑天離開了南關出口，週圍雪花飛散，飄揚全地，把山谷映照得隱隱生輝。

眼看龍脈長城的闊路逐漸狹窄，深溝險壑，峰迴路轉再無歸處。天空中雲霜遮蔽，腳下的城牆已經脫落，露出內層黃土，白雪與黃土攙雜混在一塊，污穢不堪。

刑天望著山邊的峻垣深壕，有些烽火台坍陷塌落，也不曉得這條石磚長廊究竟歷經過幾百年風霜歲月，寒冷颼颼，

鑿痕壘壘，他小心翼翼踏過石階，有些磚塊只稍輕輕一踩，立刻鬆脫，外加表面又覆蓋兩丈餘深的堅冰，簡直雪上加霜，寸步難行。

大約行走半個時辰，天色已經逐漸傍晚，刑天循著山脊小路攀爬下，喘息吁吁，嘴裡吐出霧氣。站在山峰頂上，將背脊貼著石牆靠攏，低頭俯瞰，見山腳有座關城砌磚築建。那城樓九脊重簷，巍峙高聳，全城周圍均被護城池環繞，還有吊橋接山跨河聯結，制險的城牆墩臺峙立，守衛森嚴。

刑天站在山崖獸望城關底下，轉過頭看，遙遠處有一隻巨角山羊站在峭壁。細詳審視，那頭山羊全身灰褐色鬃毛，棘角多節，下巴長有一撮鬍鬚，嘴裡正在嚼食苔蘚，定逸吃著。但想自己遠從蓬萊仙島來，生平從未見過巨角山羊，見牠生得有趣，展開輕功，沿路追趕：「小羊兒！你從哪裡來？」

巨角山羊原本安然棲息在峭壁上，一見有人奔來，四蹄輕快，嚇得躍下岩石。刑天見那山羊攀岩爬石來去自如，有心較量，一個飛身起落，踏入懸空的斷崖邊緣。只是天空中風霜吹打，環峰阻雲，白茫茫的霧氣蕩在山谷，目力難濟。

兩條飛影東穿西梭，在龍脈長城附近疾速奔馳，那隻巨角山羊靈活跳躍，穿梭於峭壁之間，刑天追趕在後，雙方速度不相上下，僅相差三丈距離。

奔行片刻，忽見前方斷阻開，無路可走，那巨角山羊鳴叫一聲，猛擺頭甩尾朝敵人衝來。刑天見山羊強悍，用堅固的巨角相撞自己，不慎防範，急忙側身閃避，哪裡料得雪中藏有暗冰，腳下一滑，翻個好大筋斗，順坡滾落山谷。

眼前昏花繚亂，刑天一路沿著雪坡滑下，耳邊冷風颼颼吹著，幾堆雪塊迎面撲來，塞著口鼻，登時感覺氣塞胸膛，

頭昏腦脹：「糟糕！」試圖伸手去抓樹枝，不料手掌冰冷，卻只捏到雪塊。雪堆下全是光溜溜的堅冰，無法立站，速度卻愈滾愈快，突然一頭撞入雪堆：「痛死人！真是太不小心了！」狼狼爬起身，聽見前方不遠處有打鬥聲，急忙伏在雪堆，待觀動靜：「咦！發生什麼事？」

只見雪山下停著一輛馬車，那車夫躺在地上，似乎氣絕，車內坐着三人，車外圍繞五個男子。

五個男子手持器械，圍作小圈，緊緊將馬車包圍：「嘿嘿...看看這有什麼好東西？」有女子哀求：「五位大爺！求求大爺放過我們...」一名男子怒道：「少囉嗦！趴下！」女子俯伏在地，哀求討饒：「大爺若肯通融，你們要什麼我們都給，求大爺放過我們母女三人吧！」

刑天伏在山丘，心想：「難不成是強盜打劫？」見那五個男子擁上馬車，硬將三名女子拖出車外。三個女子東倒西歪，跌在地上，掙扎：「明鏡！明月！」兩個女孩跪倒在地，哭喊：「娘！」婦女哭求：「大爺開個恩惠！這兩位可是我女兒啊！大爺要銀子我給你們，大人要馬車我也給你們，只求大人好心，放過我兩位女兒吧！」明月和明鏡披頭散髮，哭叫：「娘！娘！」

五名男子見那兩位女孩豐肌弱腰，身穿緊身棉襖，端得一看見就放不過，非要弄到手不可。狐群狗黨色心大起，淫笑嘻嘻，涎著嘴臉糾纏，硬是將兩個女子拖進馬車。

刑天原先還以為只是打劫錢財，沒想到竟有此奇變，心想若是自己見死不救，把那無辜三人置留在此，最後肯定死路一條。

「明鏡！明鏡！快救妳妹妹啊！」婦女不甘受汙，掙脫男子掌心，哭著逃跑喊。無奈那五個狐群狗黨早已色心大起，哪裡還拋脫得開？明鏡被撕去半截袖子，露出一條白玉膀臂。餘下強盜見此狀況，寬衣解帶，淫淫劣嘴笑：「哈

哈！兩位姑娘生得玉琢標緻，這般滿意，何不過來陪伴大爺說幾句風情趣話，解些煩渴？」說著，粗魯又將兩位姑娘拖進馬車，準備要肆意取樂。

無辜婦女見兩位女兒受人淩辱，誓死不從，手忙腳亂衝去，擺出一副哀求臉孔，雙膝下跪：「明鏡！明月！求求幾位大爺開恩，放了我兩位女兒吧！」五個強盜慾火中燒，不料被人阻了興致，側過身去，一腳將婦女踹倒在地：「哼！沒看見大爺正在風流快活嗎？哪個還來惹事？妳這傢夥居然敢過來造次，好不識相，還不快快滾開？」

刑天原本伏著觀看動靜，觀察一陣，腦海突然想起自己爹娘死前的景況，兒時舊事紛紛湧上心頭：

「刑兒！別回頭，快跟著你娘跑！」瞥頭一看，見背後有強盜騎馬追來，舞槍大叫：「站住！還不快快束手就縛？」

荒郊野外，幾個村民推推擁擁，逃出幾步，有人被強盜一槍刺中，叫聲悽慘，顯然楚痛難當。刑天心焦得急，緊緊抓住母親手腕，不料一個強盜飛快追近，長槍揮出，硬將婦人手臂斬下。鮮血飛濺，刑天的臉上鮮血淋漓，婦人嘶聲喊叫，痛苦難當。

四個強盜扭住一人走來，罵道：「好傢伙！死老百姓居然想逃？」男子拼命掙扎：「快放開我！快放開我！」順目一望，見婦人右手遭斬伏在地上呻哮，焦急叫：「娘子！娘子！」

那群強盜忌他威勢，被擺脫開，不敢貿然上前：「哈哈！這廝的無禮！」辨別方位，手中刀械出招極快，一槍揮落。那男子毫無閃避之餘，滿臉鮮血，身子向後一翻，倒地氣絕。

那群強盜一臉興奮，坐在馬鞍上哈哈大笑：「死老百姓！這時候才來投降討饒，未免太遲。」正說之間，不料斷臂婦人突然躍起，左手勒住一個強盜脖子，張口往肩膀咬：「兒子！快逃！」兩人纏成一團，強盜啊啊怪叫，落墜馬鞍。其餘幾個同伴抽劍來砍，怒道：「好個潑辣的婆娘！」幾根飛槍順勢戳下，不露絲毫空隙，那婦人被刺得渾身是血，可是臉色毫無畏懼之意，只管張嘴咬住不放，模樣駭然。

幼年的刑天見母親鮮血狂湧，嘶聲耗竭，無奈雙腿酥軟，站不起身。其中一個強盜躍下馬鞍緩緩走來，溫言微笑：「小朋友，你爹爹媽媽試圖逃跑，快過來叔叔這邊，你向我俯拜謝恩，叔叔饒你一命不死。」

回憶到此，刑天內心怦怦亂跳，伸手去摸頸上一條木圈項串，霎時之間，耳邊忽又傳來聲音哭著大喊：「救命！救命啊！姐姐！娘！」回神清醒，凝視雪山下，見那五個男子拉拉扯扯，企圖把兩個婦女剝衣解帶，縱情取樂。兩個女孩不甘受汙，伸著白玉膀臂掙扎，只可惜拋脫不開，再被撕去半截衣裙。

五個狐群狗黨不肯放手，涎著嘴臉淫笑，刑天聽那兩個女孩哀嚎哭求，仿彿見自己親人被辱一般，咬牙切齒，猛爬起身，站在雪坡上憤怒大叫：「混帳！住手！」

五名男子見山丘上有人大喊，還以為是士兵埋伏，紛紛驚慌跳開，手腳忙亂地拾起刀械：「咦！是誰？什麼人在那邊？」一個臉黃似蠟的強盜套起衣甲，問：「什麼人？」刑天厲聲吩咐：「放開他們！」強盜焦急喊：「貊大人！難不成是嬋的士兵埋伏？」

刑天想起先前天山國侍衛提醒自己的話，思索：「咦？貊大人？是天山國的通緝犯？」

那個名叫貓的強盜初時詫異，見雪坡上只有一人，哪裡還有什麼軍隊埋伏？鬆一口氣，大膽問：「喂！小傢伙！你是誰？」

刑天乃是來天山國執行任務的，原本不願妄生枝節，只是見兩個姑娘被人扯得衣容不整，滿面淚痕，心裡不覺憤怒，喊聲叫：「光天化日之下，誰敢亂起邪心？你們五個強佔無辜女子，豬狗不如，可真是妄自為人！」一名強盜問：「臭小子！你打從哪裡來的？」

刑天將生死拋諸腦後，毫無畏懼道：「你們幾個不怕被王法制裁嗎？」強盜憤怒：「小伙子你好大膽？你是天山國的士兵？」刑天意志堅決，回答：「不是！」幾個強盜面面相覷，相互獸看一眼，哈哈大笑：「啊！原來不是軍隊的人？那不就是尋常老百姓嘍？可惡！臭小子果然找死！」有強盜憤怒罵：「快捉住他！臭小子活得不耐煩了！把他殺掉！」

三個強盜持槍大喊，連滾帶爬躍上坐騎，飛馳快馬衝往雪坡方向，打算殺掉敵人。

刑天踏著輕功快步，閃過敵人攻擊，強盜見他手腳迅捷，如擎雷電閃一般躲過自己刀械，心中均是驚訝：「什麼？」刑天飛身朝一名強盜撲去，疾速跳躍，雙手使出十成勁力朝敵人後頸一抓，那勁勢何等威猛？一捏之下，竟將敵人的後頸骨絞成碎裂。

那個強盜重傷不治，悶哼一聲，連人帶槍摔落馬鞍。其餘兩個同伴見狀，憤而舉起鐵矛長槍，調馬回轉衝向敵人：「可惡！殺掉他！殺掉他！」刑天腰身微偏，一個溜煙從馬腹底下逃竄開，兩個強盜如狼似虎，一時不及收手，長槍竟將同伴的馬匹刺得肚破腸流。

兩匹坐騎受到驚嚇，前蹄踏起，竟將強盜都給震落馬鞍。兩個強盜善策想逃，耳邊忽有冷風呼颳，原來竟是刑天飛

身追近：「碰上我算你們幾個倒霉！躺下！」猛一掌擊在兩人胸膛。那兩個強盜被十成掌力擊中胸口，鎖骨斷裂，向後橫飛丈許之遠，陷在雪堆。

名叫貊的強盜怪眼一瞪，原是虎視忱忱守候在旁，見敵人瞬間擊斃三個同伴，心生警戒：「咦！這傢伙不是尋常人物！」

最後一個強盜見三個同夥瞬間喪命，只覺敵人身法詭異，嚇得轉身就逃：「貊...貊大人！」貊又驚又怒，從背後的竹筒抽出羽箭，三指夾勁咻咻射去：「不准退後！」

那個強盜不防暗箭射到胸口，哀叫一聲，仰後摔個四腳朝天，滾倒在地。

刑天見敵人一箭射殺同夥，心狠手辣，鎮定問：「你就是天山國的頭號通緝罪犯，貊？」貊哈哈大笑：「你是什麼人？看你身手，絕非尋常百姓。」刑天回答：「我乃蓬萊國白雲郡主的隨扈御史，刑天是也！」

貊仔細打量，見對方長得面貌俊秀，項上懸掛一條木圈項串，點頭微笑：「嘿！真是有趣，原來是蓬萊郡主身邊的護衛？」刑天道：「強盜！遇上了鎮國御史，還不快點自我了斷？」貊笑問：「既然你是鎮國御史，身上應該帶有萬古神器吧？你的神器是八柄萬古神器之中的哪一柄呢？」刑天驚訝：「居然還曉得萬古神器？看來你也並非是個孤陋寡聞的強盜！」

貊點頭：「這個當然！嘿！自從盤古開天闢地以來，地繞黃道每六萬六千六百六十六年，必有一次天劫。那災難會使天地沌濁，萬里方圓的地域將會山崩海嘯。一旦天劫來臨，不僅池枯地裂，更是傷生亡靈。城鎮氣溫驟降，冰河遍野，甚至還會洪災橫流，島嶼陸沉。有四個仙人以自己責任重大，仗著仁厚膽識之心走遍天下，試圖找出能使人類生活安定，榮枯興衰的契機。他們靠著一股毅力，在極

地荒涼的隱僻之所發現了天地相輔、山海相循的奧秘。靠著吸收天地山海的日月精華，經過火風水土的醞釀，淬煉出了幻化靈珠。那四位仙人不忍心再見生靈遭受沉淪之災，因此僱用鐵匠，把靈珠打鑄在兵器內。後來這些神器代代相傳，被後世百姓稱為萬古神器，我說得正確吧？」

刑天點頭：「看來你還有點見識。」貂繼續又說：「嘿！據說神器的持有者只需要將萬古神器握在手中，心裡想著召喚聖獸，四象獸的實體就會出現。傳說若是誰手中握有這些武器，就能呼風喚雨，傾城傾國，因此這些萬古神器歷代就成了世人爭奪的目標。」

刑天點頭：「看來你對萬古神器似乎頗有興趣，你還知道了些什麼呢？」貂描述道：「聽說神器一共有八柄，分別為鴛鴦鉤、鐧鐮刀、鐵樺殺威棒、金箔大力杵、混天乾坤圈、如意風火輪、落魂鞭和捆仙繩。八顆靈珠分別鑄入了八種不同的兵器內，能夠召喚出八隻四象通靈的神獸。其中，天靈獸各有兩隻、海靈獸各有兩隻、地靈獸各有兩隻、山靈獸也有兩隻。鷙和鳳為禽中之王，能夠散土，龜和蛇為介中之王，可以滅火，麒麟和麋鹿為獸中之王，乃是治水，蛟和龍為鱗中之王，則能焚風。御史大人，我說得正不正確？」

刑天點了點頭：「你說得不錯！幻化靈珠受了天地山海的醞釀，可召喚出珍禽異獸。四靈獸各能相生相剋，火靈獸可焚風、風靈獸能散土、土靈獸乃治水、水靈獸則是滅火。四種靈獸都能相生相剋，若是八隻聖獸的力量全加起來，足以化解天下所有天災浩劫，對四國的安危影響遠大。」

貂笑：「既然如此，御史大人來到此地執行任務，應該有將萬古神器帶在身上吧？何不拿出來讓我這個強盜見識看看？」刑天冷道：「要見識神器的威力是可以，怕只怕你沒有那個命！」

「那好！就讓我們來比劃一下！」不等講完，貊的身影如擎光電閃般衝出，一雙快腳颯腿如風，連環飛踢：「接我一招！」刑天一招伏虎鶴行，換個雙人字步，右手劈空斬下，打算直取敵人膝蓋，叫他腿足重傷不得再行攻擊：「跟我回去天山懸樓殿見嬋郡主，乖乖蹲一輩子的監牢吧！」

貊的腳下踏個斜萬勢，挽個順勢大平側滾開，接招拆招防禦，勉強打個旗鼓相當：「好身手！嘿！能和高手較量，這才叫做人生樂趣！」

刑天飛身追上，雙手平挑壓住敵人的肘臂，順勢轉個天地向，五指照向咽喉戳去：「躺下！」貊曉得自己若被那招擊中，肯定瞬間葬送性命，心慌意亂抬起腳踢：「可惡！」刑天雙掌向前一抓，把對方腳踝扯住，猛向左扭：「我叫你躺下就乖乖躺下！」

貊一時氣血堵塞，凌空旋轉四圈，跌倒在地：「啊！」刑天輕易打敗敵人，嚴詞厲色說：「別掙扎了！你是敵不過我的。」話才講完，突然眼前耀眼生輝，貊抄出八柄鐵錐，擲向自己的胸膛：「去死！」刑天吃驚詫異，身形一閃，捷如羚羊躲避開：「真卑鄙！想偷襲我？」見勢想避，不料後腿一緊，左腳竟被倒在地上一隻坐騎的韁繩給纏絆住：「咦？糟糕！」

貊忍著腳痛，做個翻身鷂子躍上馬鞍，猛扯韁繩：「喝啊！喝啊！快走！」刑天扯開韁繩，企圖追趕：「可惡！別逃！」貊慌張回頭，再抄五枚鐵錐擲出：「去死吧！」刑天的腳下踏個斜萬勢，側身滾避：「糟糕！讓他逃了！」

貊騎著快馬飛風奔馳，鐵蹄濺起雪花，轉眼把敵人拋在數里之外。

刑天踏著雪堆難以追趕，回過頭看，見受難的婦人也焦急將兩個女兒推上馬車，急對他們喊：「三位請等等！」婦

14

人嚇得消魂喪膽，遇著天幸也不敢逗留，催馬扯繩：「明鏡！明月！快點進入車廂！」刑天踏著雪堆寸步難行，跑來叫：「三位請等等！我不是壞人！」

婦人騎著銀鬃白馬，抽繩鞭打，幾匹快馬沒命似奔逃衝出，混亂中差點把人撞倒在地，索性刑天反應機靈，一個鯉魚打滾閃避開：「等...」仰起頭看，忽見其中一個姑娘把頭探出車窗，含淚望住自己凝視。刑天見她臉上淚光點點，一臉嬌愁的含情之態，心想：「是哪家的富貴姑娘？」

婦人早嚇得膽顫心涼，回頭見女兒把頭探出窗外，吩咐：「明鏡！快坐好車內！」刑天孤單站立，見那三個無辜母女狼狽駕車逃離現場，顯然是不願惹禍上身，眼看天色稍還明亮，刑天爬上雪坡，思索：「嗯...天山懸樓殿距離這裡應該不遠了，我得趕緊加快速度，趕路才行。」

第二章 結盟

刑天穿著勁裝走上天山，舉目眺望，隱約可見遠方的烽火臺。他循著東北方走，沿途都是屹岇簺石，地上草木稀疏，一片茫茫冰雪有如羊毛純淨，覆蓋整座龍脈長城：「終於要抵達懸樓殿了，不曉得嬋郡主那兩個護史是否也在殿內？」稍低頭看，腳下的長階石廊覆蓋著冰雪，遍地白茫，險峻的地勢環山峰繞，雪霧紛飛。

彎彎曲曲的山脈向北蜒蜿，走了半晌，終於來到一座方樓築建的烽火臺。

刑天看得入神，發獃一會，烽火臺下站了一個駐兵，遠遠走來問：「那邊的！你什麼人？」刑天解釋：「我乃是蓬萊國的光明御史，白雲大人差派我來此送信給嬋大人！」駐兵詫異問：「您可是蓬萊御史刑天大人？」刑天從懷中掏出令紙和通行證，點頭：「正是！」駐兵恭敬鞠躬：「久仰刑大人盛名，嬋大人正在殿內。天山懸樓殿距離這座烽火臺不遠，您繼續往前走，經過聖雪峰，就會抵達了。」

刑天問：「對了！嬋大人和二位天山御史還好嗎？前陣子聽說狩獵族的人闖入境內，懸樓殿有沒有發生什麼事情？」駐兵解釋：「幾個月前，有個幻獸師企圖入侵懸樓殿查探軍情，索性嬋大人及時召喚出聖獸赤鷙，才將敵人擊退。」刑天詫異：「幻獸師？他有召喚出幻獸嗎？這樣豈不是引發了一場嚴重戰役？當時有人傷亡？」駐兵搖頭：「索性當時那個幻獸師是單獨一人行動，並沒有符爆師隨行，因此無法召喚出幻獸，否則後果不堪設想。」刑天道：「我曉得了，謝謝你告知。」駐兵致禮甚恭：「刑大人路上小心！」

關城堡壘的鞏固地勢，使得石墩壁崢能防禦異族的擴展與侵略，因此邊關要塞的修造特別重要。刑天收回通行證，閒情定逸看了看周圍風景，走入城關。

眼前又是一片空谷迴風，雪山環繞，空中飄著白茫茫飛雪。走不多時，地勢逐漸寬敞，眼前豁然明亮，一座龐大土城好景呈現。那外城面積寬廣，形呈扁方狀，土垣從南北兩軸貫穿山峰，規模浩大。巍然壁聳的磚牆築高成垣，搭配角樓和濠溝，簡直就是巍峨壯觀。

刑天抵達了天山國的大城，獨自往鎮上走去，關口附近有高聳的城樓，重簷倚山，嚴兵駐鎮。正自欣賞，一個侍衛走來，攔阻：「喂！小鬼！這裡只給天山國的百姓出入，閒雜人等，不得進入…」尚未講完，忽見對方從懷中掏出通行證，辨識清楚，沒料到竟然還是鎮國御史？當下好似聞著屁香，連忙改口：「大人請進！」

刑天微笑示意，仰頭觀望，見東北有座甕城，城牆上的頂門築有閘樓，極為壯觀，心想：「真不愧是天山懸樓殿，就連百姓居住的城樓都這般闊勢！」欣賞片刻，走向城內。

前方這座城鎮分別有民城和皇城，刑天進入民城，天色尚明，街上依舊車水馬龍。河邊的池水結成堅冰，群眾往來不息，有商販當眾賣菜，屠夫斬骨賣肉，甚至擺攤的搭個帳篷賣湯沏茶，還有挑擔的替顧客理梳頭油，打銅鑼的師傅吹個糖人兒，更有人在路邊賣起煎油灌腸，當眾叫賣：「來喲！來喲！豬腸灌粉要炸焦，包你辣蒜呱呱叫，特殊風味巷道賣，天山境內有幾條！來喲！來喲！大家快來買好吃的煎灌腸喲！」

刑天肚腹空虛，見那灌腸脆酥，忍不住嚥著口水，掏出銀袋問：「師傅，這個煎灌腸怎麼賣？」那販子回答：「兩錢一個。」刑天笑道：「給我一份！」

攤販接過銀錢，把煎灌腸淋上蒜汁，再用牛皮紙裹緊，插了兩根竹籤，交遞對方手中：「來！小兄弟，這份是你的，煎灌腸會燙手，可得小心點拿啊！」說著，扶起推車，又繼續沿街叫賣：「來喲！來喲！豬腸灌粉要炸焦，包你辣蒜呱呱叫，特殊風味巷道賣，天山境內有幾條！來喲！來喲！大家快來買好吃的煎灌腸喲...」

刑天見那捧在手中的煎灌腸色澤棕亮，皮脆蒜香，忍不住拆開牛皮紙，一口咬得嘴巴酥鹽，但可惜自己不愛喝酒，否則若是能拿來當下酒菜吃，肯定會是人間美味，暗想：「白雲大人總是待在神樂殿，不曉得有沒有來天山國的路邊吃過這個煎灌腸？若非路途太遙遠，無法保鮮，我返回到蓬萊國，肯定要替白雲大人買些嚐嚐！」想著想著，一路邊走邊吃，中途經過酒樓和餐館，不知不覺早把手中的煎灌腸吃得精光，添添指頭，口裡感覺甚渴，一見對面有間茶棧，興致昂昂便走過去。

來到茶棧門口，牆邊坐著一個老頭。那老人衣衫破爛，手裡拿一個裂碗，盤膝而坐，看似叫化子模樣，心想：「咦！聽說天山國是蔗富大國，怎麼也有乞丐的嗎？」正思索間，那老人微笑對自己問：「喂！小娃娃！進去喝茶嗎？」

刑天見老人面黃飢瘦，衣殘不全，心中湧起一股憐憫之意，從行囊掏出一塊饅頭，遞給對方：「老先生您餓嗎？這饅頭送給您吃！」

那老人也不客氣，伸出污穢的雙手扒過饅頭，笑說：「最近天氣冷，有饅頭吃，正好可以暖暖身子。」刑天心中顧慮：「老先生，外邊街上寒冷，天黑之後恐有強盜，你趕緊拿著饅頭回家吃吧！」老乞丐回答：「呵呵...我一個窮老頭兒，身上又沒有銀子，還怕強盜來搶劫嗎？」

這個時候，忽見茶棧的掌櫃手拿木棍，跑出來趕人：「臭花子！怎麼又是你？去去去！快點滾開，別防礙我做生意！

18

」刑天阻攔：「掌櫃先生！他坐在外面，你站在裡面，他可又沒礙著你，何必這般惱怒恨他？」

掌櫃見到客人，也不敢隨便得罪，只得溫言勸服：「小客官啊！您不知道，這個糟老頭三不五十就來我門口搗亂，嚇走客人，連生意都做不下去哩！」

老人也不反駁，拿著破碗和饅頭，站起身子離開，一邊走一邊念念有詞道：「呵呵...小娃娃！人未曾加害於你，不可無故和他相爭。你的鄰舍既然在你附近安居，你不可謀害他。你若有行善的力量，不可推辭，就當向應得的人施行。不要讓誠實和慈愛離開你，要繫在頸項上，牢記在心版上啊！呵呵呵...」

老乞丐愈走愈遠，消失在街角旁邊，掌櫃見到老乞丐離開，急忙陪笑：「客官大人，那老花子有點粗俗，剛剛多有得罪，還請抱歉見諒。來來來！裡面請坐！裡面請坐！」

刑天遂順走去，聽見茶樓內人聲吵雜，探頭去看，有人大肆喧嚷、有人狼吞虎嚥在吃飯，便好奇問：「掌櫃先生，你這裡不是喝茶的地方嗎？怎麼還會有人在這吃東西呢？」掌櫃回答：「回客官的話，咱這裡不僅是茶樓，也是客棧和餐館，裡頭東西應有盡有，樣樣齊全。客人若是不信，可自己親自進來瞧瞧，絕沒問題！」

刑天踏進餐館，找一張方桌將行囊卸了坐下，左顧右盼，見這地方很是熱鬧，心裡暗想：「我花了整整四十天，沿路從彩雲峽穿過，來到天山國。雖然中途曾經在幾座村莊待過，但是這般熱鬧景象，還是初次見，真不愧是天山國的懸樓殿...」轉過頭看，有個跑堂的夥計抓了抹布，忙碌走來招呼：「請問客人要喝點什麼？」

刑天問：「你們這裡有什麼喝的？」店小二回答：「咱這裡有毛峰、龍井茶、貢眉茶、大葉青和黃金桂，全都是剛剛才運送到城裡來的新貨。」

刑天也不懂如何品茶，被那跑堂弄得滿頭霧水，隨口道：「那...那...給我來一壺黃金桂吧...」

「客官！馬上來！」店小二應了一聲，急忙跑進廚房，準備茶去。

品茶這項藝術乃是一門極為深奧的學問，茶葉本身散發芳香，藉由熱壺沖泡，霧氣烘托，可襯出特殊香氣。茶葉的芬芳可減輕浮躁的心情，令人感到平靜安穩，反樸歸真。但是眼前這地方擠滿著人，太過吵鬧，刑天悶坐椅上，東張西望，見身旁有一群人穿著棉襖，不知在聊什麼，十分好奇，忍不住湊過耳聽。

喧鬧之間，一名客官說道：「哎呀呀呀！今天真是氣死我了！剛從城外回來，全身累得半死，不小心在路上撞到山賊，那主兒脾氣可大呢！不但將我痛揍一頓，還強奪走我一件全新的錦袍。真他雞蛋！發生這倒霉事，可真叫人發火！」另外一個友人安慰：「錢財乃身外物，反正你又沒受什麼損傷，就該謝天謝地啦！」
客官心想這話不錯，點頭：「是啊是啊！錢財乃身外物，我以後要生個兒子，將來養得高頭馬大，便不會有人敢欺負他，再帶他去學武功，給他取個藝名叫『窮不怕』，呵呵...沒錢也不怕！」

友人繼續道：「話說回來啊！你可曉得？此去北方六百里路，有一座盤岩城，城主與巨鷹為伍，他的怪鳥刀劍不侵。城主的手下有人不穿衣甲，裸身赤體，有的人面目醜陋，據說還是不食五穀，餐餐以人肉為飯，好恐怖啊！」客官點頭：「你是指狩獵一族吧？聽說他們所住的地方，盤於堅冰和石壁之內，因此又叫盤岩城。聽說這群狩獵者曾多次與咱們四國聯盟的光明御史交戰，那些人口中不知念什麼咒語，一手拋出符紙，忽然就會飛砂走石，狂風大作，虎豹豺狼和毒蛇猛獸全都出現，張牙舞爪的，簡直就嚇死人哩！」

友人搖頭嘆氣：「看來北方的那群狩獵者又在蠢蠢欲動了！」客官飲一口酒：「別擔心！咱們四國郡主可也不是省油的燈，四位老祖宗流傳下來的萬古神器可是與眾不凡的絕世兵器啊！天靈獸、地靈獸、山靈獸與海靈獸何等厲害？那些狩獵者如何能是對手？」

刑天聽了這話，心裡暗憂：「看來城裡的百姓沒上過戰場，並不曉得那些狩獵者的實力。在四象獸和幻獸的戰鬥之中，四位郡主想盡出奇制勝之法，仍舊無法占得絲毫便宜。若非是仗著神器和通靈珠的相助，恐怕咱們四國聯盟的軍隊早就已經全軍覆沒了。」

聽那二人閒談片刻，刑天也休息夠久了，付賬離開茶棧，前往皇城的方向走去：「白雲大人派我來此捎信，我得盡快將這消息傳遞給三國郡主，但願齊聚三位大人商討之後，能夠獲得一個滿意的結果。」

沿著民城的街道行去，十個哨兵嚴守在皇城外，一見陌生人來，登時舉起器械，阻止：「且慢！何人報上名來？」刑天掏出通行證，閒情定逸道：「蓬萊御史刑天是也，我乃奉蓬萊國白雲大人之命，前來執行任務！」那些哨衛不敢推托，急忙放人入關：「開門！」

刑天進入皇城，走到廣場，遠遠看見幾列侍衛身穿盔甲，眾人各蹲弓步，顯然正在練功：「咦！是嬋大人的...」

一個男子頭戴黑緞包巾，肩上揹著箭壺，回頭看見有人走來，喝聲問：「閣下是誰？」刑天停住腳步：「風羌大人，好久不見。」風羌濃眉大眼：「咦？是蓬萊國的刑御史？」刑天微笑：「風羌大人正在調教軍隊，比武練功？」風羌冷然道：「這裡是天山懸樓殿的外城廣場，可不是聊天說笑的地方，刑御史來此有什麼目的？」

刑天微微一笑：「我來找嬋大人。」風羌問：「什麼事情？」刑天回答：「是白雲大人差我遞送信件。」風羌招呼：「來人啊！」一個侍衛跑出列隊：「在！」風羌吩咐：「引導蓬萊御史去見嬋大人！」侍衛恭敬點頭：「是！」轉過了身，鞠個禮躬：「御史大人，請往這邊走。」刑天回禮：「多謝！」臨走之前，忽又想起一件事情，伸手拍拍風羌的肩膀，對他叮嚀：「對了！風羌大人，您所教導的箭步攻勢，注重臂力和腰力，其剛之中帶有橫霸之氣，只不過練功的時候，若是想從基礎打起，同時也一起練習雙腿平蹲或許會更有幫助，下次若有機會，不妨可叫大家嘗試看看。」

「噢？是嗎？」風羌飛步一跳，擋在面前：「聽說蓬萊御史的神隱霧遁之術非常厲害，那就有請刑御史來指教幾招！」

刑天沒想到自己好心給個建議，反倒被對方誤解成驕傲狂妄，急忙解釋：「風羌大人一片心誠，都是為了造福天山國百姓而訓練軍隊的，因此才稍給議建，若有得罪之處，還望風羌大人別介掛於懷。」風羌道：「介掛於懷？怎麼會呢？刑御史倒是說說看，練功打基礎，如何個雙腿平蹲法？」

刑天解釋：「外家功的武學博大精深，站樁是習武的最基本功，能夠堅固腳部肌肉和身體平衡。武學之人若想把功夫打得好，最基礎的必須將馬步紮穩，弓步紮實，這樣才能立於不敗之地，此乃小小拙建，還盼風羌大人能指導軍隊嘗試練習看看。」

風羌的腳力一踏從地躍起，足不點地，做個翻身鷂子跳到後面：「好個建議！那就讓我來領教看看！」刑天疑惑：「風羌大人真想過招？」

風羌伏虎鶴行，遞走中宮，雙手的掌心向前推進：「出招吧！」

刑天靠著靈機應變，急忙彎腰滾開，避過攻擊：「風羌大人真的想要交手？」風羌一擊落空，手腳敏捷，五指微彎扣住了敵人手腕：「是指教！」刑天的右手被扯住，左手立刻朝敵人肩頸反擊：「得罪！」風羌往後一仰，抄出鐵錐擲向對方胸膛：「這才像樣！」

刑天使個輕功，翻五圈跳開，落在不遠處的空地：「風羌大人好身手！」風羌趁隙追上，攻擊咽喉：「哼！接我一招見血封喉！」刑天的雙腿蹲成馬步，穩定重心：「好！」風羌直拳攻擊，那手臂的力量有如鑌鐵之堅：「接招！」

刑天在千鈞一髮之際忽然縮手護胸，平挑壓住敵人的直拳，轉個天地向將它化開，腳下移步，扯著對方的手臂向後一扭：「得罪！」

風羌的手臂被敵人縛住，腰順風轉，一雙快腳迴旋如風，踢向咽喉：「可惡！」可惜動作太過急促，那裡曉得對方這招乃是聲東擊西，刑天連忙鬆手，矮身一低避開攻擊，探出二指點向對方的肩井穴，風羌忽感覺氣血無法循環通暢，全身酥軟，跌倒在地：「可惡！你這不是比武過招！」

這個時候，半空中突然跳出一個黑影，刑天感覺頂上生風，抬起頭看：「咦？」那黑影的雙手平壓，來抓肩膀：「什麼人到天山懸樓殿搗亂？」刑天抬起一雙連環快腳，踢開對方手腕：「是棠右使嗎？」

一個女子面如敷粉，唇若施脂道：「原來是白雲大人的光明御史？」刑天微笑：「剛才全是誤會！」海棠問：「刑御史來天山懸樓殿找嬋大人？有何要事？」刑天解釋：「白雲大人有一份機密文件，差派我送達此地，勞煩請妳帶我去找嬋大人。」海棠看了風羌兩眼，猶豫半晌，點頭：「跟我來吧！」

一群守衛向前奔來，左右包圍，焦急問：「風羌大人有沒有事情？快扶他起來！」侍衛前後擁上，排成圓弧，圍個半圈將風羌扶起身：「快看看大人有沒有受傷？」風羌揪住一個侍衛頭髮：「是誰允許讓刑天隨便通過城關的？」侍衛支支吾吾道：「啟...啟稟風羌大人，他可是蓬萊國的光明御史，所以我們...所以我們...」

風羌雖也曉得這道理，只不過當眾受辱出醜，想起總是格外憤怒，斥責：「最近天山國有狩獵族的人假扮百姓闖入，你們不仔細盤查怎麼曉得是真是假？嬋大人怕有奸細混進天山懸樓殿，因此傳下命令，凡求見者，須得細問盤查，否則一律不得進入懸樓殿，包括鬱樹國、翠雲國和蓬萊國的御史在內，這麼簡單的道理，難道你們竟不曉得？」那群侍衛無辜挨罵，只好安靜閉嘴，均想：「風羌大人技不如人，卻遷怒在我們身上，真是倒霉。」

另外一端，刑天尾隨著海棠往懸樓殿的方向行走，來到了一座圓洞石窟：「就是這了！」刑天抬起頭看，見石洞上刻著「天山懸樓殿」五個大字，心想：「終於到了！」

話說天山懸樓殿馳名天下，在四國境內，素來便有『雪中第一名勝』之稱的美譽。因為這地方的山岩早期曾遭熔漿噴蝕，最後被雪覆蓋，冷凝成虎毛花斑的流紋岩，因此造就了龍磐虎踞的玄殊地勢，峰頂的形狀更像是從地熱湧出的噴泉一般，因此又有個名字叫「泉湧山」。

刑天左觀右顧，見到處都有冰柱伏起，邊走邊想：「這個地方看來好幽靜，風景真的非常特殊。」舉目一看，這地方築了許多吊橋，甚至還有木椿殿宇襯托景致，愈看愈不可思議，抬頭一望，遠處有兩座陡峭懸崖連接著險峻冰瀑，深澗的冰泉嘩啦啦墜落，在月光下閃爍不定，澄澈透明。

那冰窟圓洞內甚為狹窄，寒氣逼人，刑天踏上冰岩見池邊兩壁陰陰暗暗，懸崖邊高掛著冰凍的藤蘿和蔓莖，石壁上佈滿雪片，冰池則有寒氣擴散，溫度陰涼。

海棠引領他走到一條甬道盡頭，那有雙岩鎖住冰池，仔細審視，可見池底的結凍苔蘚。月光從天空透射下，隱約倒映在冰池上，使得表面閃爍，好似都在發光一般。刑天問：「嬋大人呢？」海棠回答：「來了。」

一座拱橋懸在冰岩半空，忽見有個女子身穿白袍，踏著蓮步穿越岩壁冰柱，冰池的表面透著拱橋和女子倒影，澄澈透明：「你是白雲齋的護衛？」刑天恭敬下跪：「蓬萊御史，參見嬋大人！」嬋點頭：「平身。」刑天站起，審細打量冰池兩側，見頂上的石橋飛跨兩壁懸在半空，腳下冰池東寬西窄，寒冰看來終年不融，稱讚：「嬋大人，您這地方好漂亮。」

那冰岩極為狹窄，嬋踏在石階，沿著半壁高空的懸築飛橋走下：「白雲齋會差派你來，想必是有大事發生吧？」話才講完，有個黑影虛幌一腳從冰岩旁邊躍下，那男子頭戴黑緞包巾，肩揹箭壺，原來竟是先前和自己過招的隨扈：「風羌參見嬋大人！」嬋點了點頭：「起來吧！」

刑天從懷中掏出一封信件，遞送上前：「嬋大人請閱！」嬋見白雲齋批來公文，親自差派身邊的護衛捎信，顯然事情極為重要，接得文書：「嗯！」接過信紙當場拆封，把那公文折袱打開一看，照在火燭仔細閱讀，見信中寫道：

樞密行文，承蓬萊御史刑天相差，奉聖旨傳：

狩獵族長年侵擾天山國邊界，乘西之入，欲害我蓬萊國百姓。戰神帝釋天自龍脈長城晝馳夜入四國境內，殺人多死。餘黨窩藏分掠東北者，乃為力神阿修羅是也。蓬萊國須遞急緊公文，整頓置辦軍馬，並聯合天山國、翠雲國和鬱樹國招集內應，防範狩獵族勢成規模，得志於境內。

狩獵族一無所恃，謀逆有跡者日漸加增，四國須索整頓，嚴為戒備。今宜首惡誅速，緝捕並斬梟戰神帝釋天和力神阿修羅其首。請敕諸國申報上文，在重覲賞，能斬狩獵一首者增俸一級，並示以萬古神器喚召四象聖獸為激勸實跡獻勤者，有官利之，以故士心不勸。

讀完之後，嬋定睛一認，把那信件折疊收入懷中，沉思點頭：「嗯...我明白了。原來白雲齋是想聯合四國聯盟，團聚八柄萬古神器的力量，攻打狩獵族嗎？」刑天突然想起一事：「嬋大人，能否向您請教個問題？」嬋點頭：「請說。」

刑天問：「我曉得狩獵族長年匿藏北方，分別是由戰神帝釋天和力神阿修羅所管轄，雖然我對他們兩個有所聞名，卻一直未曾有謀面機會。聽白雲大人提到北方情勢，最近狩獵族謀逆引發戰爭的人數，有日漸加增的跡象，嬋大人可了解那些人的底細嗎？若是能預先告知，日後刑天不巧遇上他們，方能有應敵之策。」

嬋心想這話也有道理，點了點頭：「你還曉得狩獵族之中的誰？」刑天道：「我曉得他們當中有個樂師，專門使用樂器殺人，夥伴是個女子，同樣也善用器樂。另外一人身材高瘦，有個綽號叫鳥人。那鳥人的同伴則善於使毒，稱呼自己是蛇王。」

嬋道：「你所說的那四位，分別應該就是錦那羅、乾闥婆、迦樓羅和喇珈了吧？」刑天點頭：「嗯！我曾經與錦那羅和乾闥婆交過手，那兩人都不好應付，男的是符爆師，女的能控制幻獸。」嬋道：「若是想要擊敗狩獵族，不先了解他們各人的武技奧義，要打勝仗可不容易呢！」刑天深深鞠躬，恭敬道：「還盼嬋大人指點。」

嬋解釋：「近幾年來，狩獵族的勢力能夠迅速擴展，其實就是靠著他們能呼召幻獸的能力，這個想必你也曉得吧？

」刑天點頭：「嗯！萬古神器靠著靈珠的能力，方能召喚出四象靈獸，但那些狩獵族人，不必依靠萬古神器的靈力，就能憑著天賦異能召喚珍奇異獸。」嬋道：「然而...他們也不是全然佔盡優勢。幻獸師想要召出幻獸，還需天時地利人和，若非有符爆師隨行，使用符咒產生氣溫變動，那也成不了多大氣候。」

風羌在旁插一句話：「嬋大人！風羌在北方的旅途中，曾經遇見過鳥人迦樓羅，但那人當時不曾有符爆師隨行，卻能召出一隻泥沼獸攻擊我，最後風羌是靠著樹林障眼，才僥倖逃脫。」嬋沉默思索，海棠則答：「當初你是去沼澤附近勘察地勢吧？若是附近有沼澤地，幻獸術不受地形限制，能召出泥沼獸，那也是理所當然。」風羌搖頭：「當時我所勘察的區域，並不屬於沼澤地帶。」刑天疑惑問：「難不成是符爆師隱藏在附近，趁你沒注意的時候，使用符咒改變了氣溫和地形？」風羌回答：「我不曉得。」嬋道：「這究竟是什麼原因，日後還需調查清楚。」

刑天又問：「如果不慎再次遇見那些狩獵族，我們應該先對付符爆師好、還是先應付幻獸師才對？」嬋分析：「這事需依情況而定，若是幻獸師尚未召出幻獸，就先解決符爆師，畢竟若是缺乏符爆師的符咒術協助，幻獸師也無法召出幻獸。可是一旦幻獸出現，就只好先攻擊幻獸師了，只要殺掉幻獸師，幻獸術應該就能解開。」

海棠道：「嬋大人，我已經派人調查了那些狩獵族的背景，現在對他們的背景更加了解。」嬋點頭：「妳說。」海棠解釋：「他們在泥沼澤設了首要防線，沿著聖雪峰埋下伏兵，要接近盤岩宮不太容易。目前的狩獵族以戰神帝釋天和力神阿修羅為主要首領，錦那羅與乾闥婆駐守在聖雪峰，迦樓羅和喇珈則是泥沼澤的守護者。」嬋問：「那麼新加入的狩獵者呢？身份有沒有打聽清楚？」海棠回答：「據說新加入的狩獵者之中，並沒有任何一個是幻獸師。」

刑天和風羌聽了此話，均鬆口氣：「那還好！」嬋問：「有獵命師嗎？」海棠點了點頭：「新加入他們的狩獵者，分別叫羅裟和夜叉，據說二人都是獵命師，專門煉人血肉，先用幻象誘惑對手，再把敵人砍個遍體鱗傷。」風羌臉色漲紅，氣憤罵：「哼！這些邪魔歪道危害人間，除了使用幻象愚弄人，別的正當手法全都不會，若是叫我風羌遇見，肯定要殺他們片甲不留！」

嬋繼續又問：「海棠，除了這兩個獵命師之外，還有其他的狩獵者嗎？」海棠回答：「還有兩個新加入的狩獵者，名字分別為盤陀和多蘿蘿，據說二人是傀儡師。」眾人詫異：「傀儡師？」

海棠分析：「這兩個人的技藝我還沒調查清楚，只曉得二人所擅長的乃是驅使傀儡，可能是有點類似趕屍之類的禁術，日後我會派人再去勘察清楚。」嬋吩咐：「海棠，狩獵者可是不好對付的，一旦不謹慎面對，萬古神器就有可能會落入他們手中，甚至連累到天山國的百姓。無論如何，這兩個傀儡師的技藝，一定要盡快調查清楚才行。」海棠下跪鞠躬：「海棠明白了！」

嬋轉身又說：「風羌，吩咐巡禦營的公辦，多差遣幾個侍衛，加派在龍脈長城和邊界附近巡邏的人數。」風羌揖手抱拳，恭敬依允道：「遵命！」

刑天奉了郡主之命差來公辦，既然任務達成，也該繼續前往其它地方：「嬋大人！受人之托，忠人之事，既然此乃奉白雲大人之命，已將信件帶到懸樓殿，我也該繼續上路，前往鬱樹國和翠雲國了。」嬋領他走出懸樓殿外，指明方向：「你離開這裡，沿著龍脈長城一直向東南走，走約三天，會進入一座森林，那裡便是鬱樹國的範圍了。」

「多謝告知，嬋大人我們後會有期！」刑天離開了天山懸樓殿，沿著龍脈長城向東南走，中途在路邊搭個簡陋的棚子，露宿荒郊，清晨再起程繼續動身。他有要事在身，不

敢延遲，靠著一身輕功本領疾速飛馳，走沒幾天果然來到了一座茂密樹林。

且瞧那地方甚是蔥綠，巒屏疊障的景致一望無際，滿地野花和荒草亂石堆起。刑天抬頭仰望天空，見頂上日光被樹蔭遮蔽，加快腳步朝森林奔走，忽聽遠處有個妙齡女孩問：「盤陀大師啊！我什麼時候才能開始學引爆符呢？」盤陀回答：「妳要聆聽，要有耐心，要有耐心的條件首先要先學會聆聽，要聆聽必先靜默，學會了靜默才會有耐心。」

妙齡女孩反駁：「長篇大論的，說穿了是不想我學習符爆師的引爆符吧？大師啊！為什麼你不想讓我練引爆符呢？」盤陀道：「阿彌陀佛，出家人不打誑語，但是若要解釋起來的話，可就說來話長了。」

妙齡女孩道：「什麼說來話長？說穿了就是怕死吧？」盤陀道：「小女孩那麼沒耐心，想要操控像是千符爆破那樣的禁術，小心炸不成別人，反而將妳自己炸得粉碎，還是學習使用能夠控制傀儡的移魂轉身術比較安全。」妙齡女孩笑：「傀儡術根本就是騙小孩的把戲！大師！你果然是怕死啊？哈哈哈哈！」盤陀氣得漲紅臉：「不！是安全！安全第一！」

另外一個胖子問：「智者，小鬼頭年紀還小，你跟她說這番大道理，她聽得懂嗎？」盤陀道：「善哉！善哉！蛇王，江湖雖險，人心更險，出入江湖可得小心謹慎，以免惹來不必要的殺身之禍。貧道跟小鬼頭講這些話，就是要她記住人外有人，天外有天這道理，免得她心高氣傲，稍一戰勝，便起驕矜之意。」妙齡女孩回答：「大師啊！你總是跟我滿腹經論，搞得我腦袋烏煙瘴氣，你自己的嘴巴不會累嗎？」盤陀道：「貧道這是肺腑之言相告，妳應該要敬重貧道這個長輩才對。」妙齡女孩辯駁：「那有！明明就是在眾人面前揭我短處！」

那個叫蛇王的胖子哈哈大笑，雙手叉腰，鼓著黑茸茸的胸毛說：「鳥人，你怎麼一直沉默寡言？也開口替小鬼頭說句公道話吧？」背後一個男子臉皮緊繃，冷然道：「蛇王，你們三個別胡纏瞎扯了，咱們四人已經進入了鬱樹國的領域，在這地方可得謹慎行動，否則計劃失敗，若被戰神責怪下來，由你們三人一並承擔，我可絕對不會負責的！」

竊聽到此，刑天豁然一驚：「是狩獵者？」眯著眼向草叢外張望，見四個黑影站在樹下，仔細審細，剛才說話的妙齡女孩耳邊垂吊環飾，奪耀生光，一雙水盈大眼，鵝蛋臉看來容嬌俏麗：「這位姑娘是新加入的狩獵者嗎？」查看另外三人，一個男子身材高瘦，頭插鳥羽，頸戴銅環，赤著半身的腰上圍了獸皮，背上掛著神隱寶袋，右手持着一柄驚天槌：「咦！鳥人？是狩獵族的迦樓羅？」

迦樓羅的左邊有個胖子身材矮肥，厚大鯰唇，腰帶懸著一個鐵鼓，刑天立時辨出身份：「那是人稱蛇王的喇珈！」再看二人中央站著一個眉慈目善的老者，白髮童顏，身穿袈裟僧衣，腳踏草鞋，手持一根瘋魔禪杖。

「那人名叫盤陀大師嗎？難道竟是個和尚？這老僧和那小姑娘我沒見過，應該就是海棠御史所提到的傀儡師了。但另外兩人我卻認得，那個迦樓羅和喇珈乃是泥沼澤地的守護者，應該不能隨意擅離崗位，怎麼會突然跑到四國邊境來搗亂呢？」刑天的心中愈想愈疑惑，正要再觀察，忽見有個侍衛跪倒在地，哀求討饒：「懇切四位大人存點善心，放了我吧！」

喇珈哈哈大笑，伸出毛茸茸的手拍打侍衛腦袋：「白痴！你可是我們好不容易捉來的，我們還需利用你探聽鬱樹國的情報，怎麼可以隨便放你？」侍衛嚇得哭喊：「救命啊！懇請四位饒我性命！」迦樓羅冷然道：「你若不想被我砍頭，最好閉嘴。」妙齡女子從地上撿起一塊石頭，塞入

侍衛的嘴巴：「少囉嗦！別出聲！再吵就把你這傢伙踢下土坑活埋了！」

那個報捷的侍衛怕被殺人滅口，嚇得不敢講話，喇珈好副嘴臉，走向同伴：「鳥人，這伏兵是我先捉到的，不如就送給你當作禮物，你感謝我吧？」迦樓羅後退一步：「蛇王，別接近我，否則我把這侍衛連你一起砍頭！」喇珈笑問：「嘿！你還是不相信我嗎？過來吧！咱們兩個可是搭檔啊！」迦樓羅冷冰冰說：「你想我會相信？」喇珈回答：「我非常樂意與你合作，難道你總是感覺不出？」迦樓羅搖了搖頭：「我也想接近你，但沒辦法，因為你全身上下都是毒素。」

妙齡女子等不耐煩，走來扯開二人肩膀：「好了！真是愛耍嘴皮，咱們大家還有正事要辦，你們兩個別再鬧了！盡在這裡給盤陀大師和我看笑話，真是兩個愚蠢的傢伙。」喇珈笑：「小鬼頭，妳又不是我的搭檔，來搗亂什麼？」妙齡女孩怒道：「別再叫我小鬼頭，人家也是有名有姓的耶！叫我多蘿蘿！」

刑天猜這四個狩獵者來到境內多半意圖不軌，謹慎思索：「這個姑娘叫多蘿蘿，和老和尚同樣都是傀儡師，迦樓羅既然能夠召喚泥沼獸，肯定是一名幻獸師了，那綽號叫蛇王的喇珈，卻不曉得是幻獸師、傀儡師、獵命師還是符爆師呢？」正在思索，忽然眼前有陣疾風撲來，週圍的花草折根斷枝，刑天二話不說，向上跳躍：「可惡！被察覺到行踪了？」

「嘿嘿！什麼人躲在樹林竊聽？」喇珈把鐵鼓懸在腹部前，手中拿著邪鬼蒺藜：「是鬱樹國的巡邏兵？」刑天冷靜異常，從口袋抄出鐵錐：「你們四個是狩獵者吧？來鬱樹國究竟有何目的？」

盤陀的右手握著一根瘋魔禪杖，左手單掌當胸，恭敬鞠躬：「施主息怒，天底下有哪一座廟寺在築建、破土和祭祀

的時候，是不用看時辰選日子的？貧道和三位朋友來此揀選地域，只不過是想看看附近風水，施主可別太過介懷。」

刑天把擔挑在肩膀的行囊卸下，從包袱中掏出二十柄鐵錐：「胡說八道的和尚，分明是想詭謀算計，殘害我們四國百姓，你們企圖攻陷龍脈長城邊境的城關，殺戮無辜百姓，你當我不曉得嗎？」多蘿蘿聽了這話，惱羞成怒：「喂！你找死嗎？」刑天冷笑：「你們要四個一起上嗎？我用幾柄鐵錐，就能解決你們。」

盤陀聽了這話，不敢半點輕忽：「施主是什麼人？」刑天回答：「我是什麼人並不重要，重要的是你們來這裡做什麼？」

現場一團寧靜，迦樓羅突然開口，冷冰冰說：「你已經得罪了我，我必須將你的頭給砍掉。」

刑天曾經在戰場上歷過無數劫難，對於雙方攻防立刻就能分辨出，眼下有心誘引四人使出絕招，先把他們的弱處看個透徹，只不過這番行徑也很凶險，因此每一步都必須非常警覺：「我若被敵人圍攻，該使用霧遁好，還是使用火遁比較好？」喇珈嗓音粗啞道：「小子！天上有路你不走，地獄無門你闖來？乖乖聽我蛇王的話，盡快投降，別再繼續掙扎了！若是你降伏於我，我便放你一條生路，若是你硬要反抗，就誅戮葬命於此，叫你屍骨全無。」

受縛的侍衛跪倒在地，磕頭哀求：「求...求四位大爺饒我性命啊！」多蘿蘿賞個耳光：「閉嘴！少囉嗦！你這傢伙！」盤陀的兩條白眉往上略皺，恭敬鞠躬：「罪過！罪過！莫忘本性，千萬多存幾分慈悲之心，煞氣太重，可是會遭到天譴啊！」

多蘿蘿對老僧的話視若無睹，扯著侍衛耳朵：「你們四國的人沒一個有腦袋的，看邊境這些巡邏兵，還不是被我們

活捉，耍個團團轉？看看這傢伙討饒的模樣，找這些貪生怕死的傢伙來鎮守邊境，簡直就是自毀長城！」

刑天見她逞強好勝，故意用言語刺激：「嘿！要憑真本事嗎？我告訴你們！若憑真本事，你們四個也該先去探查消息，免得白白丟臉，自討苦吃！就算戰神出兵一千，只需我一人應戰便可！」喇珈和迦樓羅臉色一沉：「好狂妄的傢伙！」盤陀合掌施躬：「罪過罪過！佛門中人不打妄語，貧道看施主資質不差，倘若真誠不二有心皈依，不如跟隨貧道同修仙業，幾年之後勢必深通靈性，參悟上乘正果。」迦樓羅在旁插話道：「智者！跟這傢伙多囉嗦什麼？不如一刀砍了腦袋，圖個清靜。」

盤陀嘆氣：「禪門淨地，吉凶禍福繫於一念，福緣善因皆為功德。畢竟佛門雖大，卻還是難度無緣之人。今日貧道大發慈悲，若能勸說施主皈依空門，可化災難為祥和，拉個交情免去日後隱患，豈不福德無量？」刑天哈哈笑：「滿腹經論，說穿了還不就是要我投降？你們幾個強弱相差頗遠，明明曉得自己不是我的對手，何必為一時怒氣來得罪我？挨一頓揍，豈不值得？」

盤陀和迦樓羅見對方狂言妄語，臉上又未露出絲毫怯敵之色，似乎有什麼鬼神不測之計，謹慎：「難不成這小子有伏兵相助？」喇珈則愈聽愈感興趣，招手喚：「小伙子！我很高興能遇見你，別立刻拒絕，過來這邊，我給你看一樣好東西。」刑天仔細打量對方，見他手腕上綁縛一串念珠，醒悟：「糟糕！原來這個蛇王也是一個幻獸師？」

迦樓羅問：「蛇王！你想使用毒魂珠？」

喇珈滿臉銀髯，右手高舉念珠，左手掐著指訣，微笑：「還不到那個時候，我純粹想嚇一嚇他。況且我只是一個旁觀者，樂於欣賞！」盤陀滿面慈祥，以禮請托走了過來：「施主若拜貧道為師，按著輩份關係，貧道也不能對施主

見死不救。施主若是頗有悟性之人，就應該曉得該如何抉擇吧？」

刑天絲毫不理，語氣堅決道：「說！潛入鬱樹國的目的究竟為何？從實招來，我饒你們四人不死。」盤陀躬身一揖，施禮：「良機還需珍惜，貧道一席好言，原是盼望與施主結交朋友，亦盼施主能夠悟道，貧道用心良苦，教誨良多，只望施主別再一味逆天行事，否則唯恐有害。」

刑天悶哼一聲：「明人不說瞎話，看你樣子像個和尚，怎麼不稱呼自己為老衲卻說是貧道？你究竟是個假道士還是個賊和尚？」多蘿蘿火上添油，插嘴：「盤陀大師，他罵你是假道士，又罵你是賊和尚，你不生氣嗎？」盤陀臉色一沉：「罪過罪過，施主不知輕重，竟敢出言和貧道頂撞？貧道一再好言相勸，施主卻仍舊一意孤行。既然這麼頑固不靈，那只好請施主安排拜廟燒香，替自己的忌日做個準備了。」刑天笑：「是嗎？我好害怕，現在討饒還來得及嗎？」

盤陀揮舞瘋魔禪杖：「哼！施主想跟貧道去西天不成？施主不斷反覆無常，休怪貧道心狠手辣，只好讓貧道來造化一下施主了！」

刑天使個輕功，向後避退：「我得逼這個傀儡師出手，才曉得該如何應付他。」正在盤算計策，忽見多蘿蘿抄出鐵錐從旁奔來，照準自己關節斬落：「大師啊！有的時候，你需要做的就是閉嘴！這傢伙讓我來對付！」盤陀臉漲通紅：「貧道已經出手，晚輩怎能跟前輩爭奪？」多蘿蘿回答：「兩個圍攻一個，比較快解決！」

刑天向側滾開，長袖連忙轉旋三捲，將瘋魔禪杖綁縛結住：「省了麻煩，何不四個一起上？」盤陀手中的武器被制住，掙脫不開：「施主竟敢得意忘形，惹怒貧道？」刑天的左手抄出鐵錐接招拆招，擋住多蘿蘿的攻勢，轉個天地向化開：「小姑娘！妳還太嫩了！」多蘿蘿的鐵錐劃個半

圈，勉強打個旗鼓相當卻無法砍傷敵人，氣得掃腿，踢向對方膝蓋：「去死！」

刑天縱身躍起，同時也抬腳朝對方胸口踢去：「躺下！」多蘿蘿被踹得向後仰倒，吐出淤血：「哇！」盤陀見同伴受傷，全身披掛僧衣，連舞帶跳向前飛甩：「施主太過得寸進尺了！」

刑天身法輕盈，在半空中旋轉三圈，踢出捷如電閃的掃膛腿，盤陀躲避不得，也差點兒跟著跌倒。索性對方長袍捲著自己武器，那後勁把刑天的衣袖向後拉扯，一撕為二，盤陀急忙用禪杖支撐著地，借風阻力側過身站穩：「罪過罪過！」

眼看刑天所出的招式一氣喝成，看似殊無規範，卻又條條有序，舉手投足之間隱約透露出極為精奧的上層武藝，盤陀也不禁暗詫：「施主原來是個一流高手？」

正廝鬧間，半空中閃出兩個人影，迦樓羅和喇珈守候在旁早等得不耐煩了，左右圍攻，喊叫：「小鬼頭！讓開！」、「智者！這傢伙交給我們應付！」刑天見兩個敵人迎面撲來，雙手抄出鐵錐，左穿右梭連斬七招：「嘿！換你們兩個上嗎？真有意思！」

迦樓羅的全身刺滿花紋，舉起手中驚天槌，揮向敵人的額頭：「可惡！先砍下腦袋！」刑天疾如猿猴向下伏低，那鐵槌從頭頂掠過，腳踏宮位向前一踢，不偏不倚踹中敵人腹部下的衝門穴。迦樓羅痛得膝蓋一軟，險些跌倒，舉起驚天槌擲向敵人：「蛇王！攻他下盤！」

喇珈的額頭青筋暴起，從腰帶上的鐵鼓掏出邪鬼蒺藜：「小子！送你好東西！」

刑天為了保護週身要穴，就算已經揭發了迦樓羅的破綻，也無法乘勝追擊，旋圈三轉將長袍脫下防禦，數十枚邪鬼

蒺藜打在外衣，毫無損傷：「這蛇王肯定會使毒，必須先解決他，否則後患無窮！」拼著餘力，迴旋一腳，喇珈稍微遲疑竟沒避開，全身一股熱氣湧上胸膛，雙腳向後滑行幾丈距離，險些氣血翻騰，跌倒在地，索性找到煞腳之處，才勉強凝定身子：「好小子！原來真是高手？太有趣了，我蛇王最喜歡你這種有為青年。」

雖然刑天的武藝高深奧妙，拳法招式一貫契合，打出來的速度疾如電閃，畢竟一個打四個仍舊難以攻陷敵陣，免不得還需小心謹慎。眼前拼著速度攻個狩獵者措手不及，心想若是自己不慎捱上敵人幾刀，勢必嗚呼哀哉，因此更加打起精神應戰，手中緊握鐵錐，冷道：「看來你們四個，今天是回不了家了，準備在此立下四個墓碑吧！」多蘿蘿怒罵：「好狂妄的口氣！」迦樓羅對同伴說：「斬草不除根，春風吹又生。蛇王！待會兒殺掉這人，一定要把腦袋砍下，免得沒死完全。」

喇珈把鐵鼓懸在腹前，張開大鯰唇說：「鳥人，我對這小子愈來愈感興趣了。」盤陀單掌當胸，鞠躬：「善哉善哉，施主戾氣太重，必須讓貧道好好造化一番才行。」多蘿蘿忽想到一個計策，指著降伏的侍衛，聲音清脆喊：「大師！既然有個現成的傀儡，不如就利用他吧？」

盤陀點頭微笑：「好主意！」一個飛身躍到侍衛面前，從腰帶取下一幅卷軸和金缽，將卷軸攤平展開，擺置在地，紙上貼滿符帖：「請別擔心，貧道不會讓施主憑空送葬的！」侍衛嚇得汗流浹背：「饒...饒...饒命啊！」

盤陀從侍衛頭上拔下一根毛髮，拋入金缽：「施主生得煞氣太重，貧道將你帶入空門，也算是人生難逢的機緣了。」侍衛面容驚變：「大...大...大師饒了小人啊！」

盤陀再把一張靈符揉成紙團拋入金缽，端端正正十指合掌，盤膝坐定：「移魂轉身！」侍衛抵擋不住咒術威力，突然雙眼翻白，口吐白沫：「饒...饒命...啊...殺...殺！」

刑天見這高僧把指訣結著印，雙掌合十唸個咒語，心中詫異：「這就是傀儡師的招數？」侍衛忠誠恭順，在慫恿下只能任其差遣，失魂落魄站著不動：「殺！殺！」盤陀的口中喃喃念着梵咒，將袍袖往上一揚，喊道：「消了那位施主的孽債！」

侍衛雙眼翻白，瘋瘋癲癲向前衝撞：「殺！」盤陀冷笑：「嘿！貧道的傀儡並非以線操控，而是靈符！」多蘿蘿在旁叫：「大師啊！我還是想當符爆師，什麼時候我才能學引爆符啊？」盤陀忙著操控傀儡，隨口敷衍：「安靜點！要聆聽必先靜默，不記得貧道告訴過妳的嗎？沒耐心想操控引爆符，一定炸妳粉碎！」

另外一端，刑天踏個斜萬勢側滾開，那傀儡侍衛撲個落空，腳下栽倒，撞入草叢堆。多蘿蘿見了這滑稽樣，捧腹大笑：「哈哈哈！真是騙小孩的把戲！大師啊！移魂轉身術果然只是騙小孩的把戲！」盤陀集中精神，再把指訣結個咒印，施加靈力：「移魂轉身術！催眠！」傀儡侍衛爬出草叢，全身僵直，牙關不住打顫，吐著白沫：「殺！殺！」

刑天看得百思不解，暗想：「老和尚似乎用了什麼符咒術控制侍衛，原來這就是傀儡術？」還在思索，忽見迦樓羅單手拿著驚天槌，肩膀掛著神隱寶袋奔來：「智者！這裡讓我應付，快叫你的傀儡退開，否則我就把他的腦袋砍下！」盤陀搖頭拒絕：「那位施主還是讓貧道來造化比較妥當！」

迦樓羅揮舞驚天槌攻擊傀儡，那侍衛的頭顱立刻碎成肉泥，氣絕倒地：「看見沒有？不聽話的後果，就是砍頭！」

刑天思索：「正好！趁著他們自相殘殺，我先解決最弱的。」踏出快步，正想往多蘿蘿衝去，忽又見迦樓羅從神隱寶袋抓出符咒，喊：「符爆術！疾風烈雨！」寶袋內塞滿

密密麻麻的文帖，帖上畫滿咒訣，刑天吃驚詫異：「原來那傢伙是個符爆師？」

森林的天空霧茫茫一團，突然涼風掠過，寒氣侵骨下起了大雨。喇珈見同伴使用符咒改變了氣候，呼喊：「鳥人！快用雨水把土地澆濕！這塊土地可是一片適合召出幻獸的好土！」迦樓羅冷笑：「這個自不必你說！」

頭頂上無數雨滴落下，隨著風勢流到低處，積水把土地沖刷成泥漿，一個大泥坑方圓幾畝，瞬間竟然瀉成泥潭。刑天險些誤踏浮泥，辨得危險，跳開：「糟糕！他想把我陷在泥漿？」

迦樓羅追趕在後，手腕高舉，將一串沼魂珠拋向天空，喊：「靈幻術！幻獸！出來！」

刑天經由記憶喚醒，忽想起風尪曾提到有關狩獵者的敵情，當時他說：「嬋大人！風尪在北方的旅途中，曾經遇見過鳥人迦樓羅，但那人當時不曾有符爆師隨行，卻能召出一隻泥沼獸攻擊我，最後風尪是靠著樹林障眼，才僥倖逃脫。」念及此處，恍然大悟：「可惡！原來這傢伙同時身兼了符爆師和幻獸師兩種不同的身份，竟懂得兩種秘術？他是先利用符咒改變氣溫和地理環境，然後再召出幻獸來對付我？」

還在思索，忽見近處的泥漿漩成圈狀，一隻巨獸的身上佈滿了皮質鱗甲，擺著長尾，浮出泥潭。刑天謹慎戒備，不敢怠慢：「咦！這隻是什麼屬性的幻獸？」迦樓羅橫眉冷對：「泥沼獸！咬掉他的腦袋！」

第三章 泥沼獸之巨鱷

無數雨點打落在地，樹葉被風吹得飛舞不定，烏雲層愈聚愈厚，刑天全身淋濕，暗驚：「這傢伙施展符爆術產生雨勢，再利用雨勢把土地沖刷成沼澤，召出幻獸？」但想剛才還是白日當空，萬沒料到天竟變得如此之快，眼見一隻巨大鱷魚緩緩游來，尾巴猛甩，泥漿四濺。

刑天向左飛撲，滾到大樹旁：「這下子可不好應付！」迦樓羅狠著心腸，喊：「咬他大腿！」

巨鱷從泥潭中爬出，張開利齒一咬，岩石裂成兩半。刑天滿臉泥痕，狼狽躲避：「只好打拖延戰術了！」回身一轉，急往樹林中暫避逃跑：「可惡！」說著，雙手抄進口袋，十指挾起八枚鐵錐，擲向背後的巨鱷。

那八枚鐵錐激射去，在半空中排列兩線，喇珈曉得暗器來勢伶俐，抄出邪鬼蒺藜反擊：「鳥人！」迦樓羅冷問：「怎麼？」喇珈答：「快！用符咒術把泥漿沼澤變為充滿毒霧和瘴氣的地方！」迦樓羅曉得同伴也想召出幻獸，幸災樂禍，搖了搖頭：「蛇王，沒有我，你就召喚不出毒蛤蟆了吧？」喇珈憤怒叫：「緊要關頭，你竟跟我開玩笑？快替我召喚毒霧獸，否則我將這事呈報上去，戰神肯定饒不過你！」

雙方僵持不下，頃刻間忽然狂風大作，一陣強風把落葉吹成團片，頭頂砂石橫飛，一隻巨大鵬鳥俯衝而下，從眾人頭頂滑翔過。刑天仰起頭看，立刻分辨：「咦！是鬱樹國的守護之神！天靈獸鵒鳳凰！崑崙大人來支援我了嗎？」

當下除了彩光眩眼難睜之外，什麼也看不清楚，鵒鳳凰穿梭在厚密雲層，雙翼掃起無數風柱，旋風過處，轉旋不定。多蘿蘿、盤陀、喇珈和迦樓羅不慎防備巨鳥，竟被旋風

捲到泥潭，滿身污穢：「可惡！鳥人！快用符咒術把泥沼澤變為毒瘴之地！」

迦樓羅似乎也察覺情勢不對，狼狽從神隱寶袋抄出符紙，披散頭髮，雙手合攏搓了幾搓：「符爆術！煙毒霧瘴！」刑天見敵人又企圖改變氣候，驚喊：「糟糕！那傢伙又想召出一隻幻獸！我必須快阻止他！」迦樓羅高舉符紙，怒叫：「準備被我砍頭吧！」說著，正想把符紙拋撒高空，忽見鵃鳳凰收住雙翅，兩翼兜風俯衝下來。

「什麼？」巨鳥一聲長嘯，滑翔而過，數十張符紙像旋風般團團飛轉，連同附近的落葉吸上百丈高空。霎時間風聲四起，多蘿蘿、盤陀、喇珈和迦樓羅又被颶風掃倒在地，滾入泥潭，神隱寶袋內的符紙跟著四處飄揚，全被吹得浸在泥漿。

迦樓羅原本想捏訣念咒，可惜符紙全都弄髒，暴怒如雷：「可惡！損壞了我的引爆符！什麼人敢來搗亂？」喇珈責怪：「不是早跟你說過，快點使用引爆符把泥漿沼澤變為毒瘴之地？現在敵人的援軍來了，該怎麼辦？」多蘿蘿指著天空：「你們快看！那是一隻天靈獸！」

迦樓羅耗損了符紙，無法再度使用引爆符，雙掌當胸前結個訣印：「泥沼獸！把那隻怪鳥打下來！」

巨鱷爬出沼澤，闊嘴一張，露出顎齒，吐出一道泥柱噴上天空。鵃鳳凰收攏雙翼，穿梭在白茫茫雲層俯衝而下，整個身軀忽像雪片隨風散開，避過泥柱攻勢。迦樓羅吃驚：「可惡！逃到哪裡去了？」多蘿蘿喊：「在背後！」霎時忽起一陣旋風，落葉沙沙亂響，鵃鳳凰振翅飛撲，猛把鉤喙巨爪攻向泥沼獸，只可惜那巨鱷的身軀像銅牆鐵壁刺穿不透，兩隻靈獸糾纏一團，數畝方圓內濺起了大片泥漿。

大雨傾盆下著，刑天頭髮全濕，轉眼忽見一個陌生青年跳下樹幹，對自己喊：「接住！」一包麻布袋迎面擲來，刑

天立刻伸手抓住：「這是什麼？」陌生青年喚：「快！我會操控鵪鳳凰使出旋風之力，你把火藥點燃，拋向那隻泥沼獸，我們用火焰和風勢把牠炸上西天！」刑天立即醒悟，顛翻倒袋搜出火藥：「知道了！」陌生青年亮出一柄鋼鐮刀，喊：「風象通靈術！影舞風遁！」

忽然周圍狂風驟起，飛沙走石，空中一陣颶風天旋地轉，把泥潭的巨鱷捲飛開。鵪鳳凰趁隙脫逃，凌空急轉飛到高處，擴展翅膀，翱翔於碧海青天之間。

刑天抓著火藥奔向巨鱷，用火折點燃了炸藥，叫：「喂！泥土獸！看這邊！」行動倉促，連忙將那袋火藥向前一拋，向後逃開：「快走！」陌生青年大叫大嚷，又喚：「鵪鳳凰！疾速風旋斬！」

只見靈鳥兩翼扇風，身軀蒙著一層彩雲，周圍忽感覺寒氣侵骨。天空中的狂沙吹散似地飛轉，數根火藥從旁掠過，被氣流吸往泥沼的鱷魚，頓時聽見耳邊轟隆聲響，森林到處都是塵埃蔽目，沙石倏起。眾人灰頭土臉，原來竟是火仗風勢引爆了那袋炸藥，搞得到處烏煙瘴氣。多蘿蘿見同伴臉上烏漆麻黑，忍不住笑：「蛇王！你怎麼變成了焦面人？」喇珈不能張目，耳朵嗡嗡作響：「小鬼頭！妳說什麼？」

那地方飛塵煙霧，刑天聽聲辨位，緊貼著大樹下，潛伏不動：「必須趁早解決掉狩獵者才行！」陌生青年反應敏捷，躍到身邊：「你沒事吧？」刑天蒙他相助，謹慎道：「千萬小心！那個叫迦樓羅的鳥人，不需要有符爆師隨行，就能夠隨意召喚出幻獸！」

喇珈的耳力極好，在遠處聽見二人對話，哈哈笑：「你們曉得為什麼嗎？因為鳥人不僅是個幻獸師，同時也是個符爆師！」刑天和陌生青年暗詫：「難怪？原來如此！」

迦樓羅臉色鐵青，破口罵：「蛇王，你閉嘴！你隨便曝露我的秘密，是想陷害我被殺嗎？」喇珈說：「鳥人，你想要名譽和聲望嗎？我是在替你宣揚一番！」迦樓羅冷然道：「少廢話了！可曉得我為什麼要同時練習符爆術和幻獸術？」喇珈搖頭：「你和我一樣，明明就能使用幻獸術，偏偏要多花時間練習符爆術？」迦樓羅解釋：「我苦練符爆術，就是為了不讓你接近我，沒聽說過嗎？夥伴往往就是愚弄我們的人。」喇珈笑：「鳥人，你是我們幾個當中最特別的，不僅懂得幻獸術，又能夠使用引爆符，好奇心驅使我想更了解你。」

迦樓羅素來與他言行不合，說道：「蛇王，一直重複說著騙人的話，難道你不覺得可恥？」喇珈笑：「當然不會，我所說的都是實話。」迦樓羅搖了搖頭：「我想接近你，但是沒有辦法，誰叫你全身上下都是毒素。」喇珈溫言好語：「鳥人，我只是個普通人，但我非常樂意保護你，因為你是我的好夥伴。」迦樓羅道：「不想被砍頭就別隨便接近我！蛇王！你別插手，那隻天靈獸讓我對付！」

盤陀懂得衡量輕重，見兩個同伴鬧起內訌，未敢冒犯，企圖隱身逃個老遠：「善哉善哉！兩頭巨獸並非善類，恃強想必會受重傷，貧道身任艱責，不如雙方各請高手，於日後再來決一勝負，各位意下如何？」多蘿蘿叫：「盤陀大師！你想逃跑？」喇珈譏諷：「智者，你在狩獵族也算得上是道行深厚、廣博見聞之人，怎麼區區一隻大鵬鳥就把你嚇得不知所措？」盤陀急忙解釋：「非也！非也！事出意外，各位最好先回盤岩宮研商戰術，否則若是有人不慎慘死，狩獵族的氣勢肯定會一蹶不振。」迦樓羅冷道：「要走你自己走吧！再不走若被敵人砍頭，我可不會出手救你。」
盤陀施禮鞠躬，合掌道：「既然如此，貧道在盤岩宮靜候佳音。」說罷，踏著飛步竄入草叢，隱身不見。多蘿蘿見同伴對自己漠不關心，簡直毫無一點同門情誼，氣得追趕在後：「喂！大師！你丟下我不管了嗎？等等！喂！」

兩個傀儡師施展遁術，步履矯捷瞬間逃走，只留下迦樓羅和喇珈抵擋敵人。

刑天打量陌生青年幾眼，見同伴英姿勃勃，腰帶佩著一柄雁翎刀，青衣紮束，模樣看來俱有英雄氣概，推測問：「你是崑崙大人的鎮國御史？」陌生青年見夥伴的武功頗有根底，點頭：「你是刑天御史吧？我叫幽。」刑天驚喜：「原來你真的是鬱樹國的光明御史，幽？」

幽的頭頂戴著逍遙巾，說道：「我調查過這幾個狩獵者的秘術，蛇王喇珈是個幻獸師，他能夠召出霧毒獸，是一隻巨型蟾蜍，但還需鳥人迦樓羅的符爆術協助，改變氣候和地理環境。鳥人迦樓羅則是懂得符爆術和幻獸術兩種，因此他不需要任何符爆師的幫忙，就能夠輕易改變氣溫，召出幻獸沼鱷，是個非常棘手的傢伙。」刑天點頭：「我也調查過了那個老和尚和小妖女的秘術，那兩人都是傀儡師，能用符咒誘導，操控受縛的人。」幽稍有責怪語氣：「你太任性行事了，剛才自己一人對付四個狩獵者，若是發生什麼事，該怎麼辦？」刑天微笑：「別擔心！我的直覺告訴我，我能夠打贏他們！」

喇珈聽敵人言語傲慢，假意奉承幾句笑：「兩位資質聰穎，異於凡人，我很高興遇見像二位這樣出神入化的高手，過來我這邊，我很樂意向你們兩個請教一下。」幽見對方愛開頑笑，但強敵當前，還是必須謹慎應對：「蛇王，你想趁我倆接近，用毒物暗算我們嗎？」喇珈一口唾沫吐到地上，笑哈哈：「你看我像那麼卑鄙的人嗎？」

幽凝神觀望，見迦樓羅待機而動，似乎是沒有絕對把握實不輕易出手之人，又問：「我曾經聽說過，你是泥沼澤地的守護者吧？」迦樓羅回答：「我一直以為我把自己的身份隱藏很好，原來你認識我？」幽說：「你能夠使用引爆符改變氣候，從沼澤中召出一隻鱷魚幻獸，再用引爆符把沼澤變為瘴氣之地，替同伴召出毒霧蟾蜍。我曉得你的招數，因此預先使用鵁鳳凰的旋風柱，打散你寶袋內所有的符咒，讓你無法施展符爆術。」迦樓羅瞪大怪眼：「看你

43

年紀輕輕，原來是真人不露相？哼！沒關係，來日方長，只要留得青山在，不怕沒柴燒，總有一天我會砍下你們兩個的頭顱！」刑天插一句話，冷笑：「雖然說謀事在人，但是劫數難知，被打敗的或許是你們也說不定。」

「是嗎？」喇珈展開雙袍，蠍子、蜈蚣、蜘蛛和冰蠶等物掉落在地，左蠕右動：「鳥人，既然你沒辦法替我召出毒獸，那個使喚大鵬鳥的傢伙只好交給你來對付了。這個言語狂妄的小子是我的對手，我倒想看看他如何抵禦我的毒蟲。」迦樓羅點頭：「蛇王，上！」腳力一踏從地面躍起，捷如電閃，往幽奔去：「納命來！看我怎麼把你的頭顱砍掉？」
幽的手拿住鋼鐮刀，迎面衝突：「鵁鳳凰！快使用風神遁！」

大鵬鳥張牙舞爪，急把兩翅羽翼招展，搧動風力翱翔天空而去。迦樓羅抬頭不見鵁鳳凰的踪影，警戒：「泥沼獸！快！使用浮泥障眼法！」
巨鱷將嘴合攏，緊閉住兩排顎齒，渾身被泥漿罩住，只露出鼻子和雙眼，嘴巴藏在沼澤下面，頃刻間似乎與沼澤連成一體。
另外一端，刑天不敢接近，抄出十枚鐵錐擲向敵人：「接我暗器！」喇珈抄出邪鬼蒺藜，叮叮噹噹擋架開：「別害怕！過來我這裡，我不會傷害你的。」刑天也不理會敵人如何閃躲，雙手又抄進袋挾起鐵錐。暗器在半空中排列四線，猶如一張無形鐵網從天空罩下，喇珈閃避不及，急中生智，拋出毒物防禦：「好快的速度！」

幾枚鐵錐撲個落空，鑿在地上，陷得二寸餘深，顯然刑天的手勁甚強，可惜運氣不好沒有重傷到敵人。喇珈略受了些皮肉傷，蜈蚣、蠍子、毒蠶和蜘蛛爬上全身卻是毫無避忌，毒蟲忽然爆散，化成黏稠稠的漿汁，罩住傷口。

「什麼？這傢伙瘋了嗎？」刑天見對方不但沒將毒物視若性命，甚至還咬破五指以血餵食，如非這個蛇王天生異稟

44

，換做常人恐怕早就毒發身亡：「咦？那些毒汁能幫他復原體力嗎？」

喇珈伸出手，從肩膀抓起毒蛇蜈蚣吞服肚內，咔吱咔吱，邊嚼邊笑：「看你這小伙子資稟穎異，造詣非凡，想必曾經下過苦功練習武藝吧？你出手的速度已非常人，可惜應敵閱歷稍差，否則若是能掌握訣竅，利用你速度的優勢，相信無論正邪哪派都是絕非敵手了。」

刑天也曉得自己並非招數不濟，但無論自己如何厲害，總是無法接近敵人取勝，畢竟那許多毒蟲相隔數丈近處，若是被蠱蟲咬到一口，雖不立刻致死，時候一長，毒素勢必蔓延全身，七孔流血而死。當下存著投鼠忌器之心，急速撤退，保持至少五丈距離：「蛇王！你身上那些餵不飽的孽畜，長得真是噁心，究竟是什麼怪蟲？」

數十隻蜈蚣、蠍子、毒蠶和蜘蛛爬滿了喇珈的肩膀，在傷處一口咬定吮撮，喇珈見敵人似乎有心拖延，當下也曉得若是時候一長，鬱樹國的侍衛必定會來支援，到時候迦樓羅和自己勢必遭伏，口誦咒語，簡略將話題帶過：「不要擔心，過來這邊我慢慢解釋給你聽，你隨我享福去吧！」

另外一端，天空中微風吹來，林鳥驚飛，抬頭往頂上一看，雲端下衝出巨大的鴝鳳凰。還不及反應，忽聽見幽對自己大叫：「刑天御史！快躲到大樹後！」刑天頗有默契，毫不猶豫，一個飛身抓住樹幹：「好！」幽把鋼鐮刀高舉起，喊道：「鴝鳳凰！疾速風旋斬！」

靈鳥兩翼扇風，羽翅搧著風勢疾掃來，喇珈狼狽低頭閃避，可惜速度趕不上風勢，忽感覺彷彿被人捏住喉嚨，哎喲想叫，痛得被那風力拋向高空：「鳥人！」迦樓羅心驚：「可惡！中計！」原本還道敵人召喚天靈獸，施展了風神遁的招數，是想趁個機會突襲泥沼獸，誰曉得敵人居然是另有計策想先解決自己的同伴喇珈？當下顧不得危險，手持驚天槌，奔去攻擊幽喊：「你這狡猾的小伙子！看我砍掉你腦袋！」

幽暗暗叫苦，原本還想施展秘技之後趕緊避開，只是對方窮追不捨，終難擺脫：「刑天御史！趁現在！解決蛇王！」刑天立刻會意，敏捷抄出鐵錐，擲向高空：「去死！」

喇珈被疾速風旋斬拋向藍天，周圍黑壓壓的毒蟲翔空不動，晃眼向下落墜，撞在樹上全都爆裂，當下只能硬著頭皮望空亂抓，喊道：「鳥人！」迦樓羅顧得同門情誼，也不忍心看夥伴摔成肉泥，奔去喊：「泥沼獸！浮泥禁制之術！」

巨鱷突然冒出沼澤，噴吐凝積的泥漿，一片泡沫如溶雪塌來，所過之處淹沒了數畝方圓。喇珈的身上有無數隻毒蟲亂竄，急中生智，迅速甩脫所有毒物。數百隻蠍子、蜈蚣、蜘蛛和毒蠶全都掉落沼澤，像是撒下天羅地網，鋪墜成一片蟲墊。
毒蟲淹在沼澤絕無倖免，索性卻減緩了主人的落墜之勢，喇珈的邪術耗盡，浮在沼澤，爬不起身：「嘿！真是兩個資稟頗高的小子，聲東擊西，居然懂得互相掩護？一招將我蛇王誘定不動，再用大風吹到天空？這個計策真是高明。」

刑天的雙腿蹲作馬步，左搖右晃，踩在一塊浮板，穩定重心喊：「幽！你那邊如何？」幽回答：「快將蛇王伏誅，免得再生爭端！」刑天點頭：「明白！」正要出手，天空的陽光射透下茂密樹林，使得自己目力難濟，隱約忽見山坡上有個黑影馳來：「咦？怎麼會有人？」正自疑惑，卻是一個尋常村婦駛著馬車接近，愣然一怔，急攔阻喊：「別過來！」

那輛馬車疾速馳近，迦樓羅靈機一動，吩咐：「泥沼獸！攻擊馬車！」

泥沼巨鱷不分虛實，張口噴出一柱泥漿，幽怕會傷及無辜，手持鋼鐮刀竭力追去抵抗：「你們兩個惡徒！別為難無

46

辜百姓！」踏著輕功搶先攔截，雙手握住萬古神器使出十成勁力想要抵擋泥柱，殊不曉得幻獸的招數何等威猛，差點兒竟被泥漿沖出四五丈遠。

另外一端，喇珈勉強爬起身，抄出邪鬼蒺藜：「真是兩個難應付的小鬼！吃我一枚毒器！」蒺藜疾速射去，幽奔近馬車，急中生智，一個溜煙從馬腹底下逃開，邪鬼蒺藜瞬間將馬車座騎刺得肚破腸流，車上駕駛的婦女跌倒在地，肌膚一被蒺藜刺穿，狂吐紫血，瞬間喪命。

幽和刑天看了均感詫異，忽又見喇珈抄出蒺藜再次擲來，那暗器射在馬匹身軀，另外一匹坐騎哀鴻狂叫，摔個四腳朝天，竟將車廂和韁繩甩脫開，跌倒落地。

此舉惱怒了刑天，如擎光電閃一般衝去，不等喇珈再抄出邪鬼蒺藜，呼喊：「幽！掩護我！」幽舉起鋼鐮刀叫：「風象通靈！風之裂痕！」

鶄鳳凰收翅束尾，如疾箭一般俯衝下，青蔥的樹林陸續摧斷，全被襲捲的狂風吸上天空。

喇珈受了內傷，對同伴喊：「算了吧！鳥人！事出倉促總有意外，這次未必能穩操勝算，不如先退回泥沼澤地，擇日再戰！」迦樓羅冷橫一眼：「咱們好不容易有機會離開鬼門關，千里迢迢尋來此地，你怎麼輕易龜縮？」喇珈回答：「好吧，你只管繼續奮戰，我今天有些困倦，先撤退了！」說著，用力一拋，衣袍飛揚，在半空中旋轉幾圈，逃入樹林。

迦樓羅獨自奮鬥，曉得敵眾我寡情勢不利，咬牙切齒道：「哼！下次再把你們兩個頭顱砍掉！」刑天喊：「幽！別讓他逃！」幽追趕在後：「鶄鳳凰！攔住那個幻獸師！」迦樓羅口誦法咒，唸個靈訣：「泥沼術！浮泥淪陷！」

地面忽變得異常鬆軟，刑天稍一疏神，踏著飛步陷入泥漿，無法自拔：「咦？糟糕！」

幽喚了鵁鳳凰正準備攻擊迦樓羅，忽見同伴陷在泥沼，急變策略：「鵁鳳凰！回來！」刑天向背後喊：「幽！別管我！快去捉他，千萬別讓狩獵者逃走！」幽心志堅決，仍喊：「快救人！」

鵁鳳凰展開翅膀，翔空滑行，晃眼轉個大圈從旁飛回來，探出鳳爪將刑天向上一提，飛出沼澤地。

只見那浮泥沼澤是個天然屏障，層層泡沫自表面浮起，無法行走。巨鱷凶睛閃視，伏在沼澤毫無動靜，周圍忽冒起一團黑煙，泥沼鱷魚遇霧似地隱身遁去。鵁鳳凰見巨鱷潛下泥漿，兩翅招展，將刑天送達幽的身邊。

「走！快去看看！」幽喊道，二人奔向馬車，見兩匹坐騎腹部中毒，躺在地上哀聲嚎叫，眼看是活不成了。刑天對同伴說：「幽！先救人命要緊！」幽點頭：「嗯！」
那輛馬車遭到勁風吹翻在地，卡著斷裂的樹幹，刑天疾速跳上車廂，硬是扯開廂門喚：「裡面的人！有沒有受傷？」
二人見兩個少女躺臥在車廂，也不曉得有沒有受著內傷，幽驚喊：「兩位小姑娘暈過去了，先將她們拉出來！」刑天扯斷廂門，一腳踹開斷木，將兩名年輕姑娘拖出車外：「快點醒醒！妳們沒事吧？」、「刑天御史！這裡不安全！扶她們到曠地透氣，快！」

兩個年輕姑娘雙眸緊閉，顯是昏迷，刑天審細打量，見其中一個女子滿臉嬌愁含情之態，正是自己對抗貓之時，所搭救的那位明鏡姑娘，驚訝：「咦？是她？」幽問：「什麼事？」刑天無暇思索，扛起傷者往空曠地奔跑：「沒事！我們快走！」二人扶著兩位女子的肩膀，安置樹下：「姑娘！姑娘！快醒醒！」

明鏡昏昏沉沉，剛甦醒的時候腦袋裡天旋地轉，索性沒受內傷，忍著疼痛坐起身：「娘...娘親！我的娘親和明月！

」心中懼怯不已，左顧右盼卻尋不見母親，急得幾乎要哭出來：「明月！我妹妹她怎麼樣？」刑天急忙安撫：「姑娘！妳冷靜點！」明鏡搖動身旁的妹妹，扯著翠袖：「明月！明月！妳怎麼了？快回應姐姐的話！」
幽見明月的臉上容顏變色，雙眸緊閉，急忙伸出兩指探向鼻息：「刑天御史！她好像...」

明鏡見妹妹的嬌容毫無一絲氣血，似乎連自己心臟都要蹦出來似：「明月...明月...」霎時之間，光陰好像瞬間冰凍，刑天跪在旁邊輕喚：「姑...姑娘...人死不能復生，請姑娘節哀順變...」明鏡糊著淚眼轉開頭看，瞥見母親的屍體臃腫如囊包大小，臉呈紫色躺在遠處，顯然是中了劇毒而死，嚇得渾身抖顫，奔上前叫：「娘親！娘親！」

幽怪眼圓睜，驚喚：「屍體上有劇毒，不得觸碰！快阻止她！」刑天連忙追奔過去，一擁將女子緊緊摟抱：「姑娘得罪了！」明鏡顧不得眼淚從臉龐滑落，含淚呼喚：「娘親！娘親！明月！求求你們快救救娘親和我妹妹！」幽對同伴道：「刑天御史！這地方已經不安全了，待會兒咱們儘快把殘餘收拾，離開這邊吧。」刑天提醒同伴：「嗯！但是你先別太早驅走天靈獸，唯恐狩獵者還在附近。」幽點頭：「嗯！這我曉得。」

陽光從樹蔭之間照射下，僅有一線之隙，刑天和幽踏著泥濘，褲履幾浸沾濕。樹林中靉霧朦朧，二人在一塊曠地前挖了土墳，把屍體埋葬土中。蔭僻處的陽光明顯昏暗，刑天和幽施禮鞠躬，探喪弔祭。明鏡臉上氣色全無，肢體冰涼，痴痴愣愣坐在岩石，望著兩座土墳獸看。

刑天的心中有股辛酸無法解釋，或許是自己沒來得及搭救明鏡的親人，因此暗感愧疚。幽站在旁邊倒也一字不提，見有匹坐騎奄奄一息躺臥在地，走去蹲下，撫了撫鬃毛：「馬兒，馬兒，你會感覺到痛苦嗎？」

那匹坐騎嘶叫兩聲，動彈不得，似乎心有靈犀的點了點頭。幽見牠傷得可憐，狠下心腸，一掌打在顱骨將馬擊斃：「刑天御史，準備要啟程了嗎？」

對於剛才所發生的事仍感驚魂，刑天想是若再發獸不走，狩獵者又來突襲，恐怕白白賠上三條性命：「好！」

明鏡良久無語，忽站起身，恍恍惚惚走到墳前的石碑，想起朝夕相處的親人永隔天地，終於忍不住雙膝一軟，又跪倒在地：「娘親！明月！」幽見她臉上的淚水潸然落下，迎前安慰：「明鏡姑娘，我曉得妳很難過，但我們必須離開這邊...」明鏡含淚搖頭：「我不要走...我不要走...」

刑天一時義憤，心想：「這位明鏡姑娘失去了親人，今後無論如何，若叫我刑天尚有一口氣在，絕不能讓人傷害了她，就算是賠上性命，也在所不惜！」明鏡珠淚盈腮，嗚嗚咽咽哭個不停：「娘親！明月！娘親！唔...唔...」刑天沉默不語，忽走向前將她摟抱懷中，安慰：「不要害怕！我們不會讓人傷害妳的！」幽道：「刑天御史，讓她自己靜一靜吧！」
明鏡和刑天非親非故，一個年輕姑娘依畏在男子懷中成何體統？只不過娘親和妹妹相繼離世，舉目無親，心中一時也承擔不住，忍不住依偎在對方懷抱，失聲痛哭：「小女子...小女子...嗚...嗚...」刑天把肩膀借給明鏡依靠，對同伴使個眼色，壓低聲喚：「幽，接下來就由你領路吧！」

天空中傳來一聲長嘯，鵜鳳凰原本盤旋巡邏，忽凌空急轉穿上凍雲層，仿佛霧罩煙籠，消失不見。幽將鋼鐮刀掛在腰間，招手：「好！我們走！」

第四章 瞬身術之神隱霧遁

「妳為什麼會在這裡出現？」刑天撕下半截衣袖裹住臂上的傷口，邊走又問：「當時在天山國境內，我擊退了那個叫貓的通緝犯，妳和妳的親人已經駕車逃跑，我沒來得及向妳澄清我並非山賊的同夥。」

淚水從明鏡的臉頰簌簌滑落，滿面愁容道：「娘親替明月和我締結了婚姻之誼，準備要嫁入官吏名門。因為兩家相隔甚遠，需要車馬代步，小女子家中貧苦，僱不起馬夫，娘親又急著辦理喜事，希望明月與我早日兩雙四好，因此就充當了馬夫，載著我們前往夫家。當我們離開了家鄉，不料中途卻遭山賊悄悄盯上，索性後來刑公子出手相救，否則明月和小女子絕對不能安然脫劫。」

幽問：「那後來妳倆安全的抵達夫家了嗎？怎麼又跑到了鬱樹國來？」明鏡哭得像個淚人兒，說道：「雖然明月與小女子和夫家訂了婚姻之約，只是尚未迎娶，未成連理。可惜夫家教規極嚴，禮教觀念至重，聽說這事之後懷疑明月和我與強盜有了沾染，便有悔婚之意。」刑天氣憤：「豈有此理！人情冷暖，天下竟有這等無情之人！」

明鏡哭得甚是可憐，心中想起母親和妹妹就開始難過：「小女子出身寒微，娘親原本還指望明月和我嫁過門後，不必再飽受輕視。誰曉得現在全家慘死，日後該怎麼辦好？」刑天把心一橫，拍胸脯保證：「妳不要擔心！接下來妳就由幽和我來保護，我們會將妳送往安全之地的！」

幽頗知人情世故，將同伴拉扯一邊，壓低聲問：「刑天御史，你打算如何呢？我們最好早點將這位姑娘安置，省得日後被人議論，傳出有男女之嫌。」刑天見明鏡淚光滿面，於心不忍道：「她剛失去了母親和妹妹，我們忍心狠著心腸，把她丟在異地，寄人籬下嗎？世事難料，若是我們撇下她，明鏡姑娘不曉得要再受多少苦難？不如讓她結伴

51

同行，日後有什麼問題，再想辦法。」幽心想這話也對，點頭答應：「嗯！那好！我先領你們倆去見崑崙大人。」

三人沿途行走，明鏡一路上沉默寡言，刑天介紹道：「明鏡姑娘，幽和我是屬於四國的特務御史，我們有特別權利可以保護妳的安危，現在會護送妳到一處安全的地方，先安置好住所。」明鏡問：「特別的權利？二位公子是執行什麼樣的特務？」

刑天解釋：「我們的職務又稱為光明御史，乃是經過四國郡主一致所提議的，為了維護四國安危而創立。這個特務是一個偵察機構，職能乃是監視任何對四國有威脅，想要竊取萬古神器的情報。我們負責接派不同任務，奉詔四國郡主的吩咐而秘密行事。因此有權偵緝抓人，也可以逮捕賊盜。」

幽不願同伴透露太多機密的事，立刻轉個話題，問道：「刑天御史，聽說你曾在出任務時，學會了一種瞬身移位的仙法，這是真的嗎？我從未和你交手過，若有機會，我希望能夠見識一下。」刑天點頭：「瞬身術又稱作御光術，傳說是遠古時期，四仙人所習得的武技奧義。白雲大人曾經派遣我到南方的赤焰窟執行任務，尋找洪荒時期的古代遺跡，當時我被敵人圍困，身上只有帶著火藥，火藥不慎在赤焰窟內引發了爆炸，敵人全被火藥炸死，我也因此受困在赤焰窟內的一座地底岩湖。」幽詫異：「地底岩湖？」

「嗯！事情的經過其實是這樣的...」刑天思索半晌，勾起了過去曾在赤焰窟執行任務的情況，腦海中呈現出昔日舊憶：

幾個侍衛身手矯健翻下馬鞍，一打手勢，刑天點燃起火折，眼前忽變得明亮。月光下隱約可見到一座巨闕石門，附近空空蕩蕩的毫無人影，石門上結了許多蜘蛛網，眾士兵左觀右顧，暗暗稱奇道：「這地方便是赤焰窟了嗎？」

刑天藝高膽大，拿那火棒撥開蜘蛛網：「大家別擔心！我先進去看看！」隨行的同伴見那廢墟陰森，頓時止步：「刑大人！這地方毫無人跡，不曉得是否會有鬼怪？」刑天見他謙退，走向前來，拍拍肩膀安慰：「敵人恐怕馬上就會追上來，我們先進去洞窟內。」

眾人抬起頭望那石門一眼，飽吸口氣，緊緊尾隨刑天進去。

刑天並不畏懼，只擔心敵人何時追到，當下時間不多，進入赤焰窟之後又走了一小段路，右邊有座墓塚，冒著炙熱的白煙。原來，眼前這座赤焰窟其實是一座墳墓，築建的年代已久，難以考證，據說是由洪荒時期的一位鐵匠所建，號稱四國境內最大的陵墓之一。墓室分別為東西雙墓，室內並沒有擺設什麼珍奇異寶卻添繪了許多豐富多姿的岩石彫刻，五花八門，連帶還有一些技法精湛的壁畫像，花樣百出。

刑天見這墓室內有許多壁畫，左顧右盼，四處搜尋，連聲催促五名隨從喚：「時間不多，快跟我走！」有人問：「刑大人，您瞧這陵墓有什麼特異之處？」刑天沉思：「這座赤焰窟的牆上有許多圖案，壁畫中可能藏有寶藏的秘密，大家快搜！」眾人吃驚詫異：「這座墳墓埋有寶藏？」

大家都曉得敵人就快追來，不宜耽擱，忽有人指著西側的墓室叫：「刑大人，那邊好像藏了什麼東西！」

刑天乃豪傑之士，個性爽朗，也算得胸襟豁達之人 ：「我去看看！」有士兵道：「刑大人，您去找寶藏，我們先在此擺置火藥，等您回來就能準備就緒！」刑天點頭：「好！」有人笑道：「真等不及看那些兔崽子被炸藥埋在這座墳墓的樣子，到時候炸得敵人魂歸西天，大家可要打個興隆炮，喝酒慶祝！」

刑天獨自走入西側的墓室，沿著石階一直往下行走，見牆上刻繪許多壁畫像。南邊的牆角畫著一鍋火爐，爐內裝了八顆靈石。有個鐵匠手拿鐵棒，作勢攪拌，另外四人在火爐旁低頭向內探看，似乎在觀察什麼。

刑天只盼這陵墓內還真有什麼珍奇異物，因此觀察那壁畫更加細詳，暗想：「這些人到底在幹什麼？」

眼看那壁畫生動有趣，轉過了頭，忽然又見到另外一幅圖案。牆壁上雕繪了一個長形臺子，臺上擺設火爐，火爐上置放長棍，棍子一端固定在上方，另一端則是懸吊著圓形石錘。石錘向下擠壓，有液體被擠出，從火爐底部的小孔流下。那木箱濾過液體，順勢滴落，直流入一個鐵鑄的容器內。

刑天暗想：「這壁畫中的人是在製造什麼東西嗎？」初時見壁畫的結構膩細，還以為這些石繪暗藏機關，愈看卻是滿頭霧水。當下愈看愈覺得頗不尋常，但想哪裡不對勁一時竟也說不上來，對著隨從喚叫：「大家快點過來！」

眾人聽見首領的聲音，手持火炬，遂往陵墓隧道的深處跑去，踏著石階愈走愈低。忽感覺室內空氣渾濁，溫度炙熱，地上到處冒出硫磺，氣洞噴霧，似乎已經來到了陵墓後室的盡頭。

眾人進入墓室不見任何出口，刑天站在空蕩蕩的室內沉默不語，其中一個士兵舉刀去砍石牆：「寶藏？寶藏呢？」刑天勸阻：「不必找了。」士兵一時沒有領悟，睜眼怪叫：「這裡沒寶物？」刑天吩咐：「大家準備好，我們趕緊離開！」眾人倒出意料之外，均是疑惑不解：「刑大人！但是...但是...不是有人說了寶物藏在赤焰窟內嗎？」刑天冷然道：「或許是已經給人搬空了！」說著，迅速閃出墓室，呼喚：「此地不宜久留，大家快點離開！」

一群士兵尾隨在後，加快腳步，才剛踏出赤焰窟的石門外，忽然前方傳來馬蹄聲，有追兵高叫：「盜墓賊在這裡了！」混亂之中，火光沖天而起，數百名敵人一字排開，喊叫：「是盜墓者！殺！」刑天見機甚快，立刻退回墓室內：「糟糕！太遲了！大家快進去！」

正喊之間，數百名騎兵追了過來：「盜墓者只有十幾人！殺啊！」刑天急叫隨護退回墓室，否則被幾百個騎兵合力圍攻，那可糟糕。可惜敵人四面湧來，混亂中有兩個隨從被圍困，一刀殺死：「殺啊！殺啊！砍掉盜墓者的腦袋！」

刑天想是中了報訊之人的調虎離山之計，被騙到陵墓時才發現受騙上當，如今察覺有異，幾百個伏兵早就飛趕來，當下無可奈何，只有硬著頭皮退向墓室。

幾百個騎兵衝來，有人挺槍亂刺，刑天向右閃避，飛出腳踢向其中一個騎兵，那人向後跌倒，壓得背後連排混亂。其餘的騎兵一時不敢接近，只得退出石門外：「可惡！大家小心！」

刑天趁機逃命，躲進墓室，混亂中忽然有數十枝羽箭射來，剩餘的三個隨護逃得太慢，也被羽箭射穿幾個透明窟窿，跌倒在地。

其餘的亂箭盡數插在石門上，又有一隊騎兵趕到，守候在門口問：「裡面的情況如何？」騎兵的將軍非常生氣，大怒道：「進去！快追進去！別讓那個盜墓賊逃跑！」

背後有許多追兵要殺自己，刑天無暇思索，只管奔向赤焰窟墓穴的東室。他左顧右看，喘氣吁吁卻又不敢停下腳步：「糟糕！現在該怎麼辦？」偶然間看到自己的隨護擺置在地上的火藥，顛翻倒袋往口袋一搜，掏出火折：「看來只能引爆墓室了！」背後有五個騎兵舉著火炬追來：「盜

墓者別逃！納命來！」說著，一手拿刀揮霍亂斬，硬將石牆砍出幾痕。

刑天原本還想閃避攻擊，無奈那墓道狹窄，無處可逃，向後倒退兩步卻一個不留神，竟被敵人用刀砍中皮肉，痛得他向後跌倒：「可惡！」

眼看自己遭此橫禍，墓室盡頭恐怕也沒出路，如今命運弄人，想逃也逃不掉了：「看來我只有跟你們同歸於盡了！」想到這邊，把手中的火折往壁畫一刮，摩擦生火，另外一隻手抓起火藥喊：「你們就在此長眠於地下吧！」

騎兵從石門外湧入，原本舉起刀想砍敵人，一見到火折和炸藥就嚇得連退百步，後方擠滿人群，有許多人卡在甬道中央，動彈不得叫：「誰擋著路？誰擋著路？」陸續有人被推個向後跌倒，墓室的甬道傳來有人被踩在腳底下的怪叫聲：「哎喲！」刑天趁機退逃，直奔墓室盡頭：「可惡！殺不完的敵人！」

他向著墓道末端奔跑，前方光影微斜，石壁上雕繪了色彩豐富的圖案，自己卻沒空欣賞。手中的火折並未接觸到火藥，因此還尚未引爆，心裡焦急想：「這裡沒路了！現在該怎麼辦？」追兵大聲嚷叫：「盜墓者跑到內室去了！大家快追！」

刑天再無選擇，將火折點燃火藥的引信向甬道一拋，連滾帶爬向後逃開。甬道內塞滿了人群，有騎兵嚇得哇哇怪叫：「快走！快走！快點趴下啊！」

頓時之間聽得一陣轟隆聲響，墓室的甬道內塵埃蔽目，整座赤焰窟都被搞得烏煙瘴氣，氣味難聞。眾人目不能張，有人驚喊：「快點退後！快點退後！」擠在甬道的士兵被火藥炸得血肉橫飛，腳下的石磚突然鬆動，裂出橫紋。

「大家快走！大家快走！」地磚又斷開幾條裂縫，那縫隙四方龜裂，一直延伸到刑天的站立處。眼看斷痕愈裂愈大，突然間整座墓室下陷，地表坍塌，往下墜落。

眾人見這情勢，嚇得想往外逃，可惜地磚墜落的速度急快，攝天震地，觸目驚心。刑天反應敏捷正想要逃，無奈困在墓穴內室卻毫無機會，隨著墜石向深淵落下，消失在一團漆黑之中。

眼看自己誤打誤撞，點燃火藥引爆了墓穴，使得地陷坍塌。黑暗中傳來許多淒慘的叫聲，墜落的騎兵撞到岩石，頭骨粉碎。剩餘的追兵見敵人跌入地穴，低頭俯視，見那地方漆黑一團仿彿是什麼萬丈深淵，卻是誰也不肯先跳下去。有人將火炬拋入地洞，黑暗中隱約可見微光墜下，逐漸消失，相隔片刻卻聽不見火炬落地的聲音，顯然距離甚高。

眾人見那洞下無一點光透上來，均嚇得直冒冷汗，沒人敢冒死下去探險，但瞧這赤焰窟被火藥炸得煙消灰滅，追兵大多是幸災樂禍，均想：「哈！看那盜墓賊掉下去，還不摔得粉碎？」騎兵的主將不敢輕忽，喊叫：「看那人掉下洞去，就算不摔死也給餓死，大家不必再追！只管去搬幾塊石頭回來，把這墓穴的石門給我堵死！」騎兵整齊應令，不敢有違，同心協力奔出墓室搬了大石塊回來，堵住石門。

另外一端，刑天跟著敵人摔下那黑洞，若是不小心撞到岩石，勢必會碰得筋骨碎裂，心想：「怎麼辦？該怎麼辦？」

一時還來不及應對，心想這次恐怕要摔成肉泥，正欲閉目待死，忽然「撲通」一聲墜落水中，全身寒凍刺骨，一股水流急速湧入口鼻。刑天驚慌之下望空亂抓，無奈水浸到脖頸，腳底又踩不著礁岩，索性這座地底寒湖並無潛流，否則這麼大的重力加上墜勢，非給捲入水底不可。

就快要支援不住，身旁突然「噗啦」一聲，激起水花，刑天還道是什麼大怪魚，竟是存活的追兵大呼口氣，游出水面。

「糟糕！不能讓他爬上岸邊！」刑天一手將敵人壓下水面，那人沉下水中，痛苦掙扎：「救...救...」咕嘟咕嘟咽著吃水，卻叫不出聲：「我...我...救...救命！」刑天道：「你就長眠在此吧！」用手使勁壓下，那追兵掙扎片刻，溺斃水裡。

跌落岩湖的追兵大部分都撞在岩石而喪命了，少部分的溺斃水中，還有幾個則被敵人刺殺身亡，最後只剩下刑天一人存活。眼前誤打誤撞掉落到一個不知明的地下水域，雖然身上帶有火折，無奈浸在水中早將火折弄得濕透。

刑天拖著溺斃的屍體走上岸，全身盡濕，透貼背脊，冷得他直打哆嗦：「這...這...這是哪裡？」黑暗中隱約可見這地方是一座地底岩湖，地穴的頂端距離水面至少有兩百丈高，寒湖的溫度冰涼徹骨，深不見底，週圍有許多鐘乳石，一條五尺寬的隧道往南延伸：「難道赤焰窟的地下竟然還有秘密？」

刑天搜摸了口袋，暗暗憂愁：「該死！當真是衰運連天，火折都被水給浸濕了！這地方寒冷之極，若是待在此處，恐怕熬不過兩個夜晚，但願別給凍死才好...」
他離開岩湖，上岸之後沿著岩湖的隧道往南直走，順著地勢愈走愈低。路上積水甚多，剛開始水淹至足，進而到腿，漸與胸齊。在積水中走了幾步，忽然看見前方十丈距離有一塊巨大的船體：「咦！前面好像有東西？」

刑天奔近一看，見那東西原來是一艘觸礁的巨大沙船。沙船身長約四十幾丈，總體積似乎可裝運五六百石。船骸周圍滿是飄浮的斷木和帆布，旗桅多處已被蟲蛀，船身歪了一邊，傾斜水中。刑天爬上船身，見甲板上殘餘剩有炮筒

、長刀和一堆火藥粉散落滿地，還有骷髏殘骸躺臥在地，氣氛詭異，實在讓人感到不寒而慄。

刑天將一塊木板搬移開，拋落水中，望著骷髏殘骸，心想：「奇怪...為何這裡會有一艘沙船？」向左一看，見這船身中央有扇木門，當下走去推門，進入船艙，小心謹慎走下階梯，見艙內滿是積水，酒桶和木箱在水面上漂來漂去：「真糟糕！這船裡到處都是積水！這沙船底的部恐怕破了好大窟窿，木箱雖然浸漬水中，再怎麼說應該還是有可以使用的東西，若是浪費可惜，不如我先把箱子搬上甲板！」

費盡半個時辰，才將甲板上的雜物給清理乾淨，隨後又將所有東西通通拆開，見木箱中放置著衣物和糧食，刑天順手打開乾糧的包袱，把食物塞入嘴裡卻嘗到一股臭味，欲意作嘔，急忙吐出，將那臭物拋入水中：「可惡！時間過得太久，早壞了！」

這個時候，忽然看見水面冒泡，原來是一條寒魚正在吃那腐壞的乾糧。眼前肚腹淨空，又飢又餓，日夜思念的只有食物，刑天暗喜：「真是走運！有海鮮可吃！」搜出小刀，看準那寒魚的位置迅速一戳，抓了起來，再將魚生劈成兩半，分割了吃。

刑天才剛死裡逃生，一見到食物，哪裡還管牠是生的熟的？抓起鮮魚便往口中咬，這條寒魚雖然腥味甚重，卻是肉脂肥厚，入口可化。

他吃得津津有味，待填飽肚腹，又拆開剩餘的木箱查看，忽見其中一個木箱甚為奇特，看似個箱中箱。他將木箱拆開，卻見裡面還有箱子，好奇心驅使便連番拆解，見箱子裡所裝得愈來愈小，仔細一數，竟然有七個箱子之多。

再來將最後的小箱給拆開來看，刑天見裡面有一塊破布遮住了一本塵舊的經書，取出那本經書看了看，喃喃唸道：

「咦？這是什麼東西？『瞬身術之神隱霧遁』？這是什麼怪名，難不成竟是傳說中的武技奧義？」當下小心謹慎翻了翻『瞬身術』的經書，再瞄幾行字，自言自語道：「嗯...塞其兌，閉其門，挫其銳，解其紛，和其光，同其塵，是謂玄同，出而異名，同謂之玄。玄陽之門，載錫之光，受祿無喪，是謂天地根，綿綿若存，用之不絕...」思索半晌，一時領悟不通。

刑天曉得眼前這本經書自非尋常之寶，發獃半晌，依照那書中的描述運氣，果然感覺一股熱力湧上胸口，驚喜：「難道這是傳說之中，四仙人所遺留下來的大寶藏？」當下急忙用破布將那本經書裹緊，揣入懷中：「這地方好冷！我快點吃魚，吃飽了就有力氣，才能下船繼續往前走！」

隨後吃完魚下了船，刑天再走幾十步距離，忽見前方給許多岩石擋住路。他雙手插腰，仰著頭獃望萬斤大石：「怎麼又給岩石困住了？不如我來嘗試搬運石塊？」攀爬上岩石堆，先將幾塊比較鬆動的落石推入水中，可惜搬開幾塊大石之後便覺得手指痲痺，到了後來，巨石的體積愈來愈大，刑天用盡竭力，死命推拉卻只稍微移動巨石寸許，難以搬開。

刑天喘氣吁吁，坐倒在地，又在那岩湖附近閒晃一陣，弄得半天，可惜還是尋不著出路。但見到處都是岩石堆在一塊，盡數封閉，無可奈何也只好狼狽的走回沙船，躺在甲板上，暗想：「這河道給岩石堵住，看來我只能暫時待在這地洞下，渡過清閒日子了？」

他就這樣住在地下岩湖，將近三年時光飛逝而過，刑天住在沙船上，靠著剩餘的火折照明，渴了就生飲積水，餓了就從水中抓魚來吃。日子雖然無聊倒也平安，只不過在這地方閒來無事，一有空檔便拿出經書練功。

刑天的天資聰穎，再加上刻意勤求，雖然他並非口傳心誦一遍就能熟背之人，唸了三次也已經能倒背如流，將訣竅

從頭到尾，單字不漏的背誦兩遍。況且他獨自一人住在地底岩湖勤練神隱霧遁之術，雖因日淺，招數的巧妙之處尚未完全悟徹，但奧義的精訣已能融會貫通。他依著經書的解釋照做，吐吶調息，一股暖氣在四肢流轉，不知不覺中已經是功力大增。

因為他習功勤勞，三年如一日永無懈怠的修行，自然將瞬身術練得出神入化，當下雖然不曉得自己的增長究竟到達如何境界，其實已達常人四十年功力，待得翻開經書的最後一式「十里仙蹤」，詳讀道：「禦風行而避之，乘雲氣而遊之，若夫乘天地之正，而禦六氣之辯，以遊無窮者，龍無所投其角，虎無所用其爪，兵無所容其刃，故十目所視，十手所指，十步所遊，十心所思…」

眼前還不怎麼明白經書中的含義，死馬當活馬醫，只好硬將奧義的心法熟記在腦中。刑天反覆練習數次，仗著四十年的功力，不到半個月便學成了這項武技奧義。這個瞬身術的「十里仙蹤」非常特殊，練成之後能在十步之內抵達十里之外，非常有用。

一日，刑天睡覺醒來，正自無聊，燒了幾根木柴在船上閒逛，忽然望見甲板上擺置幾個竹筒，突發奇想，便從船艙搜出火藥粉：「這些東西擱在船上那麼久，也不曉得還能不能使用？」想著，將那堆火藥粉塞入竹筒，然後點燃火折和引信，只聽「砰」一聲響，有火焰從竹筒噴出，黑暗中瞬間變得光亮。他玩得自得其樂，甚覺不太過癮，又找到了一個更粗大的竹筒，接著再撕半截油布把藥粉包住，塞入筒內，用竹蓋封好。刑天撒了一堆火藥粉在地上，做為導火線，點燃粉末，拔腿就逃。

火苗延著粉末燃燒，「砰」一聲響，竹筒給火藥炸得飛裂，刑天見那爆炸極具威力，心喜：「咦！或許我有辦法可以逃出這個地方了！」二話不多說，脫衣解褲，噗通一聲，閉氣潛入水底。

潛入水中，沙船的附近有一個生鏽的鐵炮沉在水底，刑天的雙手牢牢抱住那鐵炮，費了九牛二虎之力將鐵炮給拖出水面，「鏗」一聲響，拋到甲板上。他濕淋淋的爬上甲板，隨後拿刀將鐵炮的鏽片刮去，用布擦乾，填滿火藥，再將炮口對準封住河道的一堆岩石。

刑天將搓繩當作引信點燃，一個飛身跳入水中，水面上傳來「碰」聲巨響，岩石被炮火炸得激飛，空氣中瀰漫著一股嗆鼻濃煙，滿佈塵揚。游出水面，果然見大岩石被炮火轟出個洞，點燃引信再發一炮，地下傳來「轟轟」巨響，宛如天地都在震動似的。

眼看擋阻在河道的岩石終於被炸出一個大洞，水流瞬間從河道向外湧出，水勢激烈，竟將沙船沖得漂浮不定。刑天不識得那暗河的流向，更不知道水流乃是來自何處，畢竟冒險衝出總比一輩子困在地底岩湖好，當下順著水流向外游去。

石壁之間傳來水流迴盪之聲，河道也逐漸變得狹窄，水面淹至口鼻，刑天閉住呼吸潛入水中，游得片刻忽感覺胸悶，只好游出水面再行換氣。他在河道內摸索半個時辰，忽然感覺頭頂有一股水勢硬將自己壓往水底，咕嘟嘟叫，全身在水中旋轉，竟給潛流沖開。雖然自己識得水性，這般急流也幾乎要給溺死，當下被激流沖出數百尺之遙，竟感覺身體快被暗流撕裂，難以喘氣。

無奈人非游魚，他空有一身武藝卻無處發揮，眼看被那水流沖到不知何處，忽想起自己在地底岩湖所練習的瞬身術，急喊叫：「神隱霧遁！」

突然之間，瞬身術的神功護體好似開始發揮作用似的，眼前一花，全身變得像是霧氣，消失不見。

當下回憶起自己在這陰暗的地底岩湖待了長達三年之久，後來是靠著瞬身術的救命仙法逃離潛流，如今才能再度重

見天日，刑天的心中滿是說不出的歡喜，描述到此，幽拍了拍肩膀，對自己說道：「年紀輕輕就成為了光明御史，並成為全四國頂尖的武行者，刑天御史！你擁有每個人都羨慕的條件，但是有多少人想到這中間所伴隨的挫折與犧牲呢？你所習得的這種仙術，並非任何人都能學會，能有這種機緣真是讓人稱羨，希望你能好好利用自己這項天賦，為四國建造出和平的根基！」

閒聊片刻，三人離開了樹林，行走不遠，忽見地上有許多屍體骸骨未葬，刑天謹慎喚：「咦？幽！你看！」明鏡望見前方慘況，驚嚇：「啊！」幽也沒猶豫，飛奔去查探：「你們在這裡等著！」刑天喚：「幽！等等我們！」幽抄出鋼鐮刀，回頭勸阻：「先別靠近！」奔到一座村莊近處，市鎮上全家滅禍，只剩下數棟空屋。眼見每家每戶土堆隱起，門外皆有伏屍，疑心觀察：「這地方怎麼一片悽雲慘霧？」

沿途陸續出現屍體癱倒在地，村民全身盡遭刀劍砍傷，七窟八窿，就連衣褲也給染得血跡斑斑。刑天略皺濃眉，忍不住罵：「真是兇殘，不知誰下的毒手？」明鏡嚇得花容失色，心膽都寒了：「血...血！」

刑天見那些屍體的胸口有致命刀痕，腹剖流腸幾乎連內臟都掉出來，死狀極慘，氣憤憤罵：「這等賊辣心腸，我絕不放過他！」幽思索半晌，暗驚：「糟糕！難不成是獵命師的餓鬼和艷屍？」刑天恍悟：「你說這是狩獵族的夜叉和羅裟所幹的？」幽暗皺愁眉：「若是真的，那就糟糕了，必須趕緊捷報崑崙大人才行！」

明鏡聽不太明白二人的對話，刑天繼續又說：「幽！我曾聽說夜叉和羅裟的秘術是一項奇門遁法，他們一個猙獰醜怪，一個又是美艷如花。這兩個獵命師擅於使用幻象誘惑，殺了敵人之後再殘食同類，對付這兩人時必須強加謹慎才行！」幽道：「要破艷屍和餓鬼的邪法，唯一的辦法只

有保持距離，避免被他們的煉血術迷惑了。」刑天點頭：「嗯！這我曉得！」

三人離開了鬼城又走到了一座小鎮，那街上人來人往，河岸附近粉牆黛瓦，正有許多百姓坐在岸邊洗衣閒談，船客沿著舟楫喝酒賞悅，暢酒言歡，襯托出鬱樹國境內的風物民情，繁華之貌極為盛興。三人經過米行買了乾糧，刑天替明鏡買了一頂棕笠戴在頭上，免得惹人眼目。只見這個城鎮街坊熱鬧，道上車水馬龍，人來人往絡繹不絕，刑天和明鏡邊走邊看，路邊有人擺出攤販，吃酒鬥牌，舞槍賣藝更是弄得街道喧嚷，忽聽遠處有人喊：「殺人啊！殺人啊！」群眾問：「什麼事情？」男子喘氣吁吁：「是一男一女在鬧事！男的滿頭白髮，女的身穿白麻布裙，他們要殺人啊！」

群眾聽了這話全跑去圍觀，想湊熱鬧：「在哪裡？快帶我們去！」

幽和刑天聽說男的滿頭白髮，女的身穿麻衣，立即謹慎：「是獵命師？」二人速度極快，黑影躍跳飛上屋簷，果不出所料，遠處人潮擁擠，一個相貌奇醜的男子扯住小女孩，張開血口，樂津津笑：「小妹妹！妳想變成我的一部份嗎？我可以把妳的肉和骨頭，吃得一乾二淨！」旁邊一個女子身穿白麻布裙，瞄幾眼看道：「餓鬼！別動那小女孩，要吃肉的話，這保鏢送給你吃。」

幽從街道遠處疾奔來，對同伴吩咐：「刑天御史！夜叉交給你，羅裟讓我應付！」刑天點頭：「好！」

那個夜叉瘦骨嶙峋，項上懸一串人頂骨的數珠，露出獠牙笑：「艷屍！我肚子餓死啦！」保鏢焦急喊：「小公主！」羅裟揮出吹雪扇斬，保鏢的手臂竟給割開一條長長血痕，忍住疼痛，連滾帶爬逃脫開：「可...可惡！小公主！不要怕！我馬上來救妳！」小女孩哭叫：「哇！哇！」

夜叉見同伴砍中保鏢，嘻嘻哈哈笑得樂不可支，不料雙腿忽然痲痺，全身一向前傾，跟跟蹌蹌滾倒在地。艷屍驚訝，回頭驚看：「咦！什麼人？」企圖搜出敵人位置，一個飛身躍上屋檐：「糟糕！是光明御使？快點撤退！」幽從口袋抄出鐵椎，羅裟的耳邊閃掠過颼颼聲，待得發現為時已晚，大腿中鏢，哎喲一聲，跌下屋檐。

「光明御使？」夜叉狼狽爬起，正想將手中的碎骨刃抵住小女孩的脖頸當作人質，忽見刑天衝到面前，雙掌一抓扣住自己的手腕，旋圈扭轉，摔倒在地：「躺下！」刑天縱身一跳，雙腳踩住夜叉的肩骨關節，用力一折：「幽！我拿住了這個男的，還有一個！」

羅裟嚇得手忙腳亂，立刻將吹雪扇擲向二人，又逃上屋檐：「可惡！」幽猛向後仰，偏身閃過，一個健步追上屋頂，迴旋側踢：「別想逃跑！」羅裟跌下翹檐，摔倒在地：「喲！」

幽向下飛撲，膝蓋一彎壓在背上，怒問：「好毒辣的招式！你們潛入鬱樹國有什麼企圖？快說！」

夜叉和羅裟皆受了傷，情知抵敵不過，各自咬破舌尖，一口鮮血噴向敵人：「艷屍！快用血遁！」、「我知道！」刑天驚呼：「幽！小心！快遠離他們！」

街道上寒風悽慘，煙霧沖天，一片血雨煉化出的妖術當頭罩下，連殘魂難都逃脫。幽見勢不妙，迅速擲出火爆彈：「可惡！」爆彈互相激撞，把血霧炸得濺散，街坊周圍的百姓陰錯陽差被那血霧濺到身體，口吐白沫，多受傷耗：「啊！啊喲！」

刑天伸手一扯，冷不防把小女孩抱在懷中，滾避遠處：「幽！你怎麼樣？」幽迅速用真氣閉住，潛心防禦，索性只是頭腦微昏，並未重傷，否則若將那團血霧吸入肚腹，免不得七孔流血：「我沒事！」

晃眼之間，那血霧如雹雨一般潰散，爆彈火焰的霹靂聲天驚地動。兩個刺客真氣耗損，見巷就逃，夜叉厲聲喝罵：「可惡！下次肯定吃了你們！」幾個無辜百姓被火焰彈炸得肚破腸流，血肉模糊，附近居民見有人打架，紛紛圍觀。到處喧聲鼎沸，見那些無辜遊人躺臥血泊中，胸口被火焰炸個漆黑早就氣絕，嚇得喊：「殺人啊！殺人啊！」

小女孩嚇得手足無措，哇哇大哭：「啊！啊！」保鏢撫著傷肩，踏步奔來，呼喚：「小...小公主！」小女孩嚇得目瞪口啞，猛推開刑天，慌作一團依畏在保鏢懷中，不斷哭泣：「唔...唔...」幽站穩身子，走近兩步：「咦！是梧桐小公主？總鏢頭？」保鏢全身血跡斑斑，急忙下跪：「幽...幽大人！」幽伸手來扶，關切問：「總鏢頭！傷勢怎麼樣？」保鏢搖了搖頭，強忍住痛：「不...不礙事...皮肉傷而已...」

刑天走去查看百姓屍體，喃喃道：「是煉血術，陰陽奇門遁法。」幽問：「果然是獵命師？」刑天蹲下仔細審視，點頭：「看來應該是的，不會錯！」幽擔憂不已，追問：「總鏢頭，這裡發生了什麼事情？是不是有人要來侵犯鬱樹國？」保鏢心中過意不去，解釋：「梧桐小公主在殿裡待著悶，想出來透氣，崑崙郡主不允許，我偷偷帶她來鎮上玩，沒想到竟然遇上刺客。幸好幽大人您及時趕來，否則小公主的性命恐怕不保。」幽安慰：「先別說這些，我們回宮殿去，有什麼事情再向崑崙大人解釋，相信大人他會寬諒的。」

刑天彎着腰察看屍體，見無辜百姓死狀悽慘，胸肺皆被自己的火藥炸爛，心中稍過意不去：「可惡...那兩個傢伙...」明鏡忽從背後走來，睜眼看得吃驚，稍退幾步，顫聲：「啊...啊...血...」刑天回頭喚：「明鏡姑娘！」急上前扶，附近忽有士兵手持器械圍攏，喊：「啊！總鏢頭受傷了！快去幫忙！」、「保護小公主！有刺客侵入鬱樹國，快將這事報告崑崙大人！」

幽舉起鋼鐮刀，對部屬吩咐：「眾兵聽令！傳咐下去！立刻將消息傳達崑崙大人請求兵援，東路分成四隊追擊。西路由九隊負責偵查！」侍衛點了點頭，對旁邊的兩排部屬喚：「眾兵聽令，狩獵者入侵鬱樹國一事憂關四國百姓生死存亡，大家切莫魯莽行事！」明鏡驚得全身如同掉在冰窖裡似，刑天走來輕握住手：「別害怕！」明鏡四面觀望，臉色蒼白問：「那兩個人究竟是誰？也是殺了娘親和明月的同夥？」刑天道：「這中間原委，一時也難以解釋清楚，待得離開這邊，日後我再慢慢解釋給妳聽。」

隨後，保鏢牽著梧桐公主的小手，刑天和明鏡尾隨在幽的背後，五人沿著城鎮大街走入宮殿。宮壁兩側對列，襯得中央走廊五尺筆直，長廊左右有寶柱支撐，園圃和院落瓊草璀璨。眾人穿越五角拱門，忽見前方陳列著四座丹爐，各依四像方位擺列。

火爐炙焰，爐前各頂一面寶鏡，橫排的鐵環倒串吊掛著，一個男子身披甲冑，似乎正在熔鑄鐵器。幽率先走去，下拜道：「啟稟崑崙大人，在城鎮附近發現了狩獵者的足跡，他們似乎已經開始蠢蠢欲動，潛入四國探聽軍情了。」

一個男子頭帶鐵盔，神威凜凜把眼頻視：「那些狩獵者潛入四國，肯定有什麼陰謀詭計。幽！先差派兩列軍隊，分批仔細搜檢一番！」幽智勇兼備，早就料及要使用探敵之策：「崑崙大人！我已經派遣了分批軍隊左右夾擊，倘若順利，或許能將那兩個狩獵者截住，期盼這個計謀得已奏效。」

崑崙見隨護頗有先見之明，點頭稱善：「嗯！這招高明！」轉過頭去，面目鐵青又對保鏢問：「你擅自帶著桐兒跑到城鎮上遊蕩？」保鏢揖手抱拳，疊著雙膝下跪在地：「大人！小的照顧公主不全，願受刑罰。」梧桐上前阻止，放聲大哭：「爹爹！這全是桐兒的錯！您別罰叔

叔！」崑崙嚴肅道：「現在邊境就快發生戰爭，是誰允許妳獨自跑到鎮上遊蕩？」

保鏢唯恐崑崙聽了梧桐一番言語，心裡定然不悅，急忙道：「大人！這不是小公主的錯，而是臣子一時疏失，臣子違逆了軍法，願受嚴刑整治！」崑崙問：「千戶長，你統兵數萬人馬，眼前大敵當先，你沒有善盡職守監管桐兒，若是不受整治，日後如何立以軍威？」幽的唇舌巧於應變，急忙替那保鏢開解：「啟稟崑崙大人！大人您是專一濟困扶危，替著四國百姓除殘去暴，為了造福天下蒼生而努力治國的。千戶長他在您足下認錯，念惜他與您有一段真情，難道不能破例網開一面嗎？」

崑崙平素對待隨從如至親骨肉一般，礙於軍法不好饒恕，搖了搖頭：「幽，俺若饒他恕他，今後如何在軍隊前立足軍威呢？」保鏢沒有辯解，只搖頭說：「幽大人，這件事情的確是小的漏職疏失，甘願受罰。」幽疊著雙膝下跪，在地磕頭：「大人是為天下百姓著想的，以擔當大業為重任，以糧濟助世為目標，因此我有件事情相求。」崑崙問：「什麼？」幽解釋：「倘若一國自相紛爭，那國就立不住；若是一家自相紛爭，那家也立不住。千戶長他失職犯錯，自當受罰。只不過最近狩獵者潛入了鬱樹國，咱們應該為著大局著想，或許大人您能破個先例，讓千戶長戴罪立功，免得在這節骨眼上自毀長城了。」

崑崙聽他說得詞正理直，心想這話沒錯，忍住怒氣：「千戶！你這次的過失，俺可以既往不咎，但是眼前的四國正在大亂，關外的狩獵族企圖侵佔我們的家園江山。他們逢人便殺便辱，害得百姓受累不淺。俺要你率領軍隊，前往邊境調查軍情，戴罪立功。」保鏢聽了這話喜逐顏開，忍不住就想磕頭，心中感激不盡：「多謝大人開恩！」崑崙被人敬重，自也是心滿意足：「等你準備好，就立刻啟程！」

幽使個眼神微笑示意，保鏢曉得同伴眷顧自己契友情誼，否則若依照軍隊規矩來究治，勢必定下一重死罪。待得穩妥，那千戶長便奉著旨意行去，崑崙轉個話題又問：「你是白雲老兒的御史對吧？」刑天恭謙下跪：「啟稟崑崙大人！白雲大人有消息傳達來此！」從懷中掏出一封信件，遞送上前：「請大人閱目！」

崑崙見白雲齋批來公文，親自差派光明御史捎信，顯然這事極為重要，伸手接得文書：「給俺看看！」接過信紙當場拆封，把那公文折袂打開一看，照在火燭仔細閱讀，見信中寫道：

樞密行文，承蓬萊御史刑天相差，奉聖旨傳：

狩獵族長年侵擾天山國邊界，乘西之入，欲害我蓬萊國百姓。戰神帝釋天自龍脈長城晝馳夜入四國境內，殺人多死。餘黨窩藏分掠東北者，乃為力神阿修羅是也。蓬萊國須遞急緊公文，整頓置辦軍馬，並聯合天山國、翠雲國和鬱樹國招集內應，防範狩獵族勢成規模，得志於境內。

狩獵族一無所恃，謀逆有跡者日漸加增，四國須索整頓，嚴為戒備。今宜首惡誅速，緝捕並斬梟戰神帝釋天和力神阿修羅其首。請敕諸國申報上文，在重覷賞，能斬狩獵一首者增俸一級，並示以萬古神器喚召四象聖獸為激勸實跡獻勤者，有官利之，以故士心不勸。

崑崙把信件折疊收入懷中，詢問：「白雲老兒打算採取攻勢了？」刑天點頭應：「是！」崑崙道：「若是白雲老兒決定發動戰爭，俺也不能置之不理，回去告訴他一聲，大家準備召開獵狩大會，看四國該如何策劃隊形，大家一起將狩獵族的鬼門關和盤岩宮夷為荒場。」刑天恭敬問：「崑崙大人打算召開大會，商討戰略？」崑崙點頭：「戰爭的時候雙方混戰，必會拖延多時。你回去趕緊叫白雲老兒定下計策，四國需商討聚合方法，想辦法埋伏軍隊，從天

山國的北邊殺出，錯過良辰，可就要再等多時才能進攻了。」

刑天問：「崑崙大人打算在哪裡召開聚會？」崑崙回答：「近月以來，敵人探聽情報特別殷勤，彩雲峽地勢險要，適於防守，又位於四國中心，不如叫白雲老兒招兵買馬，兩個月後義聚在彩雲峽，俺再和三位郡主把酒暢飲，商議戰略！」刑天有心相助，聽了這話一股熱血湧上胸腔：「崑崙大人！無論鬱樹國如何策劃戰略，蓬萊國勢必並肩做戰，以全力相助接應！」

崑崙聽了這話，呵呵笑：「狩獵族缺乏作戰的人數，尚未形成氣候，要擊倒它原是不難，只是還需依靠萬古神器和四象靈珠召喚術的力量。到時候四國擁著兵馬埋伏，將盤岩宮的四面八方罩個無路可通，要那些狩獵者紫漲臉皮，氣得吹鬍子瞪眼睛！」手勢一指，準備傳訊士兵收聚兵力：「幽！召下軍令！告訴禦營隊的人蓄齊兵力，兩個月後在彩雲峽，商聚義會！」

幽禮數甚恭，躬身下跪：「是！臣聽明白！」

刑天奉了郡主之命差來公辦，如今任務達成，也該繼續啟程上路：「崑崙大人！受人之託，忠人之事，此乃奉白雲大人之命，已將信件和訊息帶到鬱樹國這邊，我也該盡快上路，前往翠雲國去了。」崑崙點了點頭，又吩咐：「幽，整點軍馬，招兵的消息傳遞完後，俺要你充當遊人，帶著鋼鐮刀隨同刑天御史一起前往翠雲國去，切勿耽擱拖延，折了良辰。」幽恭謙說：「是！」刑天詫異：「崑崙大人，有這必要嗎？」崑崙回答：「這是俺的禮節。」刑天揖手鞠躬，下跪：「多謝崑崙大人！」幽道：「刑天御史，既然大人要我隨行盾護，那我自是並肩相隨，和你一起奮戰到底了！」

刑天和幽不願行蹤密揭，因此格外謹慎，幾個士兵把好些物品掛上馬鞍，二人騎上轎鞍，兩隻腿往馬肚一夾，駕駛

70

馬車飛速竄去。潺潺流河，那輛馬車經過荒山野嶺，鬱樹國境內花鳥爭艷，環山峻壁，明鏡相隔著布簾坐在車廂，沉言默語。

幽首先打破安靜，問：「刑天御史，先前我倆遇見了蛇王喇珈和鳥人迦樓羅，索性當時沒給他們機會同時召出泥沼獸和霧毒獸，否則後果不堪設想。」刑天思索：「泥沼巨鱷屬於沼生類幻獸，霧毒蟾蜍則是瘴生類幻獸。若是召出海靈獸，或許能沖刷掉沼獸的污泥術，而風象屬性的天靈獸，可以控制毒蛤蟆的瘴氣不至擴散。倘若天時地利人和，或許我們只需要一隻海靈獸和天靈獸，就能攻破那二人的招數。」

幽略皺愁眉：「但我比較擔心的，其實是那個老和尚和小妖女的秘術。」刑天問：「你是指傀儡師？」幽點頭：「嗯！」刑天道：「那兩個傀儡師能用符咒誘導，操控受縛之人，的確是很厲害，但那些士兵武藝不濟，很快就能打敗他們，有什麼好擔心呢？」幽解釋：「打敗一個或許容易，倘若傀儡人數是成群結隊呢？」刑天愣了愣：「你是指一營傀儡軍隊？」幽點頭：「假使那個老和尚和小妖女的秘術能同時控制千百個人，要對付可就不容易了。」刑天再追問：「那你有什麼破敵之策嗎？」幽搖頭：「我也是第一次看見這種秘術。」

刑天道：「別擔心！我們能找出傀儡師的弱點的！」幽轉個話題，繼續又說：「狩獵族的雷鳥和冰獸也難應付，崑崙大人近日來費盡心思，還在想該如何攻陷那兩隻幻獸。」

刑天問：「有方法對付嗎？」幽回答：「大人曾試圖尋找傳說中，遺落的第九柄萬古神器，想以此對付狩獵族的幻獸。」刑天詫異：「你是說崑崙大人想要融合四象靈獸？」幽微微點頭：「自盤古開天闢地，地繞黃道每六萬六千六百六十六年必有大劫，那災難在萬里方圓的地域引發山崩海嘯，氣溫驟降，塗炭生靈。雖然傳說四位仙人仗著仁

厚膽識之心走遍天下，找出了天地相輔、山海相循，能使人類生活安定，榮枯興衰的希望和契機，卻也打鑄出了代代相殘，互為相爭的萬古神器。其中第九柄的萬古神器，據說是可容納所有淬煉出精華的四象靈珠，結合而一。大人他費盡心思想找出這個秘密，至今仍舊未有所獲。」刑天心想：「希望四國能早日達成商議。」

幽忽想起一事，又問：「對了！刑天御史！聽說你曾經和錦那羅與乾闥婆交過手，那兩人的秘術如何？」刑天解釋：「那兩人擅長使用樂器殺人，男的是符爆師，女的能呼召幻獸，對付他們必須先除掉錦那羅，免得他施展符爆術，讓乾闥婆有機會召出雪象獸，那就不好應付了。」幽點了點頭：「了解！」刑天反問：「幽，你對戰神帝釋天和力神阿修羅的了解有多少？」幽道：「那兩人是狩獵族的尊者，戰神帝釋天身為幻獸師，擁有操控幻獸雷鳥的能力，力神阿修羅則是符爆師，能夠施展雷爆術。」刑天思索：「嗯！看來還是需要早日召開四國會議，商討戰略才行。」

過得半晌，刑天聽背後的車廂內安靜無聲，也不曉得同伴如何，轉個頭問：「幽，不曉得明鏡姑娘在車廂是否坐得累了，不如我們暫時停歇，如何？」幽點頭：「好！」

車輪與馬蹄踏謹聲響，不知不覺奔馳數十里路，終於來到一座峽谷附近。幽和刑天滿汗通流，牽兩匹馬走到一株大樹蔭下，用繩縛好，揭了布簾推開門，喚：「明鏡姑娘！」明鏡挪步移前，緩緩從馬車的車廂走了出來。

刑天見她束髮外罩，身穿緞排穗褂，蒼白臉頰隱隱透著悲傷，卻不失春曉般姿色，好似雲端下凡的美貌仙女。

幽舉目環望周圍山峰，見這曠野靈山秀水，萬株松木和苔石廣植遍地，繁簇簇的草地甚是清爽，讓人見了心怡神曠，飽吸口氣，對二人說：「刑天御史、明鏡姑娘，你倆跟

隨我來。」刑天問：「要去哪裡？」幽回答：「來了便知。」

三人沿著茂盛的蒼樹林一直走，可見附近皆是山澗清泉和懸崖幽谷，遠方的峭壁水勢湍急，有清泉直瀑而下。明鏡和刑天左觀右顧，見樹上長滿許多野果，那果皮呈現橢圓褐色，表面有細微絨毛。二人唯恐野果長得怪異，含有劇毒，卻也不敢隨便亂摘。幽順手摘下毛茸茸的橢圓褐果，用袖擦拭：「老天爺待我們真是不薄，居然還特地準備了彌猴桃？這彌猴桃可以止暴渴，解煩熱，你倆要不要也吃看看？」說完，張口咬去。

明鏡和刑天各摘一顆，捧在掌心略看幾眼，見這野果雖然形狀怪異，嚼在口中卻是皮薄細嫩，酸甜香醇。三人又摘幾粒彌猴桃，塞入懷中，幽抬起頭看：「你們曉得這是什麼地方嗎？」刑天疑惑暗想：「不就是彩雲峽附近的山谷嗎？」邊吃彌猴桃，邊說：「幽，到時候要召開四國會議的地方，就是這裡了吧？」幽踏步向前，招呼：「我帶你們去個地方，快跟我來！」

三人在樹林間快步行走，抬頭見四周圍的石壁高陡頂天，週圍盡是一片蔭沉幽地，谷中不見天日。陽光盡給巨樹遮蔽，刑天邊跑邊問：「幽！你究竟要帶我們去哪裡？我們要趕路去翠雲國，不能遊蕩太久。」幽踏著快步，跑在前方：「既然都已經來了，你們兩個不想去探險嗎？」明鏡微愣一怔，好奇問：「咦！幽公子，我們要去哪裡探險？」幽扯住兩個同伴的長袖，挽手便走：「你們跟我來，我帶你們去一個好玩的地方！」刑天看不透明理，呼喚：「幽！你要帶我們去哪裡？崑崙大人吩咐過的，我們得趕緊去翠雲嶺，不能跑太遠的！」幽嘟著嘴笑：「你們別多問，只管跟著我來！」

刑天和明鏡抬起頭看，見身旁的斷崖處高聳百丈，地勢險峻，宛若一座蔭蔽絕谷，心想：「咦！這是什麼地方？」

幽毫不在意，拉著二人向右邊走，輕聲吩囑一句：「走快一點！就在不遠處了！」明鏡含糊問：「這是哪裡？」幽故作玄虛，笑嘻嘻說：「你們兩個待會兒便曉得。」刑天略皺眉頭，疑惑想：「我們還趕著執行任務，幽究竟在想什麼？」

三人愈行愈低，岩壁兩側愈漸狹窄，到了最後竟然被一塊巨大岩石堵住，山坳兩邊再無去路，唯有隱隱一痕石縫。明鏡見那岩石隙縫特別狹窄，僅得容下一人寬度，單行通過，便問：「幽公子！那岩石後面藏了什麼？」幽見她心疑，只笑著拉扯二人手臂：「你們來！」刑天和明鏡的心中更增疑惑，尾隨背後走了過去，低頭透過那岩壁縫隙窺伺，眼前盡是白茫茫一片，不覺好奇問：「咦！岩石另外一端是什麼東西？」幽笑道：「過去瞧瞧不就知道了？」說著，彎下腰身，爬進岩石縫隙：「你們兩個快跟上！」

明鏡看這事情很感為難，走過兩步，心裡忐忑不安：「幽公子！別跑得那麼快！當心前面路滑！」幽回眸一笑：「放心！這地方很安全的！」矮身一縮竄入縫隙，刑天略皺眉頭，但想就算自己百般攔阻，恐怕還是勸說不住，無可奈何也只得跟隨明鏡追奔過去，喚：「幽！」岩石附近濕漉漉的滑不溜手，週圍漆黑一團，甚為難行。二人排列直線往隙縫又捱又擠，好不容易向前挪移數尺，忽然眼前明亮，「噗咚」一聲，落入水中。

刑天和明鏡嚥口氣，探出水面，忽見前方彩霧一片，水上漂滿了落葉鮮花，均詫異想：「咦！這什麼地方？」轉過頭巡視周圍，那地方岩壁巍立，原來竟是一座谷中泉池。

池潭的泉水甚淺，及至腰間，水面上波影蕩漾，遠處有一條飛瀑匯成闊澗，牡丹花瓣自空落下，繽紛六色，在水中漂浮不定。只見這泉谷山寂鳥啾，有水月馨香的花瓣磷石，再加上泉霧托襯，宛如一座雲海隱現的峰巒，瀰漫籠罩住整片峭壁仙池，如在夢中一般。環山週圍花草繚繞，清

74

泉泛溢，處身之地乃是一座彩雲空谷，谷底下池遍清幽，枝梢上鳥鳴不絕。

當下甚感不可思議，刑天和明鏡四處張望，忽見幽竄出水面，捧起雙手，潑水嬉戲：「哈哈！你們兩個被我嚇到了吧？」明鏡全身濕淋淋漓，狼狽站起身，閃避開：「哎喲！幽公子，小女子這衣服是乾淨的，你別亂潑啊！」

刑天在旁邊看得有趣，忽然也童心大起，一個飛身撲去，將對方壓入水中：「啊哈！幽你別逃！」幽的口鼻灌水，咽叫：「喲！咕嘟咕嘟...」

明鏡原本是抱頭縮身，狼狽避開的，見他二人嬉鬧開心，也忍不住跟著嬌笑：「二位公子別鬧了，咱們三人全身都濕透啦。」刑天樂得哈哈大笑，用手拍打水面：「明鏡！快幫助我！咱們合力潑幽一身濕透！」明鏡又好氣又好笑，終於也跟著撥水拍水，合力灑向幽：「一雙手！兩合攏！三反四覆，潑得一身水玲瓏！」

幽被弄得全身衣裝盡濕，垂著濕漉漉的卷髮，追逐二人：「喂！你們兩個！潑完水就想逃跑嗎？哈哈！快回來！」腳下鞋褲均是濕透，跑起步來啪吋啪吋拖響，模樣滑稽。

三人在那池畔喧鬧，全身均被水潑得亂七八糟，樂不可支：「快逃！快逃！」、「哈哈！全身濕淋淋的，可變成落湯雞啦！」幽笑問：「怎麼樣？你們瞧！這地方很美吧？」明鏡仰起頭看，好奇問：「幽公子！這是哪裡？怎麼會有一座深谷泉池呢？」

幽捲起長袖，開心道：「我也不曉得，這地方是有一次我替崑崙大人出任務時，無意中發現的。」刑天疑惑不解，低頭揣摩：「咦！這水池裡怎麼會有許多的花葉？」抬起頭看，見上空滿天飛絮，許多牡丹花瓣從頂上飄落，在澗水中浮沉不定，暗想：「原來花兒是從山上掉下來的嗎？」

許多花瓣如雪片般飛散墜下，明鏡見水面上的花瓣白裡透粉，富貴含羞，半腰浸在水裡走過兩步，抬頭望著天空，喃喃說：「兩位公子，這些花兒真美，不知怎麼生的？」

刑天走遍世面，素來廣有見識，解釋：「明鏡姑娘，牡丹花生長在高冷之處，很是耐寒的。」

明鏡點了點頭，拾起一片牡丹花瓣，喃喃道：「怪不得，這些野花生長在高冷之處，那眼前這些花瓣落葉，應該都是從山上掉落下來的吧？沒想到在這幽沉蔭谷的岩石後面，竟然是桃花仙境般的別有洞天？」

幽心曠神怡，忽向後一仰，浮在水面輕喚：「喂...」闇和明鏡同時轉頭，回應：「什麼事情？」幽睜大雙眼望著天空，問：「你們兩個，有沒有曾經傷心流淚過呢？」刑天好奇道：「幽，你為何突然這樣問？」幽舉手指向山谷頂端，說道：「你們瞧...人生就好比是這個石縫外的山谷，又黑暗又陰沉，又孤獨又憂傷，你們不覺得嗎？」明鏡沉默不語，凝神望著天空發獣一會兒，回答：「幽公子，我總覺得這世上的人不分是愚智貧富，不管年紀老幼少壯，家裡無論擁有多少資產，他心裡依然還是會感覺虛空害怕的。畢竟世界這麼大，生命卻如此短暫，誰又能經歷到世上所有事情？」

幽側頭對二人微笑，詢問：「你們兩個覺得出生在這世上，是一種錯誤嗎？」明鏡沉默走到水池邊，低頭對著影兒一照，搖了搖頭：「生下來是不是一個錯誤，小女子並不曉得，但我恨這地方，我寧可自己沒生下來過。這地方所出現過的人，這地方所發生的事情，全都是錯誤。」幽仰在水面，又問：「這天地之大，既然誰都無法完全經歷到這世上所有的事情，人又怎麼曉得自己的經歷與思想是否完整，甚至對這一體半驗的世界，也許還是存在許多錯誤的想法？你們覺得是不是呢？」

明鏡沉默不語，耳邊又聽幽繼續說道：「我相信...雖然人生就好比是這個石縫外的絕谷，又黑暗又陰沉，又孤獨又憂傷，但是在這死蔭幽谷的後面，卻隱藏著有如仙境一般的佳泉美地。」刑天的心中雜念煩亂，念起四國和狩獵族之間的爭戰，心有所感，低頭略嘆了口氣：「幽！你說不錯，也許...也許就是因為人生不完整，像一座空虛的死蔭絕谷，塞不滿也填補不滿，所以慾望無窮無盡，總是無法滿足。」

明鏡聽二人對話，忽也開口，好奇問：「幽公子，你也會覺得人生很難熬嗎？還是充滿了希望與快樂呢？」幽看著二人，眸然一笑：「雖然人家都說人生很空虛，很難熬，但是我相信，人生並不單單只是一趟流浪！」明鏡疑惑問：「人生不是流浪嗎？那是什麼？」幽舉目觀天，道：「嗯...我只是覺得...也許眼前會有這許多困境，為得都只是要叫人在末後的日子能夠有盼望吧？畢竟人生若是沒有了困境，盼望也就不會存在了，不是嗎？我相信...四國距離和平的日子不遠了！」

「你怎麼知道會有希望？」明鏡忿忿不平望著天看，顯然情緒激動：「四國距離和平的日子不遠了？幽公子，你...你怎麼能夠如此肯定？既然如此，這個山谷外的世界為何又充滿著燒殺擄掠，到處人禍天災不斷呢？惡人在禍患的日子存活，在震怒的日子逃脫。他所行的，有誰向他當面明說？他所作的，有誰當面向他報應呢？」

刑天見明鏡雙頰漲紅，恐怕是想起親人被殺的景象，因此新仇舊恨都湧上心，喚一聲安慰：「明鏡姑娘！」

明鏡的腦海裡突然閃過許多記憶，有官兵強盜涎著嘴臉淫笑，強暴婦女，高官權位縱容凶奴，惡霸劫奪良人產業，心中懷恨之極，低頭喪氣：「為何惡人的壽數亨通？行詭詐的，為何得享安樂呢？我小時曾經居住過的村莊，當時有外人前來殺戮，村莊裡大家逃難，有的小孩躲在草叢裡，眼睜睜看著自己父母被殺，姐妹被姦，兄長被人押作奴

隸，生活在安逸之中的人，真的曉得這地上究竟發生了什麼事情嗎？為什麼他們不管呢？為什麼？為什麼他們不理不睬呢？」講到後來，忍不住流下兩行淚，喘著嬌氣：「我...我的娘親和明月她們...」

刑天安慰：「明鏡姑娘，妳別太難過...」明鏡氣得全身直發抖，哽咽：「我...我怎麼能不難過？」

幽曾聽明鏡描述過自己的遭遇，知她所說不假，見對方的眼中盡是充滿怨恨之色，也曉得其中必有別情，安慰道：「夫物芸芸，各復歸其根。歸根曰靜，是曰復命。復命曰常，知常曰明。不知常，妄作，凶...」刑天聽不明白，好奇問：「幽，那是什麼意思？」

幽解釋：「這段話是我小的時候，在《道德經》裡所讀過的。」明鏡擦拭眼淚，茫然問：「幽公子，這話有什麼含義？」幽道：「這話意思是說：眾生萬物，各自最終都將回歸到其生命的源頭。這源處就是平靜安穩，乃是回歸到生命的真諦之中。歸往到生命的源處，即是回歸到永恆。畢竟起初認識了這永恆，也就等於是認識了明亮的真光。但不識得永恆者，便會恃逆妄為，後果不堪設想，結局只有沉淪與滅亡。」

刑天搖頭：「這話太深奧了...」幽繼續說：「夫物芸芸，各復歸其根。歸根曰靜，是曰復命。天生萬物由根源來，亦由根源歸返，雖然我們不曉得逝世的人究竟去了哪裡，也無法完全明白《道德經》這段經文的真正含義，但是天生萬物由根源來，亦由根源而返，最終都將回到生命的源頭，那處就是平靜安穩，乃是回歸到生命的真諦之中。」

明鏡搖了搖頭：「沒有任何人是自由的，就算是鳥兒都難免禁錮於天空！無論在任何時代，最可怕的都不是天災，而是人禍。如果幽公子你曾有過像小女子一樣的遭遇，你就無法輕易說出寬恕這兩個字了！」

幽不願辯駁，只道：「你們兩個，過來這兒看看！」

刑天和明鏡走近身邊，幽彎下腰身，從水中撈起幾片牡丹花瓣，捧在掌心：「我們三人剛剛一路走來這座死蔭峽谷，眼前本來已經是山窮水盡前無路，不料石壁後方卻是一泓牡丹仙池。人生不就是如此嗎？那些刻骨銘心的苦難日子，就算不管曾是多麼的孤獨和傷痛，絕路的幽谷後面卻滿是喜樂的活泉。你瞧！我們曾行過那死蔭的幽谷，如今不是卻躺臥在青草地可安歇的水邊嗎？」

明鏡想起娘親和妹死時的情景，憤恨全都湧上心，眼眶不由自主地濕潤，咬牙切齒，冷恨恨說：「幽公子！我...我...我總覺得...人的一生似乎都在等待，由出生等待衰老，等待死亡。若非小女子身為女兒身，我也要行軍打仗，去報復那些曾經傷害過自己的人！」

幽沉默半晌，安慰：「困境不會一直持續，不能因為山高就想回頭，只要堅持走下去，就能看見海洋...」說著，伸出雙手，搭在兩個同伴的肩膀又道：「許多人畢生不敢說出他們的願望，是因為曉得自己無法如願以償，我們受限於環境，卻都被逼上其路而受苦。在這世上...生死離別總免不了，雖然離別總是悲傷的，但也因此，才使人學習成長，體會生命的可貴之處，不是嗎？而且有的人連死都不怕，為什麼卻不能好好活下去？只要活著，就有希望！」

刑天和明鏡感覺同伴溫暖的掌心按在肩膀，又問自己二人：「你們知道盼望嗎？」

明鏡和刑天低頭對著水池一照，對著漂浮的花瓣和影兒目凝，幽繼續說：「這塊豐盛之地，我們三人替它取個名字，應該叫它什麼地方比較好呢？」明鏡伸出翠袖擦拭淚痕，搖了搖頭：「不知道...我們該叫這峽谷什麼名字好？」

刑天明顯感覺到明鏡的身體在顫抖，知她試著強抑怨恨，安慰：「明鏡姑娘...雖然我無法保證能實現妳的願望，但

是幽和我會嘗試去創造一個理想的世界！總有一天，我們會撥開雲層，使雲端上的陽光能照映到世界每個角落，我們以鎮國御史的身份為誓，我們將會打開通往光明世界的大門，將充滿希望的光連結到大地上...這個國家的戰亂一定會平息，我們向妳保證！」

幽點頭：「說得好！刑天御史！我們倆合力讓這場戰爭結束吧！」刑天相視一笑：「好！」幽轉身面向峽谷週圍，望空高喊：「這地乃是有山有谷，有雨有水滋潤之地，有河、有泉、有源從谷中流出水來。這美地的池水飄滿了五顏六色的牡丹花瓣，宛如七彩雲海一般。不如咱就叫這地方『彩雲谷』吧？」刑天和明鏡微微一怔：「彩雲谷？」

幽把手搭在嘴唇邊，開心對著天空大叫：「哈哈！我們三人來到了彩雲谷！彩雲谷！」

這三個字一喊出口，盡在空谷之間迴盪不去。刑天抬起頭看向峽谷上方，嘴裡跟著喃喃默唸：「彩雲谷...彩雲谷...」

當天夜晚拂風惆悵，峻峭聳岩，森林的山嵐美景人煙無寂。山泉飛瀑擊打著岩石，發出嘩啦啦流水聲，三人在谷中取柴生火，臥地寢眠。煙霧朦朧的峽谷看不見任何飛鳥影子，刑天和兩個同伴露宿荒郊，隔天清晨才駕駛馬車，沿著顛簸山路往翠雲國馳去。

途中泥濘潮濕，幽和刑天駕駛馬車來到鎮上，進入城內，左右兩側盡是舖陳街道。

那城鎮街道相鄰，窄巷繁繁密密向南延伸，沿路的欄杆懸掛許多旗幟，房屋張燈結綵，供人評閱。演雜劇的戲子在臺上擺設佈置，幽、刑天和明鏡將馬車拴在山下，沿著街道向山坡上走去。

「聽人說翠雲國的梨源鎮是四國境內最大的城鎮，號稱『仙境聖城』，今日一見，果然如此。」幽東張西望，見有

道士手持竹籠，托盤算命，還有賣藝的吞劍嚼鐵，不少遊民熙來攘往，非常繁華。

進入了鎮前的牌坊，一座拱橋築在河道上，三人穿越河橋，刑天突然開口問：「明鏡姑娘，等幽和我護送妳到了安全的地方之後，妳有什麼打算呢？」

明鏡似乎又回憶起什麼往事，低著頭，蹙眉嘆氣：「其實...像我這種女孩人家，相逢如何，離別也是如何，生活如水中的浮萍兒，飄流大海、陷在泥污，做什麼事情都沒辦法自定主意。唉！水往哪兒流，人就往哪兒走，日子一天過一天算，但願只能找個好人家寄託了...」

刑天和幽聽她語氣說得甚為悽寒，可憐對方遭遇，明鏡摸著手腕上的羊脂玉鐲，喃喃又說：「人生在世，生來就像春花楊柳，莫是是悲歡離合，就是時運不濟。自古的情誼如花瓣落葉，若不是順水漂流，便是埋沒地土，哪裡有什麼定處可言？」

幽問：「要不等戰爭平息之後，明鏡姑娘妳遷居到蓬萊國或者是鬱樹國，有刑天御史和我在境內，我倆可以照顧妳。」

明鏡也沒遲疑，嘆口氣說：「唉！幽公子，假使小女子生為男兒身，定當以身報國，把後半日子都貢獻給四國的軍隊。看二位公子的武功這麼好，能在邊界打仗，小女子非常羨慕。」幽微笑：「明鏡姑娘也想打仗嗎？崑崙大人以前總是說我天生野猴子性兒，去到戰場上肯定第一個陣亡，帶兵打仗和比武過招的差別很大，正所謂：『獨臂難擒猛虎』，打仗可是半分不能大意，若是走錯一步，可是會害死軍隊所有的人一起賠葬。」刑天詫異：「崑崙大人真的跟你這樣說過？」幽點了點頭：「嗯！索性有崑崙大人的名言提醒，此後我出兵之時，總是變得特別小心謹慎！」

明鏡繼續說：「二位公子相貌堂堂，武功身手又好，此時國難當前，二位公子力圖進取，為四國百姓犧牲貢獻了許多事情，真能說是大大的出人頭地了！」幽笑道：「明鏡姑娘，妳太過獎了！」

三人見街邊聚集了許多遊民，正在猜拳吃酒，還有賣藝姑娘搭了竹棚子在檯上清唱崑曲，景觀熱鬧。明鏡從小就對花旦和戲劇有興趣，這時看見許多酒客捧著酒壺聚集在臺下喝酒，舞台上還有藝賣的姑娘清唱崑曲，忍不住想上前湊個熱鬧：「刑公子！幽公子！咱們快過去看看！」刑天和幽見她露出靦腆的笑容，兩點梨渦映著雙頰，心情也跟著開朗起來：「好！」

明鏡拉著刑天和幽來到舞台前，酒客舉起酒壺，高喊：「這戲演得真好！再來一場！再來一場！」

隨班的樂工奏動鼓箏，臺上扮演娘子的花旦撒嬌撒癡，清唱一段《牡丹亭》的崑曲道：「良辰美景奈何天，賞心樂事誰家院。唉！剪不斷，理還亂，無端悶啊無端悶！柳郎！連宵風雨一場空，花開一紅，孤墳獨影偏在月明中。奴家伴柳郎是孤魂，女兒身斷魂驚痛，怎麼個無端把命送啊！把命送？」扮書生的戲旦回答：「娘子！剪不斷，理還亂，人有無常福禍，天有雲風不測。小生見妳美眷如花，似水流年，恨只恨萍蹤浪影！唉！神仙眷啊神仙眷！」

扮演娘子的花旦走上戲臺的碼頭，回首眺望遠方的孤城，垂淚唱：「柳郎啊！十年此居，十年此埋。死不能歸，何時能再歸來？世間何物似情濃？羞花閉，鳥驚誼，沉魚落雁魂兒癲，難道是相逢無一言？」

扮演書生的花旦千般愛惜，萬般戀迷，依依不捨拉著姑娘的手腕，對唱：「娘子啊娘子！妳似倩女返魂到來，小生只是笑歡眼前，因何掉下淚來？莫要啼哭！莫要啼哭！上輩子的事怎麼好記懷？快快上船來！快快上船來！」

娘子依偎懷裡，緊貼書生的肩膀，悄悄一聲唱：「孤墳何處是望夫崖？柳郎啊柳郎！情根一點是無生債，奴家雖已塵埋，前生事還曾記懷，奴家為情傷病害，因雲遊夢境而難捱，和你死裏逃生，情深似海啊情深似海！」

天空中豔陽高照，一班花堆錦簇的戲旦嫋嫋娜娜，楊柳細腰擁上前，手中均捧著戀花結彩，小口櫻桃，嘴裡合搭一腔惆悵語氣，高唱《牡丹亭》的《蝶戀花》道：

忙處拋人閒處住，百計思量，沒個為歡處。
白日消磨腸斷句，世間只有情難訴。
玉茗堂前朝復暮，紅燭迎人，俊得江山助。
但願相思莫相負，牡丹亭上三生路…但願相思莫相負，牡丹亭上三生路…

戲劇演完，臺上登時鼓鑼喧天，幾百雙眼睛在臺下注目盯著，觀眾堂會雲集，有酒客酒後疏狂，興高采烈的議論風聲，連忙把銀錢都拋去酬賞，對著戲臺上叫好。刑天和幽不認得是哪家掌班的戲，聽著臺下群眾拍手叫妙，高臺上耀眼奪目，傳來一陣歡呼鼓噪聲。

明鏡看得熱淚盈眶，急把一雙翠袖遮蔽臉龐：「真是的！怎麼不知不覺竟流眼淚了呢？」刑天心生感觸：「唉！世上萬般愁苦事，無非生離與死別。」幽伸出雙臂，搭住二人肩膀問：「你們怎麼了呢？只不過是看戲，幹什麼擺著一張苦臉？」

刑天的臉色有些不好意思，明鏡也被逗得含淚而笑：「這齣戲太令人感動了！」幽指著前方：「肚子餓不餓？來！我們先找一間餐館，坐下歇著！」刑天點頭：「甚好！」

幾個乞丐身上無錢，齊聚在餐館外，熬不住肚腹饑餓向館內張望。伙計陸續將一盤盤菜餚端上方桌，盤中的炸鍋巴金黃脆酥，蝦米和雞湯更讓人看了垂涎三尺，淋得鍋巴香酥可口，可惜乞丐的口袋寸無分文，只能無奈的站在門外

發獸：「世態炎涼，小二！落魄之人多惆悵，在這種戰亂年代，也多多體諒咱們這群窮苦人吧？大家身上無錢，難不成竟叫咱都淪落為挨餓神仙？」

夥計往來招呼賓客，托出熱沸沸的肉羹碗麵，慇懃好似個賢明侍者，把食物端上桌：「去去去！叫花子別礙我做生意！」餐館的掌櫃忙做生意，急向夥計喊：「喂！有客人來，快取小菜端上二樓，準備一張桌子！」

刑天和同伴來到餐館，三人見掌櫃笑容滿懷，迎出門招呼：「三位小客官，裡面請坐。」伙計細料招呼，忙拿抹布準備擦拭桌子：「客官！樓上還有座位呢！」

刑天站在樓下瞄到陽台一眼，隱約可見花窗內透出兩個背影，男的背上掛著一架無弦琴，女的腳邊擺置一柄紫仙琵琶，暗驚：「咦？」當下如坐針氈，難以鎮靜，一手推開掌櫃，疾入餐館往二樓奔跑：「幽！保護好明鏡姑娘！」幽詫異：「刑天御史！怎麼回事？」明鏡在背後喚二人：「刑公子！幽大哥！」

「請問三位要點什麼？」掌櫃敘揖相陪，原本還打算招呼客人找一張方桌，見客官迫不及待衝上二樓，笑容滿面追隨在後：「三位客官裡面請坐，小的立刻吩咐夥計，端上烹好的龍井茶！」

刑天率先奔上二樓，見熱騰騰的菜餚擺置在方桌，板凳上卻是毫無人影。幽立刻也察覺情況有異，追奔過來，把手伸在腰帶握住鋼鐮刀，壓低聲問：「是狩獵者？」刑天搖頭：「我不確定。」

二人一時還捉摸不清，忽聽餐館外傳來馬蹄聲，兩匹俊馬幾聲長嘯，穿梭街道，揚長遠去。

掌櫃與夥計慇懃招待，原本只盼客官在櫃上結帳能發跡加些利錢或是賞盤幾錢銀兩，笑臉和氣尾隨來，卻見幾盤噴

鼻馨香的菜餚擺在方桌，原先吃飯的客官卻已經不知去向，急得催死逼命一般，大喊：「啊？有人吃霸王餐！來人啊！快點報官！」跑堂瞪大圓眼，也跟著叫：「強盜！強盜啊！這裡有強盜土匪啊！白吃白喝霸王餐！追小偷！大家快追小偷！」掌櫃氣急敗壞，命令跑堂道：「捉賊！你快去捉！」

刑天的心緒有些不寧，擔憂說：「幽！我們快去翠雲宮殿，這事必須盡快告知雷烈大人！」明鏡問：「刑公子！這…這裡發生什麼事？」刑天解釋：「明鏡姑娘，狩獵者可能已經潛入翠雲國探聽軍情，我們必須快點抵達翠雲宮殿，把這消息報知給雷烈大人聽。」幽道：「刑天御史，既然你是替白雲大人傳遞消息的，這裡就由我來負責收拾善後，我會照顧好明鏡姑娘，你趕緊先去翠雲宮！」刑天點頭：「麻煩你了！」一個飛身竄下樓梯，往門檻外奔去。

唯恐狩獵者已經潛入宮殿，刑天健步如飛，穿越石坊，山路兩側種植許多松柏和樟古樹。草木陰涼，沿途幾戶粉牆土瓦的民宅，房舍相連。刑天奔上山頂，山下三面皆是峭岩，一面臨海，數百畝的廣場築建了一座宮殿。那大殿看來雄偉莊嚴，殿前數十畝的碧玉平臺，火爐陳設，遠看那地方煙霧彌漫，景物朦朧。

晃眼之間，前方忽有一輪銀光飛起，耳邊鏗鏘之聲傳來，兩個黑影疾速移動，似是有人在打鬥。刑天暗詫：「糟糕！敵人已經來了？」六道銀光一閃，原來竟是飛刀在半空中旋轉，火花摩擦，石磚竟給削斷三塊，飛刀硬生落墜，插在地上筆直不動。屋簷懸掛的幾盞煙燈麻繩斷落，撞個碎破，火星嗶嗶啵啵爆響。

刑天抄出鐵錐，謹慎防備：「咦？怎麼沒有士兵前來支援？」兩個黑影各向後退，煞住腳跟，舉起器械防禦：「翠雲公主，妳別緊張，我久仰了雷烈大人的名聲，純粹只是想見雷烈大人一面，並無惡意。」

刑天見說話的男子闊口短鼻,項上懸掛一串人頂骨的數珠。過招的女子不甚放心,謹慎戒備道:「報上名字,你究竟來這是有什麼用意?」男子點了點頭,示出善意:「我叫做鯀,耍飛刀是我的絕活秘技。」

背後許多士兵圍繞觀戰,手持刀械,忽擁上前:「大家快拿住入侵者!」女子撒開嗓門,吩咐:「不許你們插手!全都退後!」士兵不敢違令,均是後退等候動靜。刑天伏在牆壁暗查情勢,疑惑想:「咦?我沒見過這人,難不成是新加入的狩獵者?」鯀把飛刀收入口袋:「妳是雷烈大人的女兒,笙吧?我曉得妳的爆彈威力很厲害,在四國境內遠近馳名。」

那名叫笙的女子見對方身手不差,心有所忌,不敢觸身太過靠近:「你是狩獵族差派來的奸細?企圖探聽翠雲國的軍情?」鯀搖了搖頭:「我已經解釋過來意了,我純粹是敬仰雷烈大人,希望能見一面。」笙毅然拒絕:「我爹不會見你的!」鯀鞠躬道:「那只好得罪了!」踏出兩步,想要硬闖,笙的右手抽劍出鞘,捷如電閃,襲胸斬去:「不想受傷就快離開!」

鯀的雙手抄出飛刀,以短禦長,見招拆招:「好!我們來比劃比劃!」摩擦火花,二人瞬間連拆三十幾招,笙迅速彎腰,忽滾到敵人身邊,往雙腿掃去:「快罷手吧!我爹不會見你的!」鯀機靈得很,左手斬向下擋,不料對方忽一把扣住自己的會宗穴,曉得那招式厲害,急忙擲出手中飛刀:「翠雲公主!得罪了!」笙唯恐遭暗器打傷,一腳踹在對方肚腹,飛在半空迴轉開,敏捷落地:「你是打不過我的。」

鯀被敵人踢中腰腹,氣血翻湧,向後連退數十步,差點兒跌倒在地:「嘿!真不愧是雷烈大人的女兒。」笙遇上勁敵也不敢大意,向後躍開,保持五步距離警戒:「若是真的要見我爹,你就必須先通過我這關。」鯀微笑:「若是我打贏妳,就能見到雷烈大人嗎?依我看不見得吧?翠雲

少主不會也來為難我嗎？」笙回答：「算你聰明！」出腿如電，伏在地下，連掃四圈。

鯈見她迴旋腿掃來，曉得若是自己硬被踢中，免不得肋骨折斷，身軀微向後傾，抄出兩枚飛刀：「翠雲公主，我來此沒有惡意，不想傷害到妳。」笙的好勝心強，雙手一揚，也抄出兩顆鐵球：「看招！」微光閃動，忽把鐵球投擲出去，鯈揮起飛刀一斬，兩顆鐵球斷為兩截，紅光四射，在空中炸散成碎片：「好險！」

笙朝著牆壁的方向撤退，腳步矯捷，一個飛身踩在石磚騰上屋簷，全神貫注，保持謹慎：「沒被炸傷嗎？算你機靈躲得快。」鯈的全身沾染灰塵，滿臉黑污，從頭到腳顯得狼狽不堪：「不愧是翠雲公主的掌心雷，爆炸的威力果然不同凡響。」笙道：「我的絕技乃是轟天雷而不是掌心雷，不想被炸傷，最好盡快離開翠雲國，這是我給你的最後忠告。」

鯈吃過暗器苦頭，早有了提防，腳踏宮位，衝向左邊：「小心！我來了！」青光閃動，忽抄出飛刀往右邊擲。笙正想出招，卻感覺招數受到限制一般，仔細一看，原來右邊的飛刀籠罩住自己周身要害，倘若閃躲，勢必被敵人從左邊包抄。當下招數受限，正想投擲掌心雷把飛刀擋掉，身前忽然竄出黑影，把擲來的暗器斬斷。刑天腰身伏低，敏捷從身旁滑掠過，出腿如電，連續四腳踢向敵人胸膛：「躺下！」

鯈一個筋斗翻滾在地，狼狽地爬起硬是不肯示弱，擺出架勢怒問：「你什麼人？」刑天有些得意：「在下蓬萊國鎮國御史，刑天是也！」鯈和笙均是詫異：「原來是蓬萊國的刑天御史？」刑天道：「飛刀人！倘若翠雲公主和你較勁一事讓百姓聽見看見了，對公主的身份來說，可有失觀瞻。倘若翠雲國的士兵一起擁上，對你來說又未免勝之不武。不如我倆來單獨比劃，倘若你勝，我就懇求翠雲公主

讓你見上雷烈大人一面！但若是我勝了，你就得快點乖乖的滾回家去，如何？」

笙冷道：「刑天御史，你憑什麼擅自替我做主？」刑天滿有自信，鞠躬道：「翠雲公主妳請放心，我不會輸的！」鯀吃過苦頭，曉得敵人出招速度頗快，不敢主動攻擊，抄出飛刀，緊握手中：「原來蓬萊國的光明御史千里迢迢來到了翠雲國，可是與最近邊疆的戰爭有所關聯？」刑天單手抄出鐵錐，轉旋三圈，橫在胸前：「這些乃是國家要事，無需你來操心。」鯀回答：「我長年關注邊疆的戰爭，曉得狩獵族人濫殺無辜，至於今天會希望來拜見雷烈大人，就是希望能為四國戰爭出一份力。」刑天問：「你懂得戰略打仗？在戰場上作戰，可不像兒戲那麼簡單。」鯀道：「雖然我沒參與過戰爭略謀之事，但是耍飛刀的技術也算得一流，若是你們肯讓我加入戰爭，我會替四國爭一口氣，就算犧牲性命，也在所不惜。」

在場氣氛凝重，寂然無聲，二人手中各持鐵錐和飛刀，互目相視。雙方正要出手，忽聽有士兵喊道：「狩獵者入侵！快回崗位！動作快！」笙、鯀和刑天心中均詫：「什麼？」遠方有士兵喊：「吃...吃...吃人啊！」笙吩咐：「禦營部隊！快去支援！」幾個士兵推推擁擁，持槍去救：「快捉敵人！快！」笙的身形敏捷飛竄，刑天追趕在後：「翠雲公主！」鯀也尾隨上去：「二位請等一等！」

三人趕到廣場，遙遙望去，前方四處都有打鬥痕跡，殘骨遺屍和旗幟兵器散滿在地，血跡斑斑甚為凌亂。忽見兩個黑影站在中央，男子猙獰醜怪，手中拿著一顆頭顱，兩根獠牙露出嘴外，笑：「嘿嘿...遲早會腐壞的身軀，留著有什麼用處呢？不如捐給我吃了吧？」

一個美貌女子身穿白麻布衫，酥胸半裸，紗裙下露出兩條白霜玉腿，道：「餓鬼，你別只顧著吃，雷烈的伏兵天羅地網，千萬不可大意！」刑天恍然大悟：「是獵命師羅裟和夜叉！」

支援士兵抵達廣場，圍個圈子環繞敵人：「狩獵者好大膽子！還不快點束手就擒？」笙指揮：「禦營部隊！殺掉那兩個人！」刑天急忙阻止，喊：「糟糕！別接近他們！」那群士兵手執刀械，急要尋一椿功勞，因此奮不顧身往敵人衝鋒，瞬間圍個四面楚歌，逼得獵命師無處可逃：「捉住這兩個狩獵者！」夜叉見敵人像飛蝗同時擁上，忽把屍體的頭顱往口中一咬，噴出血霧：「幻術！煉血魔光！」

翠雲國的侍衛被幻象愚弄，忽有人看見粗如肘臂的黑蟒蛇纏在腰身，嚇得喊：「救命啊！」同伴受了動搖，驚呼：「快救人！」不料耳邊聽得一聲媚笑，幾個赤身裸女淫聲豔舞，各把玉腿舞蹈起來，圍繞一圈，嬌聲巧笑。士兵見裸女媚目淫詞，早被弄得渾身酥軟，再加上幻術美女嬌呻蕩意，舞到妙處夾雜著淫聲，不由紛紛都丟失了理智，昏昏欲醉。

刑天閉住真氣，張開雙臂一推，急把笙和鯀擋在血霧的範圍之外：「別過去！危險！」

夜叉略用幻術，就把敵人阻在遠處，冷笑：「好小子，原來你是蓬萊國的鎮國御史，難怪手腳這般利落？上次竟敢攪擾艷屍與我，暗中打得我們措手不及？搞砸了咱倆好事，這次我非要吃光你的肉，啃光你骨頭不可！」羅裟按兵不動：「餓鬼，你殺了他之後，血留給我喝！」

夜叉握著一柄碎骨刃，笑：「艷屍，妳是知道的，我只吃人肉，啃人骨頭，卻從不喝人血，鮮血理當留給妳喝。」羅裟回答：「你以食人屍體為樂，我可不像你。」夜叉道：「妳說這話不正確，民以食為天，自古有許多戰爭都是因為爭奪糧食而引起，為了不虧欠死神，我才開始吃人肉，人的苦難多半自作自受，我把人吃光，就再沒有人爭奪糧食了！」羅裟道：「既然如此，那就讓我為你找一點食物吧！我的罪比你輕，你吃人肉，我只喝人血，惡臭的屍體我吃不下，喝血就好！」

兩個獵命師用血霧阻住敵人進攻，夜叉趁亂砍下一具屍體的手臂，張口咬住：「嘿！這下子又多了一鍋回香肉！」羅裟回答：「惡鬼，你將憤氣遷怒到屍體身上嗎？什麼回香肉？這人邋邋骯髒，生肉嚼起來恐怕不夠帶勁吧？若是懂得分辨口味之人，你就應該先宰掉光明御史才對。」

夜叉張開血盆大口，臉上堆起猙獰笑容：「妳說得對！應該要先宰掉光明御史。嘿！人家都罵我是個良心泯滅的食人魔，但是誰也不願意做個擔飢受餓的蜉蝣吧？在戰亂的世代，旱饑頻傳，瘟疫四起，到處都是悽雲慘霧。人總是要餓了渴了幾天，才曉得性命的重要，若是有肉能填飽肚子的話，就算是太平盛世啦！誰管牠豬肉、牛肉還是人肉？」羅裟被逗得噗嗤一笑，抵著嘴唇：「餓鬼，可我欣賞你那不怕腐味的志氣。」

「嘿嘿！旱蝗嚴重的時候，糯米一斗要價二十金，稻麥一斗也要個七八金，哪裡有人能掙來那麼多錢？在旱地生活，能吃的也都被人剝取殆盡，唯一剩下可吃的，就只有人肉了。」夜叉將屍體的手臂左啃右咬，鮮血淋漓，那侍衛的盔甲血跡斑斑，睜著一雙白眼死在地上，樣貌猙獰恐怖。

羅裟冷笑：「這麼說來，一個少壯男子的價錢，豈不還沒一斗米貴？」夜叉點頭：「那個當然！幼童婦女，凡運送至市鎮販賣之人，明碼標價，被帶到屠店作為交易買賣的，誰都可以變成菜人。」羅裟聽了幾乎想嘔，搖頭：「什麼叫菜人？你根本就是一隻禽獸。」

夜叉洋洋得意，剖開屍體的五臟六腑，把血淋淋的肝和肺提在手裡，微笑：「艷屍，妳也享用嗎？」羅裟笑道：「鮮血留給我喝就好，但是你若真有膽子吃那內臟，我就稱你一聲大哥。」

夜叉笑問：「妳殺人不眨眼，怎麼可能連這畜生的內臟也會害怕呢？」說著，將屍體的腦漿和心肝掏出，再一口咬下，吃得津津有味：「聽說翠雲國的士兵武功很厲害，我還道這侍衛的肝肺與常人不同，誰曉得嘗起來也不過如此？」

另外一端，眾人被獵命師阻在血霧的範圍之外，無法進擊，刑天素來應變機警，如今遇見這兩個獵命師如臨大敵，也免不得抄出鐵錐防備：「翠雲公主！我有個策略！」笙問：「什麼？我一人對付這兩個傢伙，還可以勉強拖延片刻，趁這良機，請妳趕緊去找雷烈大人支援。」

笙不肯獨去：「刑天御史，你在翠雲國內乃是賓客，翠雲國豈有讓賓客冒死之例？不如你去，這邊由我應付。」刑天冷靜道：「翠雲公主，這種時候還分賓主之誼嗎？且看看妳的禦營部隊，如果不希望這些人飛蛾投火，神消魄散，最好按照我的話去做。畢竟我曾對付過這兩個獵命師，有經驗知道該如何應付。」

笙觀看前方，許多侍衛中了幻術，全身發軟，眼睛好似看見面帶嬌羞的仙女，秀髮披肩對自己輕柔細語。眾人滿腔熱愛，恨不得摟住細腰纖手，一親玉肌。

那群侍衛彷彿處在一等美妙景地，臉上的表情均是魂牽夢繫，非要圖個軟玉溫香，笙看了心中猶豫：「若我再不去通報爹，這些人非死不可。」強鎮心神，毅然點頭：「刑天御史！你自己小心保重！」雙腳往樓牆一踏，騰上屋簷，如飛鷹展翅而去。

禦營部隊的侍衛正在盡歷萬劫纏綿，全身火熱，被重重幻影弄得心癢難搔。眾人筋鬆骨酥，想要享受那玉軟溫香之樂，卻感覺煩渴難耐。有人胸口悶脹，似乎被一股極大力量裹住，從頭到腳沉浸在魂銷心醉之景，無法掙脫。

刑天曉得那幻景是一種霧裏看花之術，可讓人魂銷遐想，許多玉乳酥胸的裸女更能讓受縛者熱血沸騰，被迷魂霧誘到九霄仙境。而成敗關鍵全在於定力堅強，才有辦法自持住，當下連忙對士兵喊：「大家快點閉目收心！摒除雜念！」

許多士兵早被迷得渾身亢奮，奇癢入骨，肉體承受不住那幻景磨折，陸續頭暈眼花，跌倒在地：「救...救...救救我們！」

夜叉吃完了一具屍體，揩抹手上的血污，笑道：「這個侍衛已經被我剖腹屠腸，沒辦法再替翠雲國效力了。」說著，又緩緩走到另外一人的身邊，揮舞碎骨刃往下一劈，打得侍衛血肉模糊，拾起斷足殘肢啃食：「這些傢伙看見酥胸玉乳的少女在沐浴，早被誘得心迷神馳，血脈賁張。你想再要他們摒除雜念？嘿嘿...那可比登天還難啊！」

羅裟拋過媚眼，笑吟吟接著說：「要殺你們易如反掌，中了餓鬼的煉血術，可是連殘魂都逃脫不得。倘若你們不怕自投絕境，儘管過來吧！」

刑天無可突襲，故作鎮定：「嘿！除了利用幻象誘惑愚弄之外，你們其它的招式全無用處。」

夜叉露出猙獰醜惡的表情，滿頭刺蝟白髮，瞪大怪眼：「什麼？你竟敢藐視我？其實你不想死的，對吧？被我吃掉，成為我身體的一部份吧！你就這樣死了的話，沒人會記得你，被我吃掉，起碼可以成為我身體的一部份！」刑天冷笑：「被你吃掉，我寧願去死。」

夜叉張開血盆大口：「我可以把你的肉和骨頭啃得一乾二淨，你會變成我的一部份，即使發臭，我也要吃！遲早會腐壞的軀體留著有什麼用？不如捐給我吃了吧！」

羅裟展開吹雪扇，攔住同伴：「餓鬼！別被激怒，他是在用話語試探你。」夜叉雖然心裡極怒，卻也懂得要以靜制動，不加睬理：「艷屍，咱倆且先潛心靜坐，看這蓬萊密使能有什麼作為。」

刑天無法激怒對方，心想：「可惡！該怎麼引他們離開那塊土地的範圍？」正在思索，身旁忽聽有人對自己說：「不如讓我來幫你吧！」轉頭一看，鯀的臉上毫無懼色，繼續又說：「這個吃人魔君的秘術是叫煉血魔光，對嗎？若是我幫你引開他們，那些士兵的幻術就能解開了吧？」

刑天摸不清楚這人是敵是友，不過目前還可與他一同進退，但想對方若被激怒，攻擊自己豈不是又添一樁危機？當下毫無思索，毅然點頭：「嗯！拜託你了！千萬小心！別把獵命師所噴出的血霧吸下肚裡！」

鯀不發一語，面對著夜叉和羅裟，微笑：「既然近身肉搏不可行，那只好用長程攻擊了？」冷不防抽出八枚飛刀，陸續投擲：「好！看招！」羅裟和夜叉紛紛舉起碎骨刃和吹雪扇，防禦抵擋：「餓鬼！小心暗器！」、「嘿嘿！艷屍！待會兒收拾這傢伙，我要把他從頭到腳都吞下肚腹！」迎面八枚飛刀夾雜勁風射來，二人躍高伏低，躲掉攻擊，翻滾數圈，飛身跳開：「餓鬼！從兩邊包抄！」

刑天見同伴被二人夾擊，展開攻勢，迅如疾風往夜叉奔去：「飛刀人！我替你防守左邊！」抄出鐵錐向前一探，佔個先機突襲。

夜叉沒料到敵人速度之快，狼狽地舉起碎骨刃抵擋，可惜反應不及，竟被鐵錐劃破肩膀，踉蹌撲倒：「艷屍！」

羅裟見同伴受傷，吹雪扇向右一揚，遮護：「趴著別動！」刑天曉得那鐵扇鋒銳，翻滾半圈，單手沾地撐起身軀，迴旋一腳踢向敵人：「飛刀人！掩護我！」

鯀甚有默契，雙手抄出飛刀，照準敵人的膝蓋擲去：「明白！」

羅裟被二人同時夾擊，心裡曉得若遭刑天踢中手腕，又或者被鯀的飛刀砍中腳踝，都免不得要骨折斷裂。當下心中早有提防，向後退了三步，吹雪扇迅速變招，「鏗」一聲擋開飛刀攻擊，虎口也被震得隱隱作痛：「唔...可惡的光明御史！」

夜叉趁著三人纏鬥之時，早就晃眼一閃順利逃開，警戒嚴防：「艷屍！看來是咱倆太低估他們了！快走！」羅裟不多言語，展開吹雪扇葉，對著刑天冷冷說：「戰神和力神召集了我們這兩個獵命師，為了就是要獵殺你們的性命。四國境內一旦淪陷，翠雲國是遲早要被戰神接管的，到時候狩獵族的勝利指日可待，我會拿你們兩個的鮮血來敬酒祭日。」

雖然刑天出招如電，可惜被羅裟攪擾，錯過先機沒殺掉夜叉，這時被二人警戒嚴防，想再突襲只怕困難：「想要用我的鮮血來敬酒祭日，也得先打敗我才行！」

「刑天御史！讓我來對付他們！」鯀抄出飛刀，忽朝著敵人連擲兩枚。但瞧那飛刀打造得雖尖銳，可惜卻也削不得敵人的碎骨刃和吹雪扇，「噹噹」擦撞兩聲，輕易彈飛。

羅裟被攻個措手不及，氣血翻湧，好不容易勉強站定：「餓鬼，沒料到今天這裡居然會有這麼多一流高手，看來我們真是失策了。」夜叉回答：「艷屍！他們究竟好了沒有？」羅裟搖頭：「我也不曉得，你別不耐煩。」

刑天狐疑暗想：「咦！這兩個獵命師在說什麼？他們所指的是誰？難道還有援兵？」

鯀的額汗如珠滴落，凝神警戒問：「刑天御史！我的暗器快丟完了，你想到下一步該怎麼做沒有？」正要再抄兩枚

飛刀，忽感覺周圍寒氣侵骨，一團冷氣雲從翠雲宮殿的方向湧來，驚訝問：「那是什麼？」刑天抬起頭看：「糟糕！難道是符爆師的氣溫變動之術？」

羅剎和夜叉縱向後退，同聲笑：「餓鬼，看來他們是準備好了。」、「嘿嘿！樂師和仙姑終於要出手了嗎？」

鯀納悶問：「樂師和仙姑？那是誰？難道這兩個食人魔還有夥伴？」

刑天恍然大悟：「咦！樂師和仙姑？糟糕！是錦那羅和乾闥婆嗎？」凝神警戒，咬緊牙對同伴吩咐：「可惡！飛刀人！我們被狩獵者的詭計調虎離山了！」

第五章 雪魂珠

另外一端，笙踏著快步衝到宮殿外的廣場，忽見前方有大隊侍衛持槍擎劍，追趕來叫：「啟稟公主！宮殿外發生了大事情！」軍隊聚集，天上的日光反射，將侍衛的刀劍照得眩目輝煌，奪耀生光。笙心焦急問：「我爹和我哥在哪裡？有狩獵者入侵，快通報他們！快召集弓手！」

一個千戶長飛馳報捷，，跪在地上恭敬道：「啟稟公主！隨儀的力士都把弓弦準備好了，全都安排妥當，大家均在下處守候消息，只等著公主發號施令。」笙揚手一揮，吩咐：「傳下令去！若是遇見疑犯，當場斬於地下，懸首示眾！」

正說之間，屋簷上忽有個男子吟詩弄曲，士兵均喊：「什麼人？」男子骨秀神清，身上穿戴的衣袍豐姿飄逸，仰天長笑：「我千里迢迢從北方而來，翠雲國的街市何等風光？有的城鎮燈火輝煌，有的城鎮景緻幽香，繁花似錦的無限佳景，哪裡像是什麼亂世流離的險境之地？這裡果然真是人間天堂！」

笙見對方衣冠華麗，頭頂戴著紫金寶冠，外罩寬袖的五彩紅袖，腳上套著一雙烏靴，手持無弦琴更顯得舉止風雅，疑惑暗想：「咦！這什麼人？難不成也是狩獵者？」

男子相貌斯文，目秀眉清望了幾眼，笑問：「妳就是翠雲公主？」笙見對方生得齒白唇紅，恐怕深藏不露，謹慎問：「你是什麼人？」男子的雙手捧著無弦琴，吟誦：「鬼門關前黃泉路，詩韻鐘揚迷離樹，織幽如夢，仇恨縱有幾隔重簾，卻讓多少愁腸覓了個顛狂處？唉！時刻傷感，究竟命由誰主？命由誰主？」笙見對方裝神弄鬼似地，問：「你是獵命師？還是幻獸師？」男子搖了搖頭：「看這翠雲宮殿風光明媚，景色宜人，做為墳場實在太過可惜。可

惜雖可惜，最可惜則是有的時候造化弄人，運氣只恐怕捉它不住，妳覺得這句話有道理嗎？」

笙不曉得對方究竟想說什麼，舉起右手，喝令：「放箭！」

侍衛毫無避忌，手拿刀槍分別擁上，群人追趕，試圖緝兇：「捉住他！快捉住他！」人聲喧譁，在宮殿下擁擠一團，男子跳下屋簷，衝向人群：「在黃泉路上遊蕩之人...殺！」侍衛排列整齊，分別往廣場的左右封鎖，忽見敵人衝來，嚇得驚喊：「大家小心！別讓狩獵者逃脫！」

男子捧著無弦琴抵擋，那勁勢強悍，竟將多數侍衛震得跌倒，四面八方退散開：「翠雲國的小公主，妳不願意欣賞我為妳彈奏一曲嗎？」笙冷冷問：「你覺得我會聽你胡言亂語嗎？」男子微笑：「我所彈奏的樂曲乃是與我自己在競爭，而非與他人交手。我憑感覺彈奏曲調，如果妳有價值，妳就會安靜聆聽。」

笙飛身一跳，從三個侍衛身旁掠過，拔起近處的旗幟迎擊：「胡說八道！看我來對付你！」神秘男子從旁閃避，躍上屋簷：「原來翠雲國的公主也懂得耍刀弄劍？」笙悶聲：「哼！裝神弄鬼！」神秘男子撫弄手中的無弦琴，嘆氣：「看來牛不入耳，我真的是對牛彈琴了。」

笙的雙手抓著旗幟拼命揮舞，橫掃幾下，企圖把對方打落屋簷：「下來！」宮殿的廣場有數百名侍衛前後擁上，可惜大家擁擠一團，竟被撞得非常混亂。

眼看援軍的隊伍陸續趕來，神秘男子也顧不得在此遊賞，若不想個辦法，肯定會被敵人南北圍困。當下立刻躍下屋簷，瞬間從數百名侍衛的頭頂飛掠過。笙緊追在後，把手中旗幟往地面一撐：「別逃！」那竹竿壓成弧形，全身如一顆大球拋飛出去，彈到半空。

微風將衣袖吹得柔活，笙順勢墜落，抄出掌心雷喊：「接我一招！」幾枚爆彈凌空擲去，神秘男子的雙腳往瓦牆一踏，遊走數步逃開：「不錯！挺靈活的！」

掌心雷把瓦牆炸個粉碎，支援的侍衛呼聲雷動，響撤通街：「公主使出掌心雷的秘技了！」
許多侍衛急追在後，神秘男子疾速奔逃，身法敏捷，一個飛步又躍上屋簷，喊：「冰咒術！雪片紛飛！」說著，轉旋兩圈脫下長袍，袍內掛滿密密麻麻的文帖，帖上畫滿咒訣。笙見過世面，曉得敵人絕非善罷甘休之徒，仔細分辨，頓悟：「糟糕！是冷系符咒術！他想降溫？快阻止那個符爆師！」

數十里方圓的天色白茫茫一團，突然涼風掠過，冷氣侵骨，寒威酷烈地下起雪雹，神秘男子放開嗓門喊：「仙姑，我把氣溫降低了！該妳上場！」笙左觀右顧，驚詫：「什麼？還有一個？是幻獸師嗎？糟糕！原來是調虎離山計？她想要召出幻獸！放箭！快阻止他們！」才剛講完，果然見一個神秘女子飛上屋簷，冷笑：「來不及了！」手腕高舉，將一串靈珠拋向天空：「靈幻術！雪獸！出來！」

山崖上忽變得酷寒奇冷，積雪百丈，一隻濃密鬃髮的長毛象破冰而出，撞碎冰壁，冷霧彌漫。

眼看那符爆術使得十里方圓的氣溫同時改變，氣溫異動影響了磁場的分界，現出一片奇景。冷颼颼的白霧捲起寒風，那地方萬仞冰雪，岩壁下有多處堅冰不能攀爬，遍處忽變得一片荒寒。幾個身軀雄壯的士兵原本打算趕來援救，看見巨大雪獸破冰而出，嚇得撇了刀劍，紛紛逃開：「救命啊！雪怪來了！」

人聲喧雜，一隻巨獸逞起威風，四肢用力踩踏地面，竟將石磚震裂損毀，碎斷成礫片狀。笙喝令吩咐：「快！朝雪怪放箭！」千戶長跟著喊：「大家放箭！」

許多侍衛舉弓搭箭，羽箭打在巨象身軀，竟連一支也穿不透皮肉。那符爆師和幻獸師只隔數丈之遠，唯恐侍衛放箭反把自己二人當作箭靶子，眼看那幾百枝羽箭射來，就算不死也剩半條命，當下不敢隨便闖到幻獸附近，分別往旁邊逃開：「保護性命要緊，先離開這！讓冰獸來解決這些侍衛！」

在場的翠雲國侍衛有數百人，各都是輕弓短箭的高手，千戶長分撥部屬，擺成陣勢叫：「快通知雷烈大人！」

笙見兩個敵人想避退屋簷後藏覓，心想：「這兩人果然是狩獵族的符爆師錦那羅和幻獸師乾闥婆！」當下疾速追趕敵人，直奔殿堂前院：「站住！」

錦那羅一邊飛跑，一邊對同伴道：「那群士兵剛才這番亂箭一射，要再誘我們出來，恐怕已經難了。現下只隨他們和雪象獸搏戰，我們快離開這吧！」乾闥婆說：「樂師，今天若是不滅這夥士兵，將他們碎屍萬段，我誓不回去盤岩宮給個交代！」錦那羅問：「妳的幻獸術能維持多久？」乾闥婆回答：「直到你的冰咒符用盡為止！」

風雪酷寒，一處冰崖崩裂，附近的崖壁受不住震動也相繼坍塌。廣場上的侍衛準備弓箭，橫排站定，圍住巨象高喊：「小心！大家別被精怪踩到了！」話剛講完，忽聽見近處傳來一片霹靂啪啦聲響，烈焰和火光墜在幻獸的背上，煙霧漫空，燃燒起來。有個男子左閃右躲飛奔來，抄出火爆彈叫：「大家快把羽箭點燃！用火攻牠！」

笙在遠方聽見男子聲音，心喜：「哥終於趕來了？」千戶長喜出望外，喊：「雷少主！」錦那羅和乾闥婆心裡均想：「是翠雲國的王子，雷昊？」雷昊重申一遍，叫：「別猶豫！用火勢攻擊雪獸！」

千戶長聽見吩咐，鳴鑼擂鼓，陸續點燃羽箭射擊：「大家快用火攻！」許多枝羽箭燃著火焰，落在屋簷上連排燒開，錦那羅和乾闥婆抬頭見萬道火光染紅半邊天，身形一閃，躍下屋簷想逃：「快走！」

笙被誘到一處偏僻地，順手抓起梨木桌椅，擲向敵人：「既然來了，就別想活著逃出翠雲國的領土！看我用火把你們兩個燒成焦面鬼！」錦那羅揮舞衣袖，用勁風拋飛桌椅：「好！我們兩個來鬥一鬥秘術！」乾闥婆停止逃跑，隔著數尺觀望熱鬧，冷笑：「似乎愈來愈有趣了！」

笙和錦那羅一交手，雙方早已激烈打起來。遠方有幾個士兵急來響應，企圖從旁協助，圍攻兩個敵人：「快去幫助二公主！」乾闥婆突然出手攻擊，士兵抵擋不住竟被刺倒，其餘同伴嚇得逃散，又有兩個跑得較慢的來不及躲，被敵人砍倒在地，氣絕身亡。

笙單獨應付符爆師，轉眼鬥個十餘招，揚起鐵錐，斬向敵人：「敢跑到翠雲國來撒野，別想逃！」錦那羅冷笑：「看我們光靠一隻幻獸，就把你們翠雲國搞得一塌糊塗！」

錦那羅膂力過人，笙原本欲意使用鐵錐攻擊，不料竟給敵人踢中大腿。乾闥婆不擅長手腳搏鬥，原本只想在旁觀戰，見有機可趁，也忍不住一招勁掌揮去，擊向笙的天靈蓋：「翠雲公主！看我們狩獵一族把妳給五馬分屍！」笙抬起頭看，暗驚：「糟糕！」狩獵者正要出手殺人，雷昊突然凌空飛墜，疾速撲下：「笙！快伏低！」笙聽了這話，急把肩膀向後一仰：「哥！」雷昊雙手作掌，照準幻獸師的雙手迎擊：「還給妳！」

乾闥婆氣血翻騰，天旋地轉，向後翻滾：「啊！」錦那羅見同伴受傷，也跟著擊向敵人：「可惡！」

雷昊乃是個孔武有力的武行者，曾受過嚴格受訓，就算敵人生得虎背熊腰也難被擊垮，這時一雙空拳回擊，錦那羅

的手骨瞬間受到重傷，痛得向旁退避：「仙姑！快！掩護我！」

笙滿心怨氣，怎肯輕易放敵人逃走，情急之下更加大膽追擊：「別逃！」錦那羅手骨受傷，忍著劇痛抓起紫檀桌椅抵擋，頓時把木屑搞成碎片，如雪花似的滿堂飛舞：「可惡！」

乾闥婆一腳飛來，硬是把木屑桌椅踢翻，拉扯同伴的手臂，轉身就逃：「樂師！快走！」

錦那羅沒料到雷昊竟有如此神威，外家拳的底子相較自己實在有過之無不及，恨不得震得他筋斷骨折。可惜對方守中帶攻，無法擊破，眼看翠雲國侍衛的人數逐漸增加，援兵也越來越多，再顧不得與敵人糾纏，身輕如燕，向後奔逃：「仙姑！妳先走！這裡我來應付！」乾闥婆左閃右竄，躲避的身法奇幻絕倫，一個飛身騰上屋簷：「在泥沼澤見！」

火光將廣場上耀照通明，另外一端，侍衛朝著雪象獸擲槍扔箭，搞得廣場天翻地覆。錦那羅則被雷昊糾纏住，進退不得，心想若是自己被捉住也不知會受敵方何等折磨？眼前是對方佔了先機攻擊，當下只有招架的份，左閃右躲，空拳抵敵：「你就是翠雲國的光明御史？」雷昊試圖想要生擒活捉，額上汗珠如雨滴下，問道：「狩獵族和四國聯盟為什麼不能尋求和解呢？只是這般永無休止的糾纏亂鬥，也是你們狩獵國所渴望的嗎？」

錦那羅大喊：「絕不可能！只要有人存在的地方，就有紛爭！只要有你們四國存在的一天，我們狩獵族就永遠不可能獲得真正的和平與安寧！」講完，雙手往口袋一伸，抄出六百六十六張文帖，帖上黏著火藥粉：「秘遁！千符破爆術！」雷昊聞到一股硫磺味，驚詫：「糟糕！是引爆符！」錦那羅抽出火折往導火線一摩擦，將許多張文帖拋向天空：「去死！」

雷昊急叫：「笙！快躲起來！」笙不知所措，杏眼圓睜：「哥！」千戶長也喊：「雷少主！」

突然之間，飛灑空中的文帖燃燒起火，散射出千道紅光，宮殿周圍傳來一聲巨響，甚具威勢，磚牆和花窗都被炸得激飛數尺。引爆符灰煙飄散，瀰漫住整遍冰壁，附近的欄杆炸出一個圓形大窟窿，搖山動嶽，仿彿整個天勢都在震動。

宮殿的廣場上人聲嘈雜，許多士兵倉惶支援，打算從三面圍攻巨獸，千戶長發號施令喊：「大家小心！」

錦那羅原本只道敵人勢必被文帖炸死，哪裡曉得雷昊攻守幻變，於千鈞一髮之際躲到岩石後，反倒是趕來支援的侍衛被炸個手殘腳斷。煙霧瀰漫，援兵見萬丈光芒的火燃燒著，均嚇得不敢救應，在遠處喊：「快保護雷少主！」千戶長吩咐：「來人！支援雷少主！」

笙見雷昊僥倖躲避引爆符攻擊，轉頭又見廣場的侍衛和雪象獸鬧成一團，曉得如今應對大敵，是以絲毫不敢大意莽撞，放聲喊：「快提水滅火！」雷昊忍著燙傷，站起身喚：「笙！妳有沒有被火燒到？」笙憤怒的搖了搖頭：「早知道這些狩獵者來偷襲，我就應該做好萬全準備，這次真是太粗心了！」雷昊怕狩獵者的餘黨藉機逃走，大喝：「支派援兵！快把這消息通知蓬萊國、天山國和鬱樹國！封鎖四國境內，千萬不可讓餘黨逃回泥沼澤地！」

一個飛捷的校報趕來，抱拳彎膝，鞠躬道：「啟稟雷少主！啟稟二公主！雷烈大人已經帶著如意風火輪趕來對付冰獸了！」雷昊心中一喜，喚：「笙！我們快去支援！」笙回身一轉，腳尖在地上輕輕點步，往巨獸方向奔去：「好！」

那氣溫變動之術果然厲害，懸崖上瞬間結冰，萬峰的寒霜恆古不融，真比雪山還冷得多。莫說常人不能抵擋，便是修練多年的武行者也禁不住這種酷寒。突然之間，一陣寒風撲面，翠雲宮殿的廣場早已凍成冰崖，許多士兵牙齒打幾個寒顫，幾乎要禁受不住：「小心！雪獸衝過來啦！」眾人嚴密防守，千戶長喝令：「快擺出火繩陣！」士兵圍繞半圈，陸續抽出長條軟鞭，把油澆上，起火燃燒：「快綁住雪獸！」

幾百個士兵佈成陣勢，各持刀槍揮舞，長毛象正欲交鋒，拼死衝撞。大軍擁著刀槍竭力刺向前，將四方圍住，混亂中有人被象腿踏中，又或者被象牙一刺叨在嘴裡，屍骸滿地。

雪獸以長鼻擎住刀槍，捲過如蟲蟻大小的士兵，再拋去數丈之遠，翠雲國的侍衛手持火鞭在空中旋轉幾圈，吆喝一聲擲去，熊熊烈火燃燒了雪獸的鬃毛，觸目驚心。長毛象被火鞭劈中身軀，嚇得掃起長尾，撤向後退。有侍衛閃避不及竟被撞在下顎，口歪鼻腫，倒地暈去。

火鞭在周圍呼颺過，雷昊和笙奔到近處，喊道：「捆住牠！」千戶長叫：「先攻擊腳足！」火鞭飛掠，痛辣辣打在雪象獸的四肢，尖銳的鐵鉤稍微劃破幾條血痕，巨象吃痛咆哮。

「快把鐵鉤給我！」雷昊從侍衛的手中搶過一根鉤繩，速度輕快，飛踏十步躍上雪象獸的背脊：「點火燃繩！」笙擔心安危，驚喊：「哥！」千戶長不敢違令，沿著長繩點火燃燒：「雷少主！小心了！」

那條鉤繩瞬間起火，沿著一路燒到雪獸背脊的鬃毛上，雷昊踏著輕功跳開，險些摔倒：「笙！掌心雷！」笙抄出七枚爆彈，正要投擲，忽見雪獸的巨尾迎面掃到：「啊！哥！」雷昊驚喊：「笙！」千戶長叫：「公主！」雷昊縱步

向前，立刻張臂去抱：「千戶！快掩護我！」千戶長手持火鞭：「大家快支援雷少主！」

幾個侍衛挪轉火繩，迴旋幾圈擲去，牢牢套住雪象獸的長牙和頸部：「啟稟大人！我們捉住牠了！」話才講完，雪象獸不依聽憑，忽把前腿一抬，扯住火繩的侍衛立刻拋飛天空，頃刻間摔得四腳朝天，跌倒在地。

其餘侍衛左擁右擠，嚇得怪叫：「小心！小心！」兩條火繩纏在雪獸頸項，侍衛被勁勢甩飛，雷昊和笙見火繩陣瞬間破功，均想：「糟糕！必須要用萬古神器對付牠才行！」這個時候，背後忽然有個黑影衝來，喊叫：「雷昊！笙！快讓出路！」雷昊和笙驚喜：「爹！」千戶長也喊：「雷烈大人！」

雷烈的手中握著一柄金箍環，放聲叫：「如意風火輪！魖龍！聽令！」手中的萬古神器突然燒成一團烈火，忽感到焰氣衝天，空中旋起數團紅雲。一隻龐大的巨龍鼻冒紅煙，盤踞在翠雲廣場的山峰，口吐火焰。

雪象獸散發出寒氣，凍雲壓頂，冰壁將火焰阻擋在外，地面似乎連半點溫暖都感覺不到，翠雲宮殿變得比大雪山還要寒冷得多。

笙喊：「爹！牠使出寒冰術了！」雷烈舉起如意風火輪，高叫：「火象通靈！紅焰爆彈！」魖龍闊口微張，幾顆紅色火焰爆散開，化成千百團小火球，冰壁禁受不住熱熔高溫，一處冰崖崩裂，附近的崖壁也相繼坍塌，滑向南端的海中。

雪象被激怒了，吐出雪霧遮蔽住視線，將廣場映成白茫茫一片。可惜魖龍的火攻術比雪象的冰禦術還厲害，冰壁被火焰球融出許多窟窿，微風滲透。雷烈一聲喝令，喊道：「魖龍！擋住雪攻術！焰禦防火牆！」

虺龍張口露牙，吐出熱氣，一道赤紅色的火焰橫排燒開，竟把四面八方的冰壁阻隔在外。笙和雷昊見父親佔上風勢，均是歡喜：「太好了！牠攻不過來！」

雷烈叫：「虺龍！用火焰消滅牠！」

虺龍鼓腹膨脹，噴吐一柱炙熱的紅焰，雪象抵擋不住，哀嚎幾聲倒在地上。千戶長急奔去護駕，高喊：「雷烈大人！」雷烈回頭吩咐：「快送傷者就醫！」

雪象獸通體灼傷，遍身還有冷霧和白氣籠罩，笙和雷昊見冷氣團飄向父親，驚喊：「爹！小心！」雷烈不是蠢物，忽感覺頸後一股涼氣，豈有毫無抵禦之理？立刻將身縱開，揮舞如意風火輪驅散白霧：「原來雪獸還有這招？」

白霧順風轉個方向，竟往千戶長迎面撲去，雷烈叫：「快趴下！」

千戶長不及反應，忽感覺寒冰透體，渾身冷顫：「啊！」笙和雷昊戰戰兢兢，謹慎防備：「爹！他怎麼樣？」雷烈不敢怠慢：「你們快拿厚棉大衣！」雷昊知道同伴尚還有救，急脫下外衣，罩在千戶長身上：「是被冷氣團入侵？」雷烈解開千戶長衣襟一摸，感覺體溫逐漸恢復：「他沒事了！快帶他進去室內，免得凍死。」

且看那千戶長雖然還是四肢冰涼，所幸及時披衣暖救，已無大礙。幾個士兵匆匆趕來，抬著傷患往室內去，免得在外多受風霜之厄，血液結冰。

笙見到白霧向人攻擊，使千戶長變得全身僵硬，疑惑問：「爹！難道雪獸也會吸人精氣？」雷烈解釋：「笙，雖然狩獵者不像我們，需要萬古神器才能召喚靈獸，但是他們也需要煉化聚魂珠才能召出幻獸。有些聚魂珠所召出的幻獸，被驅逐前會氣化成能量，吸收精氣，一旦太過靠近就有危險，我們必須小心謹慎。」

原本密雲暗霧的天空讓視線變得陰暗，索性萬丈冰雪被魃龍之火所融，現出數十里方圓的天色。酷寒的天空透下一個雲洞，碧空澄澈，略現曙光。雷昊走過來道：「果然是由聚魂珠所召出來的幻獸，消散之前總要找個替死鬼吸收元氣。」雷烈思索：「目前所知，恐怕還是雷魂珠和毒魂珠的威力最強，一旦被雷擊中，又或者吸入毒氣，恐就無法救回性命。雷昊！笙！我要你們趕緊捎信，把這消息通知其它三國。」

「不必麻煩他們了！我可以回去通報！」一聲疾喊，有個年輕男子踏步奔來，鞠躬下跪：「蓬萊御史刑天，拜見雷烈大人！」雷昊詫異：「你就是蓬萊國的光明御史，刑天？」笙忙道：「爹！他是蓬萊國，白雲大人的鎮國御史。」雷烈點頭：「刑天御史，你請起身。」笙急問：「啊！那兩個獵命師呢？」刑天回答：「他們已經撤退了。」

「站住！何人在此擾亂？」遠方傳來侍衛喧罵，張弓持槍，圍個半圈弦箭待發：「不許動！」

鯀見了這番威勢也難消受，手中握著兩柄斷裂半截的飛刀，立在中央不動：「不要擔心，這般驚慌做什麼？我只是想拜見雷烈大人一面，若是我真的要害人，就算你們有九條命也都沒了。」

狩獵者才剛入侵翠雲國，雷昊見他手中握著飛刀，唯恐有人遭到暗算，擋在面前問：「你什麼人？」鯀執禮甚恭：「你就是翠雲少主雷昊嗎？我來拜見你的父親，雷烈郡主。」雷昊問：「你找父親大人什麼事情？」

鯀解釋：「我名叫鯀，耍飛刀是我的秘技絕活，長年關注邊疆的戰爭，也看盡了狩獵族人濫殺無辜的惡事。這次千里迢迢前來翠雲國，是敬仰了雷烈大人的名聲，希望能參與大家，為四國戰爭出一份心力。」雷昊回答：「戰爭之事乃是國家要事，無需你來操心。」鯀笑：「我就曉得你

們會那麼說，所以也沒打算離開這邊，我把家當和財產全賣了，身無分文，如果你們真要驅趕我走，就只好一刀把我殺了吧！」笙道：「在翠雲國的境內，逆亂可是重罪，若是你不想被刑官究詢，就快離開！」鯀視若無睹，鞠躬說：「雷烈大人，我是敬仰您的威名，因此前來投靠。目前四國要聯合對抗狩獵族，勢必需要招兵買馬。我所擅長的飛刀秘技乃是遠程攻擊，您若是一個器重人才的賢明郡主，就該當熟思才對。」

笙道：「你好不講理，在此強逞勢力，那可是殺頭重罪！若是知趣，就快離開翠雲宮殿！否則休怪無禮！」

鯀繼續說：「雷烈大人，我敬仰您是鼎鼎大名的翠雲郡主，難道您真的不能通融一下，讓我參加軍隊？」雷烈仔細瞄了對方幾眼，暗中打量：「這人的秘技乃是飛刀，若是我通融他參與軍隊，可否妥當？」觀察許久，和顏悅色說：「既然我們二人萍水相逢，就當以真言真語誠信相待，戰爭之事並非兒戲，請恕我無法即刻給你答覆，還請英雄見諒。」

笙見對方仍舊不肯離開，把手一招，聲音嘹亮喊：「送客！」言訖，幾十個侍衛抽出刀劍，圍個圓圈，將對方包在核心。

廣場上鴉雀無聲，鯀笑問：「嘿！翠雲國號稱大國，你們這些人，想要以眾欺寡嗎？」笙道：「那是因為你不肯離開，只好逼得我們強行送客。」鯀反問：「倘若我仍舊不願意走呢？」笙道：「你究竟有什麼圖謀？」鯀嘆氣：「我已經老實告知來意，誰知妳卻還不肯信？」笙滿臉憤怒：「憑什麼要我們相信你所說的？」鯀道：「翠雲國若是要強行送客，我可是奉陪到底！」

現場氣氛僵持不下，雷烈見對方毫無懼色，拱起雙手，做了三個揖道：「英雄！我雷烈在此向你陪個不是。」承厚道禮，又對女兒吩咐：「笙，妳退下去！」刑天不願眾人

惹起爭端，按住鯀的肩膀向後一拉，插句話截斷：「雷烈大人！這位飛刀俠是跟隨我來到宮殿的，他的事就交給我來處理吧！」雷烈點頭：「嗯！」刑天轉個話題，繼續又說：「目前重要之事，乃是先聯合四國盟軍，召聚戰略大會。這也是白雲大人差派我來的原因！」

雷烈威風凜凜站在面前，點頭示意：「刑天御史，你繼續說。」刑天從懷中掏出一封信件，遞送上前：「請雷烈大人閱目！」

雷烈見白雲齋批來公文，說道：「讓我看看！」接過信紙當場拆封，把那公文折袟打開一看，見信中寫著：

樞密行文，承蓬萊御史刑天相差，奉聖旨傳：

狩獵族長年侵擾天山國邊界，乘西之入，欲害我蓬萊國百姓。戰神帝釋天自龍脈長城晝馳夜入四國境內，殺人多死。餘黨窩藏分掠東北者，乃為力神阿修羅是也。蓬萊國須遞急緊公文，整頓置辦軍馬，並聯合天山國、翠雲國和鬱樹國招集內應，防範狩獵族勢成規模，得志於境內。

狩獵族一無所恃，謀逆有跡者日漸加增，四國須索整頓，嚴為戒備。今宜首惡誅速，緝捕並斬梟戰神帝釋天和力神阿修羅其首。請敕諸國申報上文，在重覲賞，能斬狩獵一首者增俸一級，並示以萬古神器喚召四象聖獸為激勸實跡獻勤者，有官利之，以故士心不勸。

閱讀完信件內容，笙關切問：「爹！現在怎麼樣？」雷烈折疊信件，揣入懷中：「白雲大人打算優先採取攻勢？」刑天點頭：「崑崙大人亦決定要召開獵狩大會，兩個月後在彩雲峽商討戰略，並且策劃隊形聚合的攻勢。」雷烈思索：「崑崙想得倒是周全，彩雲峽地勢險惡，易於防守，又位於四國中心，方便四國聚合商討策略。」刑天道：「因為這事非常重要，因此崑崙大人也派出鬱樹國的鎮國密使，充當遊人陪我前來報訊。」

雷烈問：「是幽御史嗎？他人呢？」刑天解釋：「啟稟雷烈大人！我們沿途被一點小事耽擱所誤，幽御史現正趕來。」雷烈點頭：「無論蓬萊國和鬱樹國如何策劃戰略，為著天下蒼生和百姓，翠雲國勢必並肩做戰，以全力相助，對抗狩獵族人。」

「雷烈大人！」一個侍衛腳步輕快，手握令牌飛趕來，鞠躬下跪道：「啟稟大人！在廣場上發現了重要文件！」

雷烈、刑天、雷昊、笙和鯈均轉過頭看：「什麼重要文件？」士兵捧出一個令牌，說道：「啟稟大人！這是狩獵族的軍符令牌！」雷烈吩咐：「給我看看。」

眾人圍上觀看，鑒此乃是真品，刑天心想：「咦！狩獵族的軍符令牌？那是前往盤岩宮的通行證！」雷昊驚喜：「太好了！真是天佑四國！爹！有了這個軍符令牌，我們就能輕易混進盤岩宮了！」笙疑惑問：「爹！為什麼軍符令牌會在這邊？」雷烈思索：「恐怕是剛才戰鬥時，那些狩獵者所遺失的。」雷昊道：「剛才有個符爆師使用引爆符，我差點兒被他炸傷，軍符令牌應該是那時掉落的。」

刑天提議：「雷烈大人，平時的盤岩宮防守嚴密，沒有軍符令牌在手，任何人若要進出，可比登天還難。今天運氣甚好，既然撿到了軍符令牌，四國就應該利用這個良機擴張軍力，一舉消滅狩獵族人。」雷烈心想這話不錯：「刑天御史，麻煩你立即啟程趕回蓬萊國，將這消息告知白雲齋，彩雲峽的大會，必須及早召開。」

「刑天御史！」遠方一個男子踏步趕來，背後尾隨著年輕姑娘，行動如嬌愁弱柳。笙抄出掌心雷，謹慎戒備：「什麼人？」刑天歡喜叫：「幽！明鏡姑娘！」幽和明鏡抵達廣場，見滿地殘跡，詫異問：「刑天御史！這裡發生了什麼事情？」刑天解釋：「狩獵者突襲了翠雲宮殿。」幽問：「大家都沒事吧？」刑天點頭：「嗯！」

雷昊雙手抱拳：「我乃翠雲國的雷昊，幸會！幸會！」幽素來喜歡結識同道的英雄豪杰，鞠躬答禮：「原來是翠雲國的雷少主？幸會！幸會！」刑天道：「雷烈大人，這位就是崑崙大人差派來的幽御史了！」雷烈滿臉威儀之態，點頭：「幽御史，你千里迢迢來到翠雲國，辛苦你了！」幽躬身下跪：「鬱樹國之鎮國密使，幽，參見雷烈大人！」

雷烈吩咐：「幽御史，我要麻煩你一件事情，請你迅速趕回鬱樹國，將今日之事報知崑崙，狩獵者的勢力有如野火燎原愈燒愈烈，若是再不阻止，恐怕真的會引起更多死傷。我們翠雲國與三國同生共存，必須及早結束戰爭，別再把災難貽禍給後世百姓了。」幽毫不遲疑，點頭：「嗯！雷烈大人！我絕對會盡力辦到！」雷昊問：「爹，四國境內太廣大，趕路到任何地方都需要十幾天時間，您也打算差派孩兒去聯絡同盟軍嗎？」刑天道：「雷烈大人！雷少主說的有理，若是幽和我即刻歸返蓬萊國和鬱樹國，那天山國該怎麼辦？我還尚未告知他們彩雲峽聚議一事。」

雷烈說：「這個你們無需擔心，天山懸樓殿那邊，我會親自差派雷昊和笙去捎信給嬋。」

幽和刑天握手抱拳，齊點頭：「遵命！」雷昊道：「現在已經很晚了，我去吩咐找人打理，不如二位在翠雲宮殿待一晚上，明天清晨再啟程趕路，如何？」幽和刑天算計定，均道：「那就有擾雷少主了！」

當天夜晚，松柏樟樹遮蔽了月光，這座翠雲宮殿位於梨源鎮近郊，花卉之鄉，坐落於蘆葦海岸的西北邊。翠雲殿風光明媚，水陸發達，並有通往梨源鎮的大運河，同時也盛產水蟹。特別在秋風季節，山下的湖水還可見到扁舟撒網，煮蟹賞菊。

當天晚上，雷烈以禮款待，吩咐僕役準備了鮑肺鮮湯和桂花黃蟹，僱工拖椅拂桌，在桌上置酒款納。

眼前設宴盛席，僕人用瓷碗盛裝，端上百合木耳給貴賓品嘗。鯀、幽和刑天在席上吃得津津有味，唯獨明鏡一人毫無食慾，安靜坐著。

她喝幾口鮑肺鮮湯，吃一些小菜便道晚安，離開座位，獨自回房歇息去了。

雷昊見明鏡隨便離席，未免有些慇鄙，好奇問：「那位姑娘怎麼回事？心情不好嗎？」幽在席上嘗一口木耳甜湯，回答：「或許是才剛經歷了喪親之痛，所以心情不好。」鯀坐在席桌另端，交頭接耳問：「那位姑娘也是鎮國御史？」刑天搖頭：「不是，她在路上遇見山賊，母親和妹妹都被狩獵者殺了，唯獨她僥倖存活。」鯀詫異：「這麼淒慘？」

幽坐在雷昊的左邊，心想自己身為賓客，若是留下主人獨在桌席，甚為不禮，因此也不好擅離，只悄悄暗示：「刑天御史，要去看看她嗎？」刑天飲酒半酣，正想問個清楚原委，點頭：「嗯！讓我去吧！」

眾人用過膳後，撤了筵席並且閒嘗果品，坐在席上敘茶長談，仰脖暢盡。有僕役端過杯來，替主人和賓客斟了茶水，刑天隨即離席，端了兩片棗泥餅和木耳甜湯想給明鏡。沿路經過石樹和假山，穿越齋書閣樓，來到廂房卻不見同伴蹤影，當下站在湘帘卷簾外，喚叫幾聲：「明鏡姑娘！」且見房中無人，探頭進去搜尋，還是沒見人影，便離開往別處搜尋。

刑天端著碗碟，一路穿越翠雲大殿，經過武場和畫室，卻始終不見明鏡身影，心想：「奇怪！明鏡姑娘究竟跑哪兒去了？」踏著快步從石門穿越，終於來到了一座牡丹落院。

只見院內壁影斜照，皓月如洗，橫豎排列均掛了一盞角燈，燈影順風搖動，美景難逢。刑天找得汗流浹面，走約片刻，突然看見一名女子背對自己，坐在遠處橋欄，獨自賞月。

刑天見明鏡獨坐月下，悄悄走上石鋪拱橋，沿著欄杆貼近身旁，伸手輕拍她肩膀問：「明鏡姑娘，妳怎麼獨自一人在這裡？」

明鏡原本單獨依在橋欄發獃，忽見有人呼喚自己，嚇得粉面失容，忙轉身詫異問：「刑...刑公子！你怎麼跑來了？」刑天道：「我來看妳怎麼了。」說著，把手中那棗泥餅和木耳甜湯遞給同伴，問：「肚子餓嗎？我特地拿了這個來給妳吃。」明鏡略皺愁眉，搖了搖頭：「謝謝你，但是小女子吃不下。」刑天好奇問：「明鏡姑娘，妳怎麼了？」

明鏡躊躇不定，喃喃說：「刑公子，我...我...沒什麼...」刑天道：「別瞞著我啦！怎麼？我們不是同伴嗎？今兒天氣怪冷的，妳衣裳穿得這樣單薄，一個人還獨自在風口邊坐著，這究竟是在做什麼呢？」明鏡聽同伴屢次追問，推延一會，搖搖頭說：「小女子只是覺得胸悶，想來院子散散心罷了。」

刑天叮嚀一句：「今晚天氣冷，時氣不好，妳別獨自待在外面，我們明天就要啟程，倘若妳生病了，可就麻煩。有什麼事情，明鏡姑娘可以盡吐，妳別悶在心裡不說出來。」明鏡秀髮鬈鬆，只是搖頭：「風寒又不是什麼大病，倘若犯病，再吃一兩劑藥就會好了。」刑天安慰：「妳別存著那小家兒女的氣，幽和我都有任務在身，無法時刻照顧周全，妳必須堅強起來。」

明鏡走下拱橋，拾起一塊小石，用盡平生氣力拋下池塘：「你有痛失親人的經歷嗎？」刑天識得悲歡，走上前安慰

：「明鏡姑娘！妳是想念家人吧？」明鏡甚為躊躇，喃喃問：「刑公子，小女子想麻煩請你做一件事情，好嗎？」刑天點頭：「妳說。」明鏡低頭凝視，一雙玲瓏大眼望著池塘：「可以麻煩刑公子帶我去見那些狩獵者嗎？」刑天問：「妳想報仇？」

明鏡低頭嘆氣：「若是可以，希望是真能報得了仇。」刑天搖頭：「那太危險了，我不能帶妳去找那些狩獵者，況且幽也不會答應的！」明鏡搖了搖頭：「刑公子，你叫幽公子只管萬安放心，我沒事的。」刑天順著話道：「明鏡姑娘！妳又何必騙我們呢？難道我看不出來嗎？自從那次事件發生之後，妳連飯菜都不顧吃了。」明鏡終忍不住，抽抽噎噎落下幾滴淚水：「刑公子...你...你別再說了...」

刑天見她靨顏容愁，兩頰灑著淚痕，但想對方才剛失去母親和妹妹，經歷了世間苦楚，如今思念親眷自也是人之情長：

「明鏡姑娘...」當下念起了逝世多年的親身爹娘，低了頭看，伸手觸摸脖子上一條木圈項串，說道：「我告訴妳一個故事...」說著，腦海隱約有個畫面浮現，兒時舊事陸續都湧上心來：

「刑兒！別回頭，快跟著你娘跑！」瞥頭一看，背後有強盜騎馬追來，舞槍大叫：「站住！還不快快束手就縛？」

荒郊野外，幾個村民推推擁擁，逃出幾步，有人被強盜一槍刺中，叫聲悽慘，顯然楚痛難當。幼年的刑天心焦得急，緊緊抓住母親手腕，不料一個強盜飛快追近，長槍揮出，硬將婦人手臂斬下。

鮮血飛濺，刑天的臉上鮮血淋漓，婦人嘶聲喊叫，痛苦難當。

四個強盜扭住一人走來，罵道：「好傢伙！死老百姓居然想逃？」男子拼命掙紮：「快放開我！快放開我！」順目一望，見婦人右手遭斬伏在地上咆哮，焦急叫：「娘子！娘子！」

強盜忌他威勢，被擺脫開之後，不敢貿然上前：「哈哈！這廝的無禮！」辨別方位，手中的刀械出招極快，一槍揮落。那男子毫無閃避之餘，滿臉鮮血，身子向後一翻，倒地氣絕。

那群強盜一臉興奮，坐在馬鞍上哈哈大笑：「死老百姓！這時候才來投降討饒，未免太遲。」正說之間，不料斷臂婦人突然躍起，左手勒住一個強盜脖子，張口往肩膀咬住：「兒子！快逃！」兩人纏成一團，強盜啊啊怪叫，落墜馬鞍。其餘幾個同伴抽劍來砍，怒道：「好個潑辣的婆娘！」幾根飛槍順勢戳下，不露絲毫空隙，那婦人被刺得渾身是血，可是臉色毫無畏懼之意，只管張嘴咬住不放，模樣駭然。

幼年的刑天見母親鮮血狂湧，嘶聲耗竭，無奈雙腿酥軟，站不起身。其中一個強盜躍下馬鞍緩緩走來，溫言微笑：「小朋友，你爹爹媽媽試圖逃跑，快過來叔叔這邊，你向我俯拜謝恩，叔叔饒你一命不死。」

刑天的內心怦怦亂跳，只是雙腿酥軟，無力起身。霎時之間，背後有軍隊分作四隊，搖旗吶喊，滿山遍野的衝殺來，有個報捷的侍衛高聲叫：「白雲大人救災恤鄰，哪裡來的狗賊，幾番闖禍想趁機奪占良民的產業嗎？」四面八方全被圍困，那群山賊見到這等氣勢，嚇得膽顫心涼，無心戀戰，躍上馬鞍便往後逃：「蓬萊國的白雲郡主來了！大家快走！蓬萊國的白雲郡主來了！大家快走！」

蓬萊國的騎兵先發制人，快馬加鞭衝了過去，一邊大叫：「大家不必和這干賊人費什麼唇舌，先宰再說！」有個千

戶長喊：「山賊煞甚無禮，大家快擺設陣隊！」不待講完，四隊騎兵分列兩邊，排成陣勢衝殺去。

強盜見鐵騎聲勢威赫，嚇得哇哇驚叫，正要馳馬逃脫，不料眼前寒光一閃，有幾枝飛箭照面射來。嚇得他們翻墜馬鞍，豎槍去擋，可惜驚狂之餘無處閃躲。有個男子從腰帶抽劍出鞘，一柄長生劍幻化數道白光，戳向肩膀。山賊盡皆被斬成肉泥，倒臥血泊，氣絕身亡。

那個男子蒼白髮髯，舉止飄然地跨下馬鞍，收劍入鞘道：「把這些屍體都給埋了。」帶兵的千戶長是個直性漢子，誠意不渝，哈哈道：「白雲大人劍法高招！」白雲大人童顏鶴髮，微笑：「各位今天積有好大功勞，待得回去，我請大家喝酒慶祝。」

有個報捷士兵見到刑天跪臥在地，甚為詫異：「啟稟大人！我們發現了一個山村小童！」白雲大人緩緩走到身畔，蹲下問：「小弟弟，你為什與人廝鬧？」刑天滿臉土灰，畏畏縮縮嚇得低頭，倒爬幾步退到婦人的屍體身邊：「娘...娘...」

這下子死裡逃生，刑天側過頭看，見婦人氣息已絕，嚇得不敢亂動。

帶隊的千戶長嘆一口氣，搖了搖頭：「白雲大人！這小子生在亂世，原本居住的村莊也被盡數奪掠，如今恐怕唯剩空城而已。不如我們帶他回去，讓他投在大人旗下，大人意下如何？」白雲大人走到斷臂婦人身邊，點了點頭：「那好！千戶！勞煩你差人去送一封書信，事不宜遲，咱們速行備辦吧！」講完，忽見那斷臂婦人的脖上掛著一條木圈項串，順手摘下，掛在刑天的脖子上，摸了摸他額頭：「小朋友，從今天開始，你就跟隨我們一起保衛四國吧！」

想到這邊，腦海中的記憶變成一團模糊，刑天的眼眶微微濕潤：「明鏡姑娘...從此之後，這條木圈項串就一直跟隨著我，沒曾離開過了。」

明鏡聽對方敘述完身世，想起自己親人同樣慘死，心中忿忿不平：「刑公子，惡人為何得以存活，通享壽數，勢力強盛呢？難道恨惡公平之人，可以掌權嗎？惡人在禍患的日子得存活，在震怒的日子得逃脫。他所行的，有誰當面向他明說呢？他所做的，有誰向他報應呢？難道貧賤出生的人，性命就可以遭人輕看嗎？富貴與貧窮出生的，同樣都是人，不是應該等同看待？難道在這世上，真的毫無公義可言嗎？」

刑天見對方禁不住親情之慟，淚水簌簌落下，忽走向前，緊緊摟抱住她：「明鏡姑娘！妳別傷心了，我也是個孤兒，從小就沒了父母，多少也能體會妳的感受。」明鏡投在懷抱愈發感傷，喉裡哽咽，半晌作聲不得：「我恨...我恨...」刑天安慰：「妳別傷心！我刑天以蓬萊御史之名起誓，總有一天，我絕對會消滅掉狩獵者，結束這場戰爭！」明鏡臉容消瘦，勉強收住淚道：「小女子真叫刑公子看笑話了...」

刑天安慰她拭乾了淚眼，忽然聽見有個聲音從背後傳來：

「禍患原不是從土中生出，患難也不是從地上發生，智慧的價值無人曉得，在活人之處也無處可尋，誰能使潔淨之物出於污穢之中呢？無論誰也不能。」一個高顴短鼻的男子瞇著細眼走近，繼續又說：「刑天御史，狩獵者在暗處窺視，你們四國雖然擁有龐大軍隊，對於泥沼澤附近的地勢卻很識淺，打起戰爭恐怕不容易贏。我常年在邊疆地帶居住，若是讓我參與戰事，或許我能幫得上忙。」

明鏡忽見附近有人，臉色一羞，急向後退推開刑天：「刑公子請...請自重...」刑天素來反應機靈，這時倒沒了主意，立刻縮手：「真...真是抱歉！」明鏡臉頰潮紅，撇頭避開

，刑天顧及體統，轉移話題問：「原來是你？飛刀人，你來這裡有什麼事？希望我替你說服雷烈大人，請他讓你參與四國戰爭？」

鮌道：「世人眼光淺短，汲汲名利，生前富貴草頭露，身後風流陌上花。無論什麼虛浮榮華，皆是過眼雲煙，全都會像枯萎的花草一樣，凋謝消落。無論高官賢士，又或者貧賤百姓，其實全沒有多大差別。人害怕自己跌落到死蔭幽谷，隨世浮沉，是不是就因為這個原因，所以才會有隱士不願與污穢同朽，群離居所住在山中，希望有天能夠悟道成仙，修得長生不死，天地共存？」刑天冷笑：「講了一堆長篇大論，原來你還是不死心嗎？」

鮌微笑：「尊貴的不都有智慧，壽高的不都能理解，世人皆是俗人，『俗』既凡俗，那便是庸俗之意。隱居在瑤花仙境的生活，固然快活。但是若在山外的世界依舊還是戰火連綿，貧困百姓在水火中哀嚎掙扎著，隱士卻是躲在深山中的縮頭烏龜，如此行徑，豈不是太過自私了嗎？不食人間煙火向來不是我鮌的作風，希望刑天御史能夠成全。」

刑天搖了搖頭：「你太不了解雷烈大人的作風了，雷烈大人是不會輕易為了某件事，而破例違背自己所立下的規範的。」鮌毅然道：「我既然已經變賣了家產，就沒再打算要返回家園。」刑天問：「你為什麼這麼執著？難道你不害怕戰爭？將來會因為戰爭而被殺害的人數，可不是用你身上的幾枚飛刀，就能輕易數算出來的。」鮌回答：「嘿！刑天御史，請恕我直言！人類的歷史，本來就是戰爭的歷史，從古到今一直都是如此。只要有人的地方，就有紛爭，沒有誰比誰清高，也沒有誰比誰卑賤這種標準。所謂的規範，這些都是人自己制定出來的。一個人的死和一百個人死，最大的差別，僅僅在於當你自己一個至親至愛的人逝世的時候，你會為他哀悼悲傷，但是一百個不認識的人死去的時候，對於你來說那只是一個數字而已，這就是一和一百的最大差別。」

刑天想是這場戰爭若是多個旁人相助，便對軍隊多一分利，思索半晌，終於點頭答應：「飛刀人！我們兩個萍水相逢，你卻不顧生死，有心願助四國抵抗外敵。既然如此，不如你和我返回蓬萊國吧！我替你向白雲大人說情。」鯨聽了這話心中稍寬，鞠躬：「剛才若是不慎說錯了什麼得罪的話，還盼刑天御史寬恕我，別多見怪。但叫我鯨活著時候，這恩典絕不會忘！」

刑天微笑：「那倒不必，反正我刑天生平最喜愛結交朋友，只要是能說得投機，合著大家心意的，有什麼事是行不通的？」

鯨道：「刑天御史，那我們何時啟程？」刑天思索：「飛刀人，蓬萊國境內繁茂蔥樹，鎮上還有吹歌彈奏的宴席和香酒滿盛的餐館。你都已經千里迢迢抵達這邊，既感陌生又沒處安頓，若你不想回故鄉作繭自縛，就和明鏡姑娘與我，明天清晨一早啟程同行吧！待得抵達蓬萊仙島，我會想辦法勸服白雲大人，讓你加入軍隊的。」明鏡詫異：「刑公子，小女子也要去蓬萊國嗎？」刑天點頭微笑：「明天一早，幽就要返回鬱樹國了，我不放心把妳單獨留在此地。」

話說，傍晚滿城街燈，漫天夜幕遮蔽了日色，追覓月影，轉眼就已經是夜半二更。鯨見對方答應幫助自己，也不好繼續逗留，唯恐觸犯了同伴情誼，便說：「那好！外面天氣寒冷，二位別太晚睡，我先進屋歇息去了！」刑天點頭：「飛刀人，今天晚上好好的睡，明兒大早，我們三人就要立即啟程。」

在翠雲山峰彼端的南方，有長風吹撫著蘆葦海洋，蘆葦叢疏影孤離，順著月光照映處看，一股撲鼻芬芳漫溢飄來，馨香之氣瀰漫著整座翠雲宮殿。待得鯨轉身離開，刑天一語不發，回頭凝視著天空的月亮，耳邊忽響起剛才對方所說過的話：「嘿！刑天御史，請恕我直言！人類的歷史，

本來就是戰爭的歷史,從古到今一直都是如此。只要有人的地方,就有紛爭,沒有誰比誰清高,也沒有誰比誰卑賤這種標準。所謂的規範,這些都是人自己制定出來的。一個人的死和一百個人死,最大的差別,僅僅在於當你自己一個至親至愛的人逝世的時候,你會為他哀悼悲傷,但是一百個不認識的人死去的時候,對於你來說那只是一個數字而已,這就是一和一百的最大差別。」

明鏡見對方心魂神蕩的模樣,情牽纏綿,喚道:「刑公子…」刑天忽回過神:「嗯?」

明鏡放心不下,問:「刑公子,你在擔心什麼事嗎?」刑天搖了搖頭:「我沒事,走吧!」明鏡臉上一片真摯,微笑:「嗯…」說著,行動如弱柳扶風,婀娜娉婷,尾隨著背後緩緩離去。

第六章 沉鷙多謀的鎮國御史

隔天清早，眾人收拾包袱行囊，準備離開翠雲宮殿。雷烈、雷昊和笙聚在殿外，送客招呼：「刑天御史！這一路去到蓬萊國和鬱樹國，中途免不了艱難險阻，你們三人可要小心保重！」鯢和明鏡換上一套農稼布衣，刑天揖手鞠躬：「雷烈大人！那我們啟程了！」雷烈點頭：「送客！」

雷昊指向東北方：「幽御史！你繼續再走不久，就會離開翠雲國的境內，進入彩雲峽。翠雲國在彩雲峽的東邊設置了兩座烽火台，若是你走累了，可以在那邊歇息幾個時辰，再繼續上路。」幽點頭道：「雷少主，多謝你的提醒，但願四國聯盟扶危濟困，能夠早日除奸滅盜，拯救天下蒼生萬民！」

明鏡滿面愁容，安靜在旁等候，刑天忽對自己和鯢招手，喚道：「明鏡姑娘！飛刀人！準備好了嗎？」明鏡半含半吐，點頭：「嗯...」

鯢走到笙的面前，微笑鞠躬：「翠雲公主，昨天的事我很抱歉，盼望妳能恕我，別把一場誤會放在心上。」笙看了兩眼，冷道：「那也不是什麼多大誤會，你不必跟我道歉，換作是任何人闖到翠雲殿，我都會出手阻止的！」

鯢曉得自己昨天闖入宮殿，投擲飛刀差點兒讓她丟臉，聽笙言語說得偏激，索性就依順了：「總而言之，昨天的誤會是我錯在先。」

幽走向同伴，叮嚀：「刑天御史，你們三個一路上千萬小心，若是遇見狩獵者，千萬不可莽撞出手。」刑天點頭：「幽！那我們兩個月之後，在彩雲峽見了！」幽點了點頭，豎起拇指：「嗯！大丈夫說話不食言，你我一言為定！」雷烈走來，把雙手搭住肩膀，對二人吩咐：「現在四國境內到處都在傳聞，聽說狩獵者的勢力已經擴展至西南方

，雖然你們二人武功卓越，畢竟心思單純，沒怎麼闖盪過外面世界，千萬得謹慎應對，嚴防小人暗算。」

刑天自信滿滿，拍胸脯道：「雷烈大人！謠言鬧事者飛短流長，江湖上的傳聞，十之八九都靠不住。再說，若是我們遇上了應付不來的事，肯定會想辦法撤退的！」雷烈回答：「總而言之，出入四國境內可得謹慎。雖然你們鎮國御史擁有一身絕活的好功夫，也可別輕易出手，以免壞事。要知道人外有人，天外有天，自己將來小心保重，以免惹來不必要的殺身之禍。」

刑天點頭：「雷烈大人！謝謝你的箴言提醒！」雷昊代替父親說：「刑天御史，世上奸險小人多如海沙，人家若是真有心要害你，可難防範。」幽沒空耽擱：「雷烈大人！雷少主！多謝你們，那我走了，你們大家自己保重！」講完，辭別眾人轉身離開，奔足輕躍而去。

刑天凝望同伴的背影寂然遠去，直到目送對方離開，才轉身吩咐：「我們走吧！」

明鏡和鯀尾隨在後，三人不敢逗留，沿著斜坡走下石階，離開了翠雲宮殿。他們一路往西行走，途中到處可見奇山怪岩，幾叢蘆葦沿著海岸線生長，放眼眺望，在陽光下耀眼生輝。刑天引領兩個夥伴穿越澗溪，沿著偏僻的懸崖繼續趕路，頭頂上愁雲密佈，遠方有萬丈山脈層層疊起，似乎也跟著陰影偏低下。鯀仰頭觀天，問：「這座山真是浩瀚，它有名字的嗎？」刑天回答：「這地方不只一座山，這是一條山脈，我們都稱呼它叫鳳凰嶺。」

「鳳凰嶺？」鯀和明鏡仰頭觀望，見山脈轉折起伏，疊岩的形狀神工鬼斧，山嶺附近的疊嶂峭壁仿彿一座天然的石頭城牆，岩壁幾乎高不可攀。刑天指向前方，解釋：「這條鳳凰山脈順著東北方綿延數十里，北方通往天山懸樓殿，南邊則是延伸入鬱樹國和翠雲國的境內。若是從天山懸樓殿，站在樓頂的山巔向南俯瞰，可以很清楚的看見天山

國和鬱樹國之間的烽火台。」鯰思索:「依我來看,這附近的山脈非常險峻,應該很適合做為駐兵打仗的好地方吧?」

刑天點了點頭:「飛刀人!你說得不錯!傳說這一帶可是藏寶之處!這地方在古代時候,曾經歷了許多戰爭歲月,自古便為兵家必爭之地。相傳曾有鳳凰坐落在這山脈的最高峰,後來有人在山脈挖掘出了天靈獸鵠鳳凰和赤鷟,因此四國境內有此一傳說:『鳳凰不落無寶之地』。因此這地方生具異勢,後來被世人稱為了『鳳凰嶺』。」鯰點了點頭,兩頰的黑鬢順風擺盪,微笑:「戰爭的年代嗎?鳳凰嶺這麼奇特的名字,聽起來似乎就讓人聯想到和四象獸會有所牽連。」

刑天舉手招呼:「你們快跟上來,我們繼續走吧!」

明鏡獃獃站著,仰頭觀看山脈遠處,心中念起狩獵者攻擊自己親人的情景,如今再看這個鳳凰山嶺,剛才聽刑天解釋了它的來歷,也不曉得千百年來有多少人為了爭奪這塊土地,引發戰爭犧牲掉千萬條性命。頓時忽覺得在世人眼中看似昂貴的財寶,人人為了爭奪它卻付上畢生代價,換來的只有一場戰爭,藏寶之處變為瓦礫,想到這邊,覺得有些刺諷,只能為這「藏寶之處」搖頭嘆息。

正胡思亂想,天邊有一隻野雁孤影飛過,明鏡發獃看著,刑天走來問:「明鏡姑娘,妳心裡在想什麼嗎?」

明鏡嘆息:「天下若是五穀豐登,富足的人民就開始變得偷安盜逸,貪猥無厭,忘記起初應該原有的競業之心。若是君王不親政務,奸黨互結,搞得天下民不聊生,戰禍連年,造成百姓流離失所,百姓也無法安然度日了。那究竟有什麼方法,才能改變,讓這世界一勞永逸呢?」

刑天聽她聲音說得極細,語氣卻甚為嚴峻,點了點頭:「明鏡姑娘!妳說得不錯,都是人心不好,若非我們自耽逸

122

樂，遺忘源起先祖初時創業的根基，也不會搞得戰亂的天下滿目瘡痍。」

明鏡突然蹲下身，喚道：「刑公子，你來看看這是什麼。」刑天好奇睜眼，湊近身看：「什麼？」明鏡指著一塊光滑的圓石：「你瞧這塊石頭有什麼特異之處？」刑天見那石塊寸苔不生，心想：「有什麼奇怪？不就是尋常的石頭嗎？」嘴裡卻說道：「這小石子很光滑，不長青苔。」明鏡點了點頭：「嗯！這岩石看似尋常，就好比世人一般。」

刑天不曉得對方想說什麼：「願聞其詳。」

明鏡將那圓石撥開，底下的泥土到處都是毒蟲亂竄，有些蜈蚣和蜘蛛一見火光照明，立刻逃開，躲到別的岩石下：「這是生命的隱密處，就好像是日光之下的岩石，很光滑，很雪亮，但在岩石下，卻是毒蟲最喜歡出沒的地方。」

刑天點頭：「這個我不否認。」明鏡繼續又說：「莫論貪淫縱酒或者殺人搶劫，我們心裡可不可以明證，有沒有曾經想過，只因為大家都如此行，所以我們一樣這麼做，也不會比別人差呢？不要說別人看不見，他就不會理我們所思想的。人心的隱秘處，就像是那藏覓在岩石下的毒蟲，凡作惡的便恨光明，並不肯面對光明，唯恐他的行為受到了責備。」

刑天沉默半晌，點頭：「妳說得不錯。在這世上沒有無罪之人，生命的隱密處，是岩石在日光之下所看不見的地方。」明鏡道：「小女子便是不明白，有些人武藝高強，有些人有權有勢，但是為什麼他們還是要欺壓貧窮的百姓呢？」刑天好言安慰：「那是人心生命中的隱密處，表面上看來光鮮亮麗，有錢有勢便顯得十足貴氣，但其實各人無非都只是一派庸俗之輩罷了！」

明鏡微微嘆氣：「唉！人生真是矛盾，無論擁有富貴還是權勢，死了之後，似乎都變成泡影幻滅了。但想人生在世的時候若是能為百姓做一番大事業，流芳萬古，豈不也是好的嗎？」刑天道：「明鏡姑娘，雖然妳生為女兒身，但是無論人家怎麼看待妳人生的遭遇，我刑天...總是認為妳是一個秉性堅貞的女中豪杰。」明鏡點頭微笑：「謝謝你！」

也不曉得走了幾天，刑天和兩個同伴走遍鄉村，穿越橋樑來到一座鎮上。那地方樓閣築立，沿途的街鋪燈籠滿掛，河岸邊有民眾聚集，在私家碼頭停泊了許多船隻。

有個掌船的梢公撐著篙竿緩緩划來，停靠岸邊，要結纜繩準備上岸：「三位，你們要往哪裡去啊？」刑天上前問：「船夫先生，可否麻煩您帶我們往西邊去？」船夫點頭：「我每天要駛船載客，時常往來這裏，當然可以。三位是打算要去蓬萊仙島吧？」刑天應：「嗯！」

船夫搖竿掌舵，乘載三人往西邊行，他們乘著沙船逆河北上。日正晌午，明鏡站在甲板遠隔相望，東北邊山崗起伏，河中的水流倏然翻湧，掀騰甲板。刑天扶著欄杆走過來，前方的兩岸有橫排柳樹襯托，依稀幾艘漁舟船楫在大江河中活水往來：「幾年以前，我的父母被山賊殺死，當時白雲郡主率領了軍隊前來滅賊，若非大人插手，只怕我已經命喪黃泉了。」明鏡嘆氣：「刑公子...」

刑天沉吟半晌，繼續說道：「這個天下，爭戰與動亂不斷，許多無辜之人被害死了性命，從此之後我向自己發誓，等我長大之後要濟世救人，因此我投身在白雲大人的軍隊中，每日勤練武功，希望有朝一日能夠升遷，當上蓬萊國的鎮國御史。」明鏡回答：「但是這個願望...刑公子已經實踐了。」刑天點了點頭：「嗯...」明鏡懷著怨恨，咬牙切齒道：「若是百姓都有三分像你這樣盡心盡力，大家團結一致，也不至於把這天下搞得如此混亂了。」

「呵呵...世情看冷暖,人面逐高低,世間的道理不就是這般如此嗎?」

刑天一怔,回過頭望:「飛刀人?」鮌扶著欄杆吹著海風,伸懶腰道:「呵呵...晦氣狗頭,我笑的是人的無知與限性。」刑天疑惑:「你說什麼?」

鮌搖了搖頭:「無論黷惡毒民,又或者良善之輩,兩般人種素無瓜葛,但是死後均是離開這個世界,兩者同歸塵土,豈不都是一樣嗎?哪裡還有什麼公不公平之分呢?」

明鏡對於親人的死始終無法釋懷,搖頭:「就是...就是因為這樣,所以才不公平!」刑天安慰:「明鏡姑娘!留得青山在,不怕沒材燒,若是受傷跌倒了,等到傷痊癒,再爬起來報仇不遲!」明鏡暗嘆一口氣,心想:「報仇?要怎麼報仇?無法親身經歷人家的痛苦,要安慰人是一件很困難的事。」

河面上罩著冰冷冷的寒煙,三人站在甲板,沉默無語,衣袖均被微風吹得柔活,如臨仙境。

明鏡扶著欄杆,低頭凝視,水中滾滾長江往南流下,途中的巖山和絕壁高聳入雲。梢公一邊攏船,一邊解釋那水流的源頭出自於彩雲峽的高原,明鏡聽得出神,望著茫茫滄水打在礁石,山河銜接之處煙波浩渺,心曠神怡,更感覺到世界物造之奇。

約過半晌,大船向西行駛,逐漸接近蓬萊仙島的岸邊。只見橋頭兩岸橫排的楊柳搖曳多姿,河面上蕩了幾艘板船,搖來晃去。三人所搭乘的大船順水順風向前行駛,萬川水流湍激,山峽兩側豎立許多摩崖石刻與碑林,隱約可見孤島屹在水域中央。

天空中陽光耀眼,幾團浮雲順風飄來,更增清幽之美。梢公攏船掌舵,指著遙遠的西方叫:「三位客人快看!」鮌

、明鏡和刑天見水道彼岸有拱形的河窟用石築砌成，約可容納兩船寬度，碼頭附近還置建了牆樓吊橋，接濟南北兩邊的水門，氣勢雄偉，和翠雲國的高山美景實有天壤之別。

閘道的河口密如織網，有許多板舟停渡河面，三人的乘船順著河岸交匯處駛入關口。明鏡扶著欄杆，詫異問：「刑公子！這就是蓬萊仙島嗎？真是美麗！」刑天望著風景點了點頭，暗想：「終於又回到家了。」

河塘岸邊的楊柳搖曳，煙水茫茫，許多船隻慣行來往，江中白浪如花，將行船搖個顛翻不定。梢公喝叫一聲，熟練的控掌竹竿，防止船身觸岸擠撞。頃刻之間，那艘水船帆順風落，飄飄蕩蕩流入水閘，鯀和明鏡站在甲板上見到水門附近停泊了許多板舟，隄閘兩邊的街道很熱鬧，車馬絡繹。

水中可見清澈倒影，有民眾蹲在河岸結網洗衣，還有商人賣販生意，街道上到處擁擠著顧客打發不開，百姓身上穿著錦衣繡袍，顯然富貴繁榮。

且見船隻划過江水的碧浪清波之處，岸邊簇擁許多百姓前來圍觀，鯀千里跋涉從邊疆地區來到南方，心中一時感慨，搖頭嘆氣：「唉！刑天御史！從北方來到南方的景色，可真是峰迴輾轉疑無路，柳暗花明又一村！」

刑天曾去過北方的天山國捎信，曉得對方在講什麼，眼看一團團白霧籠罩岸花水面，頓覺胸懷舒暢：「明鏡姑娘！飛刀人！趁著天色還亮，不如我先帶你們到鎮上遊賞？」

煙雲繚繞，明鏡怔怔望著泊天無際，問：「刑公子，這是我第一次來到人間仙境，這種讓人留戀忘返的好地方，我想多看看、多走走，你能導覽我倆嗎？」刑天拍胸脯道：「這當然好！待會兒咱們下了船，先去一處餐館打火吃飯，然後再去附近遊賞。」

等待梢公落了風篷，拋下錨碇，把行船慢慢駛向碼頭，刑天就付清了船帳，領著鯀和明鏡登上岸去。三個夥伴背著包袱取路行走，來到古街內巷，漫步在鵝卵石階，左觀右顧，有路人穿戴寶玉項圈和絨扇羅衫，打扮顯然貴富得體，豐衣足食。

刑天和鯀護衛左右，明鏡瘦影珊珊走在中央，忽見路邊長著一簇蘆葦，忍不住走了過去，撿起蘆葦草：「哎呀！這蘆葦怎麼被壓壞了呢？真是可惜…」刑天好奇問：「咦？明鏡姑娘，什麼事情？」

明鏡將蘆葦的嫩芽抽下，含入口中：「這蘆葦的嫩芽可作食用，但蘆葦本身還有另外一項用處，刑公子你可曉得那是什麼嗎？」刑天搖了搖頭：「明鏡姑娘，妳考倒我啦！」

明鏡解釋：「蘆葦不僅是織席編蔞的材料，還可以當成樂笛來吹奏。」說著，另外又拔起了一根指頭粗細的蘆葦，鑿穿幾個小孔道：「小女子吹給你聽。」隨即將那蘆笛貼近嘴唇，悠揚吹奏，曲聲如鶯，甚是好聽。

明鏡纖指調按，移商轉羽，蘆笛輕吹一曲，回音蕩在水面上，笛音優美悅耳。刑天和鯀見她蕙質冰心的模樣，不知不覺也聽得神醉，待得一曲奏完，拍手稱頌：「明鏡姑娘，妳這曲子吹得真是好聽！」、「我只懂得耍飛刀，對於音律完全不通，但這曲調真的很是悅耳！」

明鏡把那蘆笛用布包住，收入懷中：「小女子自小生於蘇繡世家，擅長撫琴吹笛，略通音律，因此這對我來說也不甚困難。」鯀點頭：「但是要吹到像明鏡姑娘妳這般的地步，只怕也不容易。」

明鏡微微一笑，低頭不語，再伸手去摸懷中那用布包住的蘆葦，自責道：「哎喲！我怎麼那麼不小心，竟然會壓壞了它呢？」

刑天和鯀見對方收在懷中的蘆笛折損，明鏡捧著那根折斷的蘆笛，繼續又說：「唉！小女子一個不小心，竟把這蘆葦壓壞弄斷了。」

鯀暗想：「蘆笛折斷便斷了，那又怎麼樣？再去拔一根不就好？何必這般小題大作？」明鏡嘆氣：「唉！這蘆葦生長在河岸附近，若是將它拔下來，可當作笛子來吹。只是這根蘆葦壓損了斷了，就不能吹出美妙的樂音了。」

刑天伸手接過那根蘆笛，把嘴貼著氣孔猛吹氣，吹得舌顫口噤，毛髮倒豎，果然發不出聲：「噗！噗...噗...」

明鏡嘆一口氣，喃喃細語道：「人豈不像這蘆葦一樣嗎？又軟弱又脆弱，生命若是壓傷了，折斷了，就吹不出美妙的樂音了。」

刑天放下手中的蘆笛，點頭：「明鏡姑娘，無論世上多好的蘆笛，無論它吹出來的樂音有多美妙，若是折損了，就是沒有用處，也不再顯出它的價值。」

鯀忍不住好奇問：「明鏡姑娘，能否向妳請教一個問題？」明鏡杏眼圓睜：「什麼事情？」鯀問：「妳是不是因為遭遇不順，所以常思遠避，陡生厭世之心呢？」明鏡柔腸寸斷，低頭細訴：「晚菊是小女子最喜歡的花兒，鯀公子可曉得那是什麼原因嗎？」

鯀聽不明白，心裡暗想：「奇怪，我問妳是否厭世，可沒問妳喜歡什麼花朵。」

明鏡解釋：「秋開花菊，多姿多彩，菊為傲霜之花，常思遠避，素有修身自潔的意思。只可惜，秋菊雖然耐寒耐凍，堅貞不屈，卻未必人人都喜歡。」

鯀聽不明白，岔開話題問：「明鏡姑娘，先別管什麼野花野草吧！我的意思是說...像妳這樣，天生就是個美貌姑娘，嬌滴滴又溫柔，如此天姿國色，何不找個好人嫁了，快活度過下半輩子。否則整天悶悶不樂，妳這樣子，心裡不會很難過嗎？」

明鏡聽了那話，意亂情迷瞄了刑天一眼，道：「秋開花菊，多姿多彩，咱們姑娘家的人，就好似這朵花兒一般。到了凋謝時期，有的花瓣飄入水中，有的花瓣陷在污泥，有的花瓣被人踐踏，有的花瓣順風飛逝，無論是哪個名門貴族的姑娘，還是落破乞丐的女兒，都只有任人擺佈的命運。」

這番話甚是刺耳，仿佛一根鐵錘重重打在刑天的腦袋，鯀也不曉得該如何回答的好。明鏡仰望天空，淡然一笑：「唉！就算生得天姿國色又怎麼樣？就算生得標緻美麗又怎麼樣？待得有朝一日衰老了，也是會給人厭棄的。」

刑天的心中湧上一股熱血，毅然道：「明鏡姑娘！若是有誰敢欺負妳，我刑天絕對不會放過她！」明鏡相視一眼，雙頰暈紅道：「刑公子你放心吧！小女子雖然是女流之輩，廉恥兩字倒還看得懂，若有人起了邪心想欺負我，小女子是甘心受死不受辱，就算是拼上性命，也絕不讓人得逞，污了一身清白。」

明鏡的聲音說得細微，語氣卻帶著嚴峻之意，刑天心中暗想：「明鏡姑娘曾經對我說過...天下若是五穀豐登，人民就開始變得偷安盜逸，貪婪無厭，忘記了原初應該要有的競業之心。若是郡王不親政務，奸黨互結，搞得天下民不聊生，戰禍連年，造成百姓流離失所，自也不能安享度日

。那究竟有什麼方法，才能改變四國，讓這世界一勞永逸呢？」

鯀點頭：「說得不錯！都是人心不好，若非大家自耽逸樂，遺忘了四仙人初時創業的根基，也不會搞得天下戰亂不斷，滿目瘡痍了，因此我才決心要加入雷烈大人的千人軍，過個轟轟烈烈的人生！」

刑天心想：「明鏡姑娘的生世可憐，只因困境所迫，失去了娘親和妹妹。雖然我的父母被山賊所殺，畢竟還有白雲大人肯收留我，相較起來，明鏡姑娘所受到的痛苦，恐怕我這一生都無法體會。」嘆一口氣，招手對二人喚：「走吧！時候不早了，我們先離開這邊！」

三人來到了餐館前，舉目望著那亭臺樓閣，一陣悠風迎面吹過，刑天飽吸口新鮮空氣，回頭道：「既然來到鎮上，怎麼能不嘗嘗蓬萊國的山珍海味？不如我們先進館子吃飯，好好享受一頓！」

明鏡和鯀點頭微笑，走進餐館，店小二陸續將一盤盤菜餚端上餐桌，盤中的炸鍋巴金黃脆酥，濃汁雞湯讓人看了垂涎三尺。眼見夥計往來招呼賓客，端出熱沸沸的肉羹碗麵，將蒜泥白肉放在桌上，慇懃招呼：「歡迎！歡迎！」

刑天跨入門檻，對著跑堂喚：「小二哥！給我三個座位。」餐館掌櫃笑容滿懷，敘揖相陪，急忙迎前招呼：「三位小客官，裡面請坐。」刑天道：「明鏡姑娘，飛刀人，你們先坐下吧！」

鯀大搖大擺尾隨在後，東張西望問：「這裡有滷菜和酒嗎？」掌櫃忙做生意，偏身側過，對夥計喊：「喂！有客人來，快取小菜肴撰，準備一壺酒！」

店小二忙拿抹布準備擦桌，拖椅拂布，招呼：「三位請坐！三位請坐！滷菜和酒馬上就來！」刑天點了點頭：「小

二哥，麻煩你了！」三人坐上長凳，叫一盤香油炸鍋巴和
菜包。夥計端上烹好的龍井茶和酒，慇懃把滷菜呈上方桌
，只盼客官在櫃上結帳時能夠發跡加些利錢。

鯀見那幾盤菜餚端來，噴鼻馨香，早餓昏頭忍不住狼吞虎
嚥，一口撲去吃。明鏡見掌櫃滿臉和氣，像個保鏢親侍站
在身邊似地，如坐針氈一般吃不下飯：「刑公子…」刑天
立即會意，故意咳嗽：「咳…咳…」那掌櫃也並非不識好歹
之人，守在旁邊有失檢點，自覺得不像模範，識相走開：
「三位客人慢用！」

刑天打發掌櫃，正要開動，忽聽見餐館外傳來馬蹄聲響。
幾匹驃馬蹄聲欲止，嘶聲長嘯，五個魁梧壯漢鞴鞍捎行，
扯攏馬頭牽去槽裡餵料，走來館內：「搜！」五個壯漢手
持屠刀，大搖大擺四處張望，臉色看似不悅，催死逼命一
般喊：「快！把那傢伙搜出來！」

這幾人的臉色均露凶氣，身穿低頸藍衫，寬鬆米褲，衣襟
前黑茸茸的汗毛塞滿胸膛，活脫似個捉鬼鐘馗：「喂！伙
計！你去打十斤酒來！」那跑堂的怒不敢言，只能依附行
動：「客官請坐…客官請坐…」五人一腔惡煞模樣，將雙臂
衣袖捲起，喝：「夥計！做人別這般偏淺，去把外面槽裡
加水！添些細料，咱的馬兒也要吃飯！」

店內饕客見這情形，均是詫異，目光驟聚在五人身上，整
間餐館登時寂靜。掌櫃害怕五人鬧事，只得依附照做，跑
堂吩咐：「哎喲！沒聽見嗎？客人要酒，你快去打酒來啊
！」那夥計應了一聲，跑去打酒：「是！是！」掌櫃的不
敢惹怒客官，慇懃至禮，奉承陪笑：「失敬！失敬！五位
大爺有話好說，別動刀動棍，裡面給您整理好座位，先請
入座吧…」

其中一個壯漢吆喝：「你叫沒事的都滾出去！」掌櫃勉強
擠出笑容：「大…大爺…兄弟都是江湖上馳名的好漢朋友，
這….這有話好說，何必差強人意，動刀動劍呢？」五人惡

狠狠瞪他幾眼，掌櫃藉機轉移，陪著笑臉又說：「今兒天氣好，不如看我薄面，讓我這個掌櫃的做莊，請五位大爺席上吃酒，痛痛快快喝個不醉不歸，如何？」五個壯漢不受他奉承，其中一個男子惱怒起來，揚手往腦袋拍：「敢跟我們五個講道理？想死？」罵幾句俗語，一腳將掌櫃踹倒在地：「臭烏龜少管閒事，滾到一旁去！」

那掌櫃不識好歹，面上堆笑卻被一腳踹倒在地，面拂灰塵，嚇得喧嚷：「好漢饒命！好漢饒命啊！」五個惡漢反手一掌，其中有個男子取出刀械，砍在桌上：「魄狼！我知道你躲在這，快滾出來！」

餐館的顧客見惡漢吆喝，嚇得驚慌闖鬧，跑堂的夥計抱一大壺酒來，心驚膽寒，迅速把那酒擺置方桌上：「大...大爺！您的酒...」惡漢見他攔在路前，一腳踹開：「沒事的人都滾出去！」同伴氣憤惱怒，大刀吐寒茫一閃，抽出腰鞘：「沒事的別留在這！快滾出去！」

有個客官看不順眼，拍桌怒喝，走前去罵：「喂！大家都是花錢來這吃飯喝茶的，你們五個若要鬧事，就出去鬧，別在這間餐館搗亂！你五人若再搗亂，我可要叫官...」話未講完，半隻肘臂被一柄大刀切下，拋空飛墜，掉落在地。

那客官不識高低，斷臂之處鮮血四灑，慘淋淋飛濺桌邊，竟連長凳和花窗都給染紅。惡漢瞪大雙眼，怒斥：「叫官什麼？老子叫管你吃狗屎！」舉起屠刀，哈哈大笑。

這事來得突然，顧客嚇得驚喊：「救命啊！殺人啊！有人殺人啊！」惡漢叱喝：「還不快滾？再不走就當成豬肉宰了你們！」同伴哈哈大笑：「誰再不走，就捉去餵畜牲！」餐館的顧客遇上這般亂象，嚇得人群東奔西竄，往門口逃命擠去。

五個壯漢虎軀站定，幾聲吆喝驚動了餐館顧客，大家嚇得逃跑，竟連掌櫃和跑堂也溜得一乾二淨。

鯀、明鏡和刑天正高興吃飯，不料有人進來砸館，莫名其妙打斷興致，離座起身見顧客逃竄，場面混亂。明鏡嚇得花容失色：「是強盜？」刑天安撫：「明鏡姑娘妳別擔心！」鯀的雙手伸進袋抄暗器，詢問：「需要我出手嗎？」刑天搖頭：「先探清楚敵情。」轉頭又瞄一眼，撇見角落有個男子仍舊坐定安穩，正自喝茶吃飯，毫不畏懼。

刑天心想：「原來是仇家尋事？」仔細向那人審視打量，見他頭戴斗笠，遮蔽臉龐，容貌長像看不清楚，肩膀披著外袍大衣，右手持杯喝茶。當下決定先靜觀其變，再做行動：「飛刀人，若是那些人向明鏡姑娘出手，麻煩你替我保護明鏡姑娘。」鯀點頭：「知道了。」雙手垂到桌底下，暗中握著飛刀，謹慎防備。

一個壯漢跳出來，舉刀指向斗笠男子，喝道：「快脫下來！」命令一句，卻不見對方動作，其餘同伴把門關上，又說：「大哥！看這人裝扮可疑，難不成就是魄狼？」壯漢頭子揮舞大刀，迎笑臉問：「喂！惡狼！你這般躲躲藏藏，要到幾時？你以為戴了斗笠，咱們就不認識你了嗎？」講完，把方桌椅凳踢到牆邊，卻仍舊不見那個男子動作，一發不語倒與自己漠不相干似的。

那神秘男子頭戴斗笠，輕視薄態，冷笑兩聲：「只來了五個強盜嗎？」五個壯漢見他雙肩不聳一聳，頭也不抬，憤怒：「可惡！果然是魄狼？惡狼！大哥在問你話，沒聽見嗎？」虎軀一挺，舉起手中大刀往男子劈去：「敢惹我們黑山寨的？找死！」

名叫魄狼的斗笠男子連箸筷也不動，起身離座，全身向左一偏縮身閃避，折斷壯漢的手臂，痛得敵人哇哇大叫：「啊！啊！」

其餘四人擺個陣勢，圍個半圈攻擊敵人：「擋住他！」、「宰掉這廝！」眾人原本還想先發制人，哪裡料得棋逢敵手，魄狼雙腿一躍，從旁閃過，轉移到四個強盜背後：「誰想先死？」不待幾個強盜兜圈轉身，踹出右腳，向下橫掃：「躺下！」

四個壯漢天旋地轉，眼前一花竟跌個四腳朝天：「哎喲！」魄狼拂衣一揚，手中匕首光影閃動，竟把兩個壯漢的右臂斬落，痛得二人倒地哭嚎：「好漢饒我！」

其餘三個同夥站得臨近，倉惶之間反向後退：「啊！大家小心！」魄狼腰身一轉，脫下斗笠：「我斬下兩個狗賊各一條手臂，算是給了個警告！嘿嘿！」刑天和鯀才看一眼，見那神秘男子迅捷無比，就曉得五個壯漢決非敵手：「刑天御史，這傢伙真是厲害！」、「飛刀人！帶著明鏡姑娘躲到後面！」

魄狼沉鷙多謀，面頰微陷，留著兩撇鼠尾鬚說：「沒有什麼比不接受忠告而更令人難以接受的事，擾亂秩序和搶錢劫財者，該死！今天這個餐館，將要留下五俱屍體！」五個壯漢身穿勁裝，原先還惡狠狠手拿厚刀闖來搗亂，這時卻嚇得魂飛魄散，逃得稍慢，竟被劈中肩骨：「躺下！」

眼看那套拳路不似什麼虛招，掌風卻力大異常，主取攻勢蘊藏十六招厲害殺著，五個強盜根本無從招架。魄狼踢下重腿，飛踹幾個關節斷折，那五個壯漢向後跌倒，咆哮幾聲鮮血狂噴，臥地氣絕。

刑天企圖攔阻，可惜太遲：「住手！」魄狼側過頭看，撇了撇鼠尾鬚，冷笑：「你就是刑天御史吧？據說你的瞬身術打遍天下無敵手，乃是四國第一流的武技？」刑天詫異：「你認識我？」魄狼的雙手抓著兩個壯漢脖頸，用力一捏，頓時血濺長袖：「嘿嘿！這五個強盜專幹殺人放火的勾當，刑天御史想要護批他們？」

這下劇變來得突然，那五個屍體撲倒在地，刑天不知所措，立站原地：「這人究竟是誰？」魄狼用袖布抹乾血跡，走出門檻：「後會有期！我倆很快會再見面的！」刑天飛奔追趕：「等等！」正相詢問，卻見對方形影飄離，飛野似地去了。

刑天不曉得對方究竟有何企圖，暗想：「看他樣子，應該不像是狩獵者，不曉得是何方高手？」鯀走過來問：「不去追他嗎？」刑天搖了搖頭：「對方既不是狩獵者，就沒必要隨便出手。」鯀笑道：「是因為明鏡姑娘的緣故吧？」刑天沉默不語，回頭見明鏡的身影嬌小玲瓏，柔如搖柳，心想：「蓬萊國境內來了這般高手，怎麼竟沒守衛盤查清楚背景呢？必須盡快將這消息通報白雲大人。」

「為...為什麼有人能夠毫不猶豫，就立刻下手殺人呢？難道這才是江湖規矩？」明鏡一臉嬌愁之態，淚光點點走過來問：「難...難道在江湖上，只有打打殺殺的刀口日子？難道遇見敵人，絲毫沒有談和餘地，若非你死，便是我亡嗎？」
刑天怔怔看著五俱屍體，心中愧疚：「明鏡姑娘，很抱歉，是我沒能及時阻止。」明鏡搖了搖頭，嘆口嬌氣：「刑公子，小女子不太明白...」

刑天問：「明鏡姑娘不明白什麼？」明鏡道：「我不明白為什麼非要打打殺殺？」刑天再看五俱屍體幾眼：「今天若不是五個強盜死，就是那個男子喪命了。」明鏡問：「難道沒有任何方法，可以避免殺人？」

刑天仰頭觀天，無奈感慨：「明鏡姑娘，賊盜在四國境內殺人放火，打家劫舍，未嘗害得無辜百姓受累受害。眼前的四國外患不斷，狩獵族的軍旗部隊已經潛入了境內...」明鏡和鯀全神貫注，聽他繼續又說：「咱們三人都是四國百姓，若要棲身，非得同心協力不可。如果不斷讓內憂外患攪擾，最終勢必成為亡國奴，什麼親朋好友，什麼衣資錢糧，都只會盡數被擄掠一空。」

明鏡咬牙切齒:「這五個漢子只不過是和人起了口角,就遭殺害。小女子的家人慘遭滅口,那些殺了娘親和明月的人,為什麼卻沒有受到懲罰呢?」刑天似乎能體驗她的心思,長嘆口氣:「明鏡姑娘...」

鮟把兩枚飛刀玩弄在掌心,一時之間白銀耀眼,走過來道:「正所謂立志為善由得我,但行出來卻由不得我。」明鏡疑惑:「什麼?」鮟解釋:「我覺得有個律,就是在我們願意為善之時,便有惡與我們同在。因為我們所行的,自己不明白;我們所願意做的,自己卻不做;我們所恨惡的,反倒去做。小姑娘!這世上總有許多矛盾的事,如今或許妳還沒懂,但以後便會明白。眼前那些冤枉之事,若是有不合妳意之處,儘管多提多問,能幫助到妳的,刑天御史和我會盡量幫忙。」

明鏡完全聽不明白對方在說什麼,睜大杏眼,心裡暗暗重複那話涵義:「立志為善由得我,行出來卻由不得我?這話究竟什麼意思?」鮟走去拍了刑天肩膀:「刑天御史!走吧!我先幫你把屍體清理乾淨!」刑天聽同伴說得情詞懇切,也沒半點猶豫,點了點頭:「嗯!」

二人同心協力,一起將五俱屍體綁縛在鞍上,鞭馬驅散。

明鏡見二人的背影豐姿魁碩,心中一凜,思索:「刑公子和鮟公子,即使像他們這樣武藝高強的人,也有痛苦要面對掙扎和矛盾的時候嗎?」

三人離開餐館,往宮殿的方向行走,石路兩邊盡是樹叢和花草。鮟見道路兩旁豎立著岩石雕刻,飛禽走獸琢型精細,從北往南依次排列,忍不住好奇問:「這些石雕都是白雲大人差遣人造的?」

刑天搖了搖頭:「原初之始,天地混沌黑暗,自從盤古開天闢地以來,地繞黃道每六萬六千六百六十六年必有一次

136

大劫。那橫災會使萬里方圓的地域發生海嘯和山崩。一旦大劫來臨，不僅池枯地裂，氣溫驟降，甚至還會洪災橫流，島嶼陸沉，生靈更是遭受沉湮之災。後來，有四位仙人走遍天下，在極地偏僻之處發現了天地相輔、山海相循的天機奧秘。靠著吸收天地山海的日月精氣，和火風水土的醞釀，所淬煉出的幻化靈珠，可以扭轉人類榮枯興衰的契機。這幾顆四象靈珠被打鑄在兵器內，代代相傳，被後世百姓稱為萬古神器。而這些石雕，則是記載著遠古時代曾發生過的事，乃是歷代老祖宗所留下來的遺物。」

且看那些彫刻兩邊對稱，南縱北橫，有蟒蛇、鯰魚、黑鴉和大鵬鳥的石像，附近遠處還有祀祭和哨崗的築樓，規模龐大，氣氛森嚴。三人穿越幾座氣派雄偉的大石門，闊路兩邊城樓撅起，青磚壘砌的城垣佈局嚴整，巍然壁立。刑天引領著明鏡和鯀走到廣場，那地方是一片極大坪地，頭頂給茂密的枝葉遮蔽，依稀陽光照映下，萬里晴空。

「等等！什麼人來此？」哨崗臺下站了兩個駐兵，遠遠跑來問：「那邊的！你們三個什麼人？」刑天見對方不識禮貌，連個請字都沒提，反問：「你們兩個是幾屯營的人？」駐兵沒分辨對方穿著農裝，這時才注意：「咦！是刑天大人？」兩個侍衛態度客氣，急忙致禮甚恭，抱拳道：「刑天大人！您一路上辛苦，快請進宮殿，小的立刻替您引路！」

刑天揮了揮手：「不必了！我自己去就行了！白雲大人呢？白雲大人在宮殿裡嗎？」一名守衛恭敬答：「白雲大人在後山碑，到現在都還沒歸來。」刑天疑問：「咦！發生了什麼事情嗎？為什麼白雲大人獨自去了後山碑？」守衛據實稟報：「聽說白雲大人是去馴獸。」刑天醒悟：「原來白雲大人帶著萬古神器去後山碑了？」立刻又再追問：「白雲大人有帶著混天乾坤圈嗎？」

守衛臉色擔憂，躊躇道：「扼...這個...我倆職位太小，這些重要機密，卻是誰也不知。」刑天點頭：「嗯！好！你倆

137

辛苦了，麻煩你們其中一人，去向白雲大人通報說我回來了，翠雲國的雷烈大人和鬱樹國的崑崙大人，有重要消息託付我來傳達。」守衛恭敬退後，點頭應：「遵命！」

刑天對另外一個哨兵吩咐：「好！你繼續去守崗吧！」守衛指著鯀和明鏡，口拙問：「刑天大人...扼...扼...這二位是？」刑天解釋：「噢！這二位是我的朋友，都是自己人，不必擔心！」守衛恭敬點頭：「原來都是刑天大人的朋友？那...那...那二位請繼續往前走吧！」刑天向兩名同伴招呼：「飛刀人！明鏡姑娘！我們走吧！」

鯀將飛刀玩弄於掌心之間，對那哨兵微笑：「幸會！幸會！」踏著腳步，尾隨刑天和明鏡經過守衛身畔，走進宮殿的武場。

三人穿越玫瑰花叢和幾株白檀巨木，抵達了蓬萊宮殿的莊院，轉往南方行到廣場，週圍靜悄悄的毫無聲息，忽不見任何鬼影，好似個荒城遺址。刑天忍不住心疑：「咦！這裡怎麼沒有守衛？」鯀也感覺到不太對勁，瞄他一眼：「刑天御史，這邊既是蓬萊郡主的大殿堂，不是應該要有大場面嗎？怎麼連個鬼影子都沒有呢？」

三人來到天壇廣場，從西側一座重檐樓穿越，抬起頭看，那地方瓦碧璃琉，築高兩層，沿著石階向上，可見兩旁種滿了成排槐樹。刑天邊走邊警惕，回頭叮嚀：「你們兩個跟隨在我後面，千萬別亂跑，我去查看！」

明鏡不敢亂走，左觀右顧，見這宮殿外遍植松柏，土山築起。樓閣安置在山丘北邊，一座鐘鼓樓和白牙象塔築建在山坡最高點，低頭俯瞰，可見全殿美景。

「咦！刑公子！那是什麼？」明鏡指著後山碑的方向，天空被火光照得靛藍，山林瀰漫著一陣腔鼻濃煙，刑天見了立即醒悟：「白雲大人果然是在後山碑，試煉蟠蛟的威力。」正在思索，忽聽見鯀喚：「刑天御史！小心！」

刑天抬起頭看，天空忽一個黑影墜落，雙拳往自己迎面擊來：「咦！什麼人？」足下踏個斜萬勢，挽個順勢大平避開：「是你！？」

男子頭戴斗笠，高顴骨，留著兩撇鼠尾鬚，正是先前在餐館遇見的魄狼：「刑天御史，我不是才剛說過，我倆很快會再見面的嗎？」刑天從口袋抄出兩枚鐵錐，護住胸口：「你究竟是什麼人？」魄狼脫掉斗笠，拋擲在地：「我和你是相同的人。」刑天詫異：「什麼？」

魄狼的腳墊作雙人字步，伏虎鶴行，也抄出鐵錐攻擊：「出招！」刑天揮出鐵錐抵擋：「你到底是誰？」雙方器械火光迸出，明鏡在遠處驚喊：「刑公子！」刑天叫：「別過來！」

魄狼斜裏刺出，手持鐵錐往對方大腿攻擊：「呵呵！刑天御史果然名不虛傳！」刑天做個翻身鷂子，腳尖在地面輕輕一點，翻個筋斗躲避開：「你單獨一人，竟敢闖來蓬萊殿搗亂？」

魄狼的左手舉起一封信件，笑道：「刑天御史，這是你的？」刑天詫異：「糟糕！崑崙大人差派我傳遞的信件，何時被他摸走了？」魄狼問：「這份四國盟軍的信件，是要交給白雲大人的吧？」刑天憤怒：「快還給我！」

「刑天御史！我來幫你！」忽感覺背後生風，兩枚飛刀疾速擲到，魄狼扭轉腰身，噹啷一聲削斷飛刀，冷笑：「呵呵！射飛刀的！想趁機偷襲我嗎？」鯀從口袋暗掣飛刀，準備再度攻擊：「晦氣狗頭，居然給你擋掉了？」刑天謹慎防備：「飛刀人！你別插手，快把明鏡姑娘帶走！」

魄狼手持鐵錐轉個半圈，照準關節處斬下：「我們繼續打！」刑天用鐵錐平挑壓住，順勢轉個天地向，不偏不倚將它化開：「我不想傷害你！快將信件歸還！」

二人接招拆招，瞬間打個旗鼓相當，魄狼腳下移步，腰順風轉，把手中的鐵錐照向咽喉揮去：「你若不盡全力，就會受傷！也拿不回信件！」刑天抬起腳踢開他手腕，使個輕功，騰上樹幹：「那也得看你能不能砍到我！」

雙方均是手腳敏捷，魄狼的攻擊盡數都被避開，五指挾起四枚鐵錐，擲向大樹：「好！咱們來鬥一鬥暗器！」四枚鐵錐激射去，在半空中排列一線，瞄準對方的手腳四肢，突然像是孔雀開屏綻放一般，耀眼生輝。

刑天見那鐵錐彷彿一張無形鐵網罩下，手也伸入袋去抄暗器，先擲兩枚勢緩，再擲兩枚勢急：「好身手！」叮叮噹噹幾聲響，八枚暗器在半空中相撞，陷落在土中，鑿出幾個小洞。

鯑見二人的攻防技巧之高，心中暗詫：「真不愧為四國的光明御史！」

刑天身形飄逸，翻轉三圈躍下樹幹，握著鐵錐朝對方衝去：「小心！我來了！」掌中五枚鐵錐綻開，挾著勁風往肩膀橫掃，魄狼縮身護胸，方位拿捏準確，盡數用鐵錐將暗器挑撩開：「刑天御史！我見你如此魄力，身上負着驚人藝業，真是英雄出少年啊！呵呵！」刑天腳踏宮位，舉起鐵錐迎擊：「放肆！快將信件歸還！」

不到轉眼，忽聽見樹林傳來喧嘩聲響，旌旗密佈，成群侍衛霍步趕來。鯑心念微動，握著飛刀戒備：「咦！好大陣仗，是白雲郡主回來了？」進退無計，黑鴉鴉的人群突然佔據週圍，團團守住，竟將宮殿的武場都給圍困，隊伍嚴整，場面浩大。

士兵圍個大圈佔滿坪地，放眼眺望，少說也有數萬多人。眾人全身披掛盔甲，手執器械靠過來，刑天和魄狼正鬥得

刀光劍爍，兩柄鐵錐磨擦生火，看得週圍的侍衛大開眼界。

「你這糊塗刺客，在這廣場上，全都是蓬萊國訓練出的一流士兵，難道你竟不害怕？」刑天觀察週圍環境，謹慎又說：「大丈夫光明磊落，何必不先將信件歸還原主，然後解釋清楚，你來此目的究竟為何？」

魄狼沈默半晌，冷道：「既來則安，我雖然孤身一人，也不畏懼，還是你想用萬古神器的力量召喚出蟠蛟來嚇唬我？」刑天問：「搞了半天，原來你闖到蓬萊殿搗亂的原因，也是為了萬古神器？」

四周圍旌旗飄揚，鯀疑惑不定：「怎麼士兵還不拿住這搗亂男子？啊！是了！刑天御史還沒下令捉人。」群眾當中有人頗知通達，迎著順風飄揚旌旗，高聲歡呼：「刑天大人萬歲！刑天大人萬歲！」

侍衛全站在旁邊圍觀，卻無人主動捉拿魄狼，刑天精神專注，不願被打擾道：「誰都不許出手！這人由我收拾！」魄狼潛神運勁，一見對方腹部露出破綻，立刻攻擊：「好！這才叫光明磊落！」刑天不閃不避，鐵錐旋轉四圈，迎頭劈下：「接我一招！」

鐵錐夾雜強勁激風湧上，魄狼識得厲害，隨機應變，急往右邊翻滾，瞬間退出攻擊範圍：「刑天御史好俊身手，我魄狼縱橫江湖多年，無往不暢，哪裡曉得才來到蓬萊國就受此挫折，四國御史的身手果然名不虛傳，我這次真是心服口服了！」說著，恭敬後退三步，揖手抱拳笑：「在場各位都已經看見了！不是我長人志氣，滅己威風，刑天大人威震蓬萊，我魄狼是領教的卻鬥他不過，索性沒傷著身，只吃了一點苦頭。」刑天頓時詫異，暗想：「咦！這人在說什麼？」

這個時候，突然有個報捷的侍衛從背上抽出彎弓，順手抓一枝響箭射上天空，百步穿揚，擊落麻雀叫：「有請白雲大人！」在場士兵全都肅靜，一個男子蒼白髮髻，全身披掛鮮明盔甲走到人群中央，舉止飄然，高舉右手喚：「刑天！」刑天揖手抱拳，下跪：「白雲大人！」

明鏡和鯀謹慎打量，見那老者相貌威嚴，童顏鶴髮還戴著一頂扁折帽，均想：「咦！這人便是蓬萊國的白雲郡主嗎？」

魄狼敘過一禮，迎上前呈遞盟軍信件，鞠躬微笑：「四國邊境的外患不斷，且看今天場面，若非白雲大人訓練有素，恐怕難以平定。」此言一句尊奉恰合心意，白雲齋寬仁大度的收下信件，展開略看，滿面欣喜問：「魄狼御史！你終於來了，看來你已經和刑天相見過了？」

刑天詫異：「魄狼御史？」眼前也分辨不清楚狀況，只得慢慢先將鐵錐收在腰袋。白雲齋見他愁眉深鎖，顯然腦袋還在思考什麼，招呼：「刑天！過來這邊，我跟你介紹。」刑天獃住半晌，睜著雙眼望對方看：「白雲大人！他...他是您親自按立的鎮國御史？」白雲齋伸手搭住二人肩膀：「刑天！從今之後，你們兩個要成為患難之交，誰也不可得罪誰，聽明白了嗎？」

刑天看在郡主的威權面上不好多問，眾目睽睽，處在冷局也無可爭論，點頭：「刑...刑天聽憑大人差遣！」魄狼將雙肩聳一聳，也跟著鞠躬敘禮：「魄狼也聽憑白雲大人差遣！」

白雲齋聽了心中歡喜，抬起手腕向全場的侍衛振臂一呼，相貌端嚴問：「各位！大家忍受著拋妻棄兒的痛苦參與軍隊，跑到邊疆的沙場抵抗狩獵者，究竟是為了什麼？」放眼望去，四週圍鴉雀無聲，突然一個千戶長回答：「為了仗義除奸，替四國百姓抵擋狩獵者的侵略！」有侍衛情緒

興奮，跟著高喊：「為了扶危濟困！為了替天行道！替人民懲除邪惡的狩獵者！」

白雲齋蒼白髮髯，感慨道：「大家千辛萬苦犧牲了家園，來參與軍隊，為著不就是要替天行道，拯救四國的蒼生萬民？」有士兵高喊：「白雲大人萬歲！白雲郡主萬歲！」白雲齋振臂一揮，場上肅靜，繼續又說：「大家都是為著四國百姓而著想的！因此就算冒著生命危險，此番作為肯定能夠撼動人心，把這股士氣傳遍四國。到時候四國聯盟軍團結起來，大家一起攻陷狩獵族，勝利在望！」有侍衛再喊：「白雲大人萬歲！白雲郡主萬歲！」

魄狼忽走到軍隊前，轉身站定雙腳，對在場群眾吶喊：「各位至忠至善、至仁至義的勇士，白雲大人將大家的忠善仁義召於天下！讓大家都曉得我們是忠心不二，不圖富貴名聲的獻身義士！四國聯盟軍將會拯救天下蒼生萬民，殺得狩獵者無處奔投，永再不能侵擾百姓！」士兵情緒激昂，前呼後擁，高舉刀槍和闊斧喊：「獻身報國！白雲大人萬歲！四國聯盟軍萬歲！」

魄狼暗暗得意，斜瞄刑天一眼，對白雲齋說：「白雲大人！待得四國聯盟和狩獵族的戰爭結束之後，四國聯盟大擺盛筵，到時候宮殿裡彩燈輝煌，那可真是威風。」白雲齋微微一笑：「魄狼，不必顧慮那麼多，到時候四國聯盟軍完成一番豐功偉績，這威風肯定也少不了你一份！」魄狼微笑，當眾鞠躬：「大人所見極明！承蒙白雲大人扶助，如今就算不能帶兵做主保禦疆土，魄狼也是心中感激的。」

白雲齋賞他為敬，拍肩膀笑：「雖然你不像刑天一樣，隨我行軍多年，畢竟在暗地裡收集情報，也算得上是戰功赫赫！今日我立你為鎮國御史，到時候攻陷了狩獵族的盤岩城，入殿之後再當輔政大臣，今後你可要好好努力！」魄狼點頭：「謝大人恩寵！魄狼若不攻陷盤岩宮，就不見白雲大人，誓必攻陷盤岩城！」白雲齋微笑：「我已經將你

晉升為光明御史，願你實踐自己所說過的話！」魄狼道：「魄狼是吃白雲大人的飯、穿白雲大人的衣，白雲大人對魄狼的恩惠有如天高海深，魄狼願與白雲大人死生一處，也不獨活！」

「很好！」白雲齋點了點頭，轉身對群眾說：「大家聽著！今日在此親眼共睹，蓬萊國軍令如山，軍中嚴禁持強凌弱，濫殺無辜，若是有誰違背軍法，我第一個取他性命，絕不輕饒！」千戶長放開嗓門，大聲說：「白雲大人萬歲！」士兵迎著順風飄揚的旌旗，高聲歡呼：「白雲大人萬歲！」

白雲齋隨言一允，吩咐士兵先行解散，等日後養足精神，啟程再往邊疆作戰。

刑天的心中尚有疑惑，面如鐵色，愁眉不悅迎上前問：「白雲大人！這究竟是怎麼回事？按立成為光明御史不是一件非常重大的要事嗎？為什麼直到今天，我才曉得大人您又按立了一位新的鎮國御史呢？」

白雲齋解釋：「刑天，在你離開蓬萊國這段期間，我又另有打算再次按立一位新的御史。畢竟建立萬世基業可不容易，要抵抗狩獵族，就需要更多一流人才，這道理你應該也明白吧？」刑天道：「啟稟大人！一夫猶奮，況十萬眾乎也？若是軍隊有一人肯拼命，就算是孤軍奮戰，那氣勢也非常可觀。更何況白雲大人還擁有龐大的軍力？就算那些狩獵者武藝高強，也無法抵擋四國聯盟的軍隊，白雲大人何必如此擔心？」

魄狼笑了笑，對望一眼問：「那麼刑天御史，依你來看，怎麼樣做才會比較妥當？」刑天搖頭：「我只是覺得白雲大人未曾和參知政事的人商量過，按立御史此項決定，未免有點草率。」

白雲齋心想自己若有二人左右輔佐，簡直就是蛟龍得雲，猛虎添翼，因此不敢小覷了事體嚴重，大略帶過道：「刑天，按立御史乃是機密要事，你且慎勿再提。其實我差派魄狼在外執行任務一事已有多年，只是卻一直從未跟任何人提起。我曉得你與魄狼各有所見，畢竟大家都是為著民膏民脂做事業的，如今我既然已經決定，你就休再多言了。」

刑天礙著郡主之面，再無半句異議，點頭：「遵命！」白雲齋拍拍肩膀，笑逐顏開：「刑天！按立御史增加戰力這條策略，若得事成，攻陷盤岩宮和鬼門關的功勳指日可待，有其餘三國聯軍掩護作戰，咱們何患不成大業？」

刑天也並非不識時務之人，聽對方說得情詞懇切，沒多言語，站在旁邊唯唯點頭：「是...」白雲齋笑呵呵：「好！那還有什麼其它的事嗎？」

刑天想起一事，奔去拉住同伴：「飛刀人！明鏡姑娘！」鯀和明鏡只是兩個後輩小生，等待人群散會，忽被刑天拉著前來引見白雲齋，刑天對二人附耳密語道：「快鞠躬！」

鯀和明鏡恭敬抱拳：「鯀，參見白雲大人！」、「小女子明鏡，拜見白雲大人！」白雲齋不及細談，略問：「刑天，這兩位是？」刑天岔開話題：「白雲大人！刑天有件事情相求！」白雲齋道：「你說！」

刑天折疊膝蓋，跪地鞠躬：「啟稟大人！明鏡姑娘的親人被強盜殺了，若是留她一個姑娘在外，恐怕難以博個好餬口過活。畢竟現在四國的戰亂不斷，百姓是非不分，明鏡姑娘獨自在外若遭凌辱，沒有人可以幫助到她。而飛刀人與我乃是患難之交，他肯捨命為百姓打仗，可惜沒闖過什麼名聲，處處逢人奚落。白雲大人胸襟廣闊，見識英明，屬下期盼大人能允許他二人留在宮殿，為著民膏民脂出一份心力。」

白雲齋正忙著舉兵攻打狩獵族，那裡顧得眼前許多小節？當下也沒過問來歷，白鬚飄然地打量二人幾眼，拍了拍肩膀道：「這事就由你來決定吧！」刑天聽了這話，喜出望外的深深鞠躬：「謝大人！」

白雲齋撤轉了身，站定雙腳對在場群眾吩咐：「回崗！」千戶長情緒激昂，抽出明晃晃的刀槍喊：「獻身報國！拯救天下蒼生萬民！」侍衛舉起長刀闊斧，前呼後擁：「白雲大人萬歲！蓬萊國萬歲！」

到處擠滿人群，黑壓壓一片往廣場周圍散開，返回崗位駐守。武場上人群漸散，鯀一臉豪爽適意，笑問：「白雲大人答應收留我們兩個了？」刑天點頭：「嗯！」

明鏡滿頭霧水，疑惑不解問：「刑公子，這樣真的沒問題嗎？」刑天自信滿滿，微笑：「明鏡姑娘請別擔心！從現在起，你們二人就是蓬萊國的一份子了！」

第七章 彩雲峽之議

話說翠雲國的雷烈差派了幽和刑天，分別返回鬱樹國和蓬萊國，將彩雲峽聚議一事告知盟國郡主。刑天奉著嚴旨，帶著鯀和明鏡回到蓬萊仙島，兩個月飛快經過，白雲齋親自挑選了驍騎參領，魄狼和刑天率統護郡，穿戴盔甲前往彩雲峽去。

山路顛簸難行，座騎紛紛減速弛緩，旌旗飄揚的旗杆在長空中耀眼生光，數萬名侍衛緊緊尾隨。有四名轎夫抬著轎子貼在肩膀上，平如順水輕舟又快又穩，紋絲也不動地直向山上行。

只聽泥腳板踏在地上叭叭響成一片，轎夫自是賣力，格外打起精神抬著轎子。兩旁的簾布迎著微風，向後飄揚，鑾鈴響動，白雲齋神韻風度，身披絲袍坐著轎問：「刑天，狩獵族的獵命師善於誘敵，符爆師善於擾亂天氣，幻獸師的幻獸術則是能和萬古神器的四象獸匹敵。至今為止，你可想到什麼策略，可以攻破他們防禦沒有？」

刑天在旁護駕：「啟稟大人！這些都已經派探子打聽過了，邊疆的泥沼澤地向來被視為是敵人的重要防線，號稱是鬼門關，一旦進入那地域就無法安然歸來。而山脈的雪界乃是狩獵族的堡壘，由雪象獸鎮守，北方的盤岩宮更是難攻，環狀岩石伏於山脈，石墩壁崎的鞏固地勢，讓幻獸雷鳥輕易就能從天空中採取攻勢。所以我們必須兵分多路，從不同方向夾擊敵人，才有辦法攻陷狩獵者的防禦。」

白雲齋點了點頭，瞇著眼望天空看：「嗯！眼下快傍晚了，刑天！魄狼！你倆個快去吩咐士兵，咱們今晚在這附近駐營，明天清早再往彩雲峽出發。」魄狼皮笑肉不笑，抱拳鞠躬：「遵命！」

白雲齋瞥了兩眼，轉頭向刑天問：「對了！你那兩位朋友呢？」刑天回答：「啟稟大人，他們兩個跟隨在軍隊後方。」白雲齋稍有責怪：「這豈是待客之道呢？請他兩人到前方來吧！」刑天抱拳鞠躬：「是！謝大人！」白雲齋指著東方：「咱們快抵達彩雲峽附近的平瑤鎮了，傳下令去，軍隊今天在平遙鎮充糧，加強駐守防禦。」刑天和魄狼均是鞠躬道：「遵命！」

晚風輕吹，城鎮的天空浮現出了日落雲海，紅彩紫霞的夕陽絢麗奪目，就像一幅風光旖旎的壁畫。將近兩個時辰過去，晚霞的雲彩遮蔽了天空，道路上被軍隊擠得水泄不通。

位於彩雲峽和蓬萊仙島的省交界處，地勢險阻，雲霧繚繞。充糧的隊伍騎馬緩馳，週圍地勢有松柏長青，林蔭蔽天實在是個紮營的好地方。鯀、明鏡、刑天和魄狼前後併騎，穿越深山幽林和潤谷溪流，抬頭眺望，抵達一處有山環繞的鄉鎮，那附近山泉潤瀑轟隆聲響，一座寬闊的木屋築立水畔。

「這地方好漂亮...」明鏡忍不住讚歎：「是瑤花仙境嗎？」刑天走近身邊，解釋：「這是彩雲峽和蓬萊仙島的交界處，叫平瑤鎮。」明鏡詫異：「平瑤鎮？」鯀插話：「平瑤鎮這邊樹叢茂密，山勢險峻，看來似乎很適合作為躲藏之地。」

那平瑤鎮雲煙瀰漫，蓬萊國的軍隊抵達鎮上，見東鄰西舍大約七八十家店鋪，市集有賣漿者搭了棚子在做生意，左右尋訪，道上有石牌屹立中央。附近的巷道四面彎轉，宗宇祠堂被樹環繞，還有青磚高牆水磨砌成，古香古色。

蓬萊國大隊軍馬抵達鎮上，眾人左觀右顧，韻味濃厚的建築古意盎然，有種迷離之感，前庭後院呈階梯狀，房屋外匾額高掛，大紅燈籠和雕花彩繪的木柱豎立兩旁。

明鏡抬起頭看，牆高三兩層樓，一整排屋簷崛向外翹，隱約可見夕陽從高處透射下，將池塘映照得波光瀲灩：「這小鎮好寧靜...真是幽美的地方。」鯀站在巷外看，左右兩邊皆為房簷遮蔽，抬頭觀看，天只長長一條隙線：「刑天御史，今天晚上就在這個小鎮歇息嗎？」刑天點頭：「嗯！」

臉頰邊吹過一陣涼風，附近有泉水順著房屋的渠道流過，像條小溪沖走，明鏡手扶著欄杆，站在遠處的橋端，痴痴望著那古城美景。一陣春風迎來，忽然想起兒時舊憶，彷彿看見兩個小姑娘在莊外的街道上玩耍。

陽光透雲，照得池塘水澄清澈，兩個小女孩蹲在石岸邊看，妹妹低頭望著池中倒影，姐姐靈機一動，把手伸去池水浸得濕透，用十指幫妹妹梳好秀髮，再結兩條小辮子。

兩個小女孩盪著鞦韆，街道旁的花叢千紅嫩綠，沉香宜人。妹妹睡在花叢旁，姐姐將古箏一彈一撥，琴聲悅耳。隨後又有女僕端著一碟甜食走來，兩個小女孩邊吃邊頑，姐姐不慎失足一跌，妹妹的手裡拿著甜餅，在旁邊嘻嘻哈哈的笑。

回想起過去，妹妹明月和自己攜手同遊的情景，心中忽然湧上一股悲傷。眼前這座平遙城雖然同樣也是花栽草種的美景，昔日的歡樂卻已不在，明鏡的臉上滿是淚痕，獨自在拱橋上觀看，輾轉思量，忽見刑天走來喚：「明鏡姑娘，妳怎麼了？」

明鏡擦拭眼淚，解開頭上的青絲帶，輕輕把秀髮挽髻，回眸一笑：「沒...沒什麼...」刑天見她強顏歡笑，暗想：「明鏡姑娘受了如此劇變，心中肯定還是非常難過。」

魄狼將這情形全都看在眼裡，冷然一笑，走了開去。隨後，報捷的侍衛拿火炬跑來，指天一揮，吶喊：「白雲大人

有令！今晚在此停頓紮營！」旁邊的隊伍湊著熱鬧，喧嘩散去：「解散！」

明鏡的心中七上八下，細語問：「刑公子，咱們現在要做什麼？」刑天凝神思索：「現在離吃飯還有一些時間，該怎麼打發？」鯀笑問：「刑天御史，不如你帶明鏡姑娘到處走走？」

刑天心想這提議不錯，將身湊近，二人臉龐照對看個清楚：「明鏡姑娘！快跟我來！」明鏡面面相覷：「刑公子，我們要去哪裡？」刑天拉住手腕：「來了便知！」推開葉叢，引領對方離開。

「怎麼？你羨慕他嗎？」魃狼撇了撇鼠尾鬚，繼續笑說：「刑天御史相貌堂堂，不僅風度凜凜，又是武藝超群，若要推為四國御史之首，勢必為最佳人選。」鯀聽對方言語領教，轉過頭問：「魃狼御史你說這話是真心話？還是自己有心較勁？」

魃狼皮笑肉不笑，疊起兩個指頭：「我只不過是來替白雲大人助拳幫陣的，若只因為挑選御史之首而弄不愉快，那不值得。」鯀笑道：「那為什麼先前才初次見面，魃狼御史就出手攻擊呢？這樣豈不傷了和氣？」魃狼回答：「那個時候，大家都只是切磋武功，並非殺敵拼命，點到為止便會收手，哪裡會傷著什麼和氣呢？」

鯀冷笑：「噢？是嗎？我和魃狼御史萍水相逢，路遙知馬力，日久見人心，魃狼大人你這話未免還說得太早。」

魃狼不悅對方個性，只不過在軍隊中不適宜爭鬧，壓低聲笑：「嘿！多嘴多舌之人，真是惹人厭賤。」鯀也無心與他強掙對擂，笑問：「魃狼御史何必動怒？」魃狼強忍怒火，心想：「你這狗才略通一些皮毛，敢在眾人面前揭我短處？此時當以大局為重，我也不來跟你一般見識，待得成為御史之首，總有天叫你死得不明不白！」冷笑一聲，

回答：「咱倆身為四國一份子，都是自己人，你何必謙虛客氣呢？不如有話直說。」

鯀揖手抱拳：「魄狼御史既然都如此說了，那我便恭敬不如從命！大家都是蓬萊國的好兄弟、好朋友，魄狼大人身為光明御史，乃是主人，我鯀乃是客人，大家今天是去彩雲峽商討應策，若是扯到推甄誰當御史之首，豈不是惹人閒話？」魄狼悶哼一聲，心想：「哪裡來這許多囉索？」忍住氣說：「閣下說得有理！推甄事小，商議事大，閣下設想周全，不愧是刑天御史的朋友。」

鯀雖然和對方沒啥好感，卻也不至翻臉：「我今日參與戰爭，也是希望能同心對抗狩獵一族，乃是為了造福四國百姓，也替同道盡一份心力打拼的，若有言語得罪，還望魄狼御史寬恕。」魄狼怒視一眼：「在戰場上，刀劍不長眼睛，閣下可得謹慎小心。」鯀微微一笑：「這個自然，刀劍不長眼睛，難以提防，這道理我自然也懂。」魄狼回禮一揖，冷笑：「嘿嘿！小心一點，待人處事不當，可是會白送性命的！」鯀也沒閒玩的空檔，轉移話題：「我還有事情要忙，失陪了！」

夜色漆黑，雲霧密佈，抬起頭隱約能見澄澈的月光，山林附近駐營許多帳棚，光線明如白晝。鎮上的柳樹被風撫動，每一處都是依山傍水，曲徑通幽。

刑天拉著明鏡走進暗巷，不知不覺來到一座梨花樹林。那地方飛瀑懸空，可見花蜂嗡嗡飛舞，甚至還有彩蝶繚繞，明鏡詫異問：「刑公子！這什麼地方？」刑天答：「這裡是小鎮的後山！」遠遠望去，山坡附近填滿雪白梨花，耀眼奪目，在月光下隱隱生輝。

梨花樹馨香迎鼻，雪白皚皚，霎時之間把周圍都給渲染潔白。二人似乎給這美景陶醉，看著梨花滿遍樹林，左邊有條潺潺溪水流過，被陽光照得晶瑩如玉。飛瀑泉湧嘩啦啦直瀉下，從裂石噴出，構成了氤飄氳渺的壯觀景緻。

二人走向樹蔭下，瀑布近處長幾株梨花樹，飛瀑順勢落墜，浪花濺起，沾濕衣袖，幾片梨花雪瓣蕩在頭頂，明鏡忍不住笑：「刑公子，這地方好漂亮。沒想到小鎮的後山居然會有如此景緻，真像是瓊瑤仙境。」

飛瀑的水注傾瀉而下，刑天走不到幾步就來到岸邊，半身蹲下，雙手捧著泉水自喝幾口：「明鏡姑娘！這山泉的水很清澈，妳若口渴，大可嘗試一下！」喝完水後，把袖子往臉頰一抹，坐在岸邊。

明鏡正巧口渴，走到泉池，冰涼的山泉仿彿讓全身毛孔都舒展了開：「喲！這水好冰！好清澈！」刑天微笑：「原清則流清，原濁則流濁，水的源頭清澈，下游的水也就清淨了。」

明鏡相視一笑：「嗯！刑公子，草木皆有根，山泉也是出自水源，活水之所以川流不息，想必也是因為它從源頭流出。」

清澈的山泉轟隆隆墜落，池遍清幽，水上漂浮許多片梨花，隱現在霧氣之中。此時正值初春，那飛瀑一柱擎天直瀉下，萬樹梨花和椶花蔭木被月光耀照，交織出迷人風景。

二人沉默半晌，明鏡的心中很是複雜，一時之間也不知道該說什麼才好，靦腆喚：「刑公子...」刑天問：「咦？怎麼了？」明鏡未開口臉先紅，怯羞道：「再過不久...你和幽公子他們就要離開四國，起程前往北方去了...」刑天耳面通紅，暗想：「明鏡姑娘為什麼跟我說這些呢？是了！她對我的安危放心不下？」

明鏡嘆口氣：「你們這趟旅途又危險又遙遠，那荒山野嶺都有毒蛇猛獸，雖然你是光明御史，但是若在途中遇見危險，可要記得還是能避則避，答應小女子好嗎？」

刑天聽了這話，不知何故，心裡有股莫名感傷，點頭：「嗯...好！我不會莽撞行事的，我答應妳！」明鏡想起自己和對方離別在即，心亂如麻，依依不捨道：「北方那邊很冷，刑公子要多穿點衣服，小心保重。」

一隻飛燕從天空翱翔而過，煙波浩渺，使得泉霧和池中的紋影蕩起一絲漣漪，刑天忽有件事兜上心來，道：「明鏡姑娘，我有件事情想要問妳。」明鏡點頭：「小女子願聞其詳！」

淡淡月光下，看著對方的面容蒼白憔悴，刑天心生憐憫，問：「若是帶妳遷居鄉下，妳能吃得慣粗米雜糧嗎？」明鏡對著泉池的影兒凝視，搖了搖頭：「小女子不怕日子貧窮，只怕貧乏。」

刑天舉目觀天，嘆口氣：「其實啊！我也不想生活在功權勢力的宮殿中，只希望有朝一天能閒雲野鶴，逍遙度日。」明鏡詫異：「刑公子並不快樂嗎？」刑天道：「雖然我曾出生在農村，但如今的身份已經與昔日大不相同，白雲大人曾經救過我的性命，再怎麼說，這番恩惠總是難以報答的，因此我絕對不會背叛白雲大人，要用一生守護著蓬萊國和萬古神器！」

明鏡抿著嘴唇，噗嗤一笑：「刑公子！看你這般認真的模樣！」刑天見她齒白唇紅對自己笑，柔情蜜意，也忍不住笑：「我若決心要完成一件事情，總是那麼認真的。」明鏡問：「認真的完成一件事？只有國家大事嗎？」刑天伸手去握：「當然不是！」明鏡被他握著觸手生溫，羞紅了臉：「刑公子...」

二人面龐相對，閒話敘談正聊開心，突然天空吹起一陣寒風，明鏡衣衫單薄，忍不住打個哆嗦。刑天關切：「明鏡姑娘，深夜裡天氣寒涼，妳快點返回帳篷吧！」明鏡柔情蜜意，搖了搖頭：「小女子還不想睡。」刑天把披肩的御衣脫下，罩在她身上：「別硬撐著，若是妳風寒犯病，著

涼該怎麼辦？豈還能再繼續趕路嗎？彩雲峽的附近沒有大夫，誰能照顧妳呢？」

明鏡見他關切自己，一股暖意柔情又是非常開心，嫣然微笑：「小女子不會犯風寒的！」

畫面轉到另外一端，山坡上有株大樹圍合幾抱，不知幾許寬闊，在月光下顯得格外分明。遠處隱約有個人影閃動，魄狼站在樹下沉默不語，突然一股寒風吹來，把披肩御衣弄得呼颼聲響：「嘿...原來如此...」魄狼含笑不語，乘風歸去，消逝在寂靜漆黑的樹林之中...

隔天清早，蓬萊國的軍隊穿越山路，大批人馬前往彩雲峽的高原出發。只見遍山盡是松柏之類的大樹，參天蔽日，端的就像一座靈山仙境。萬里方圓的原始叢林極為茂密，山壁都被藤蘿遮得沒有空隙，幾隻飛鳥振翅驚逃，飛出樹林，刑天撥開草叢，明鏡和鯀尾隨在後：「往這邊！」

天空朦朧，土濕泥滑，抬轎的侍衛停下腳步：「啟稟大人！我們就快到了！」白雲齋從窗內探出頭，指向前方一座鐵鎖橋：「繼續走！」

鯀喚道：「刑天御史！你看！」山崖對面殘留許多腳印，疑是有人經過，刑天沉思：「看來其他國的軍隊都已經到了。」
魄狼一個健步跑到鐵鎖橋的彼端：「白雲大人，我去探路！」白雲齋點頭：「嗯！」

舉目觀望，鐵鎖橋上橫鋪木板，紋理粗糙，八寸厚度的吊橋高高懸掛。鯀率先走去，明鏡有點畏懼，扶著鎖鏈不敢放鬆，低頭俯瞰，見懸崖下雲霧飄渺，刑天立刻扶著她的手漫步過橋：「明鏡姑娘，妳別害怕！」

大隊軍馬穿越了鐵鎖橋，天空的浮雲水氣凝霜，白雲齋指向北邊：「各位看！那就是彩雲峽了！」

明鏡和鯀仰頭觀望，北方山峰被霧遮蔽，霾雲朦朧，隱約可見四個大字透在霧裡：「咦？那是什麼？」

刻痕入石三分，雲霧消散，字跡忽變得清晰可見。眾人仰脖一看，左邊山峰刻著「天地」，右邊山峰刻著「山海」，四個字渾然雄勁，仿彿一幅巨匾懸在高峰。

刑天向明鏡和鯀解說：「彩雲峽是天山國、翠雲國、蓬萊國和鬱樹國的中心交界處，若是狩獵者佔領這地，通往四國的大門就會敞開，敵人也能控制整個戰爭局勢，所以白雲大人和其他三位郡主，分別都派遣了大批軍隊鎮守在此。」

白雲齋帶領軍隊，千里迢迢往山上走大半時辰，忽見兩個哨兵手執長槍，嚴戒巡邏。
兩個侍衛鞠躬尊奉：「三位郡主已經開始會議，白雲大人也請快進去吧！」刑天鑒視環境，心想：「嬋大人、雷烈大人和崑崙大人都已經抵達了嗎？」

那地方奇花異卉，路行通暢，叢林後竟是一片寬敞的高原。眼前旌旗密佈，鯀和明鏡驚詫：「咦！好大陣仗！」
黑鴉鴉的人群佔據高原，隊伍嚴整，竟將漫山遍野都給圍守。魄狼冷笑：「今天什麼大日子？真多人聚集在此。」
刑天漫不為意：「魄狼御史才剛加入，也難怪沒見過這等世面。」魄狼笑呵呵：「刑天御史，我本來是蓬萊國一名軍將，妻妾成群，可以安逸生活到老。後來是慕名白雲大人的勢力而加入了臥底組織，如今才會跟隨來此，參與彩雲峽的聚議。」

刑天鑒貌辨視，坪地上成群的侍衛手執刀劍，喝彩：「風羌大人萬歲！」

鯀和明鏡捱肩擦背靠過去看，見闊地中央有兩個男子兵器相鬥，激烈過招。二人有打無殺，刀光劍爍震個嗡嗡響，看得群眾大開眼界。

遠處可見天山國的旌旗飄揚，風羌全身披掛盔甲，潛神運氣：「翠雲少主！好一招平淡無奇！」雷昊粗眉闊目，點頭微笑：「彼此彼此！」數以萬計的士兵鼓樂喧天，喝彩歡呼：「翠雲少主風度凜凜，武藝超群！」刑天嘖嘖稱奇，擠向前看：「咦！是翠雲國的雷少主和天山國的羌左使在比武過招？」

風羌見對方下盤有破綻，踏上兩步，迎劍相挺：「小心了！」雷昊不閃不避，手裡抓一把流星大錘，照面旋轉劈下：「好！」眼看鐵錘從半空劈落，夾雜一股激風颼颼聲響，風羌看那力道雖猛，速度尚有缺失，隨機應變往旁翻滾，瞬間已經脫出攻勢範圍。

雷昊見對方試圖閃避，趁勝追擊，揮起鐵錘拋甩去。風羌竟不閃躲，長劍一砍將鐵鎖斬成兩斷。雷昊利器折損，恭敬退後，揖手抱拳道：「多年不見，羌左使依然好俊身手，我雷昊以前不服你，這次真是輸得心服口服了！」風羌拼力一竭，喘氣：「翠雲少主六韜三略，十八般武藝樣樣精通，我風羌佩服的五體投地。」雷昊對在場眾士兵說：「各位！你們都已經看見了！不是我長人志氣，滅己威風，羌左使招數巧妙，我是領教的卻鬥他不過，索性沒傷著遍身。」

群眾有人頗知通達，迎著順風飄揚的旌旗，高聲歡呼：「風羌大人萬歲！天山國萬歲！」風羌暗暗歡喜，走下台階，揖手鞠躬：「啟稟嬋大人！剛才一戰，風羌險勝了！」嬋稍有責備：「風羌，我看雷少主並未出全力，咱們是賓主遠涉，下次不可恃勇輕進。」風羌有些沮喪：「是！」

魄狼對望一眼，微笑：「刑天御史也有興趣上去比武？」刑天答：「今天是來商討議策，若是動手動腳，恐怕不太妥當。」魄狼笑問：「哪裡不妥當？依我來看，比武過招

很是正常！自古以來勝者為王，敗者為寇，愛習武事馬到功成，這怎麼會不妥當呢？」

旁邊忽有個青年走來，說道：「今天的彩雲峽大會是在討論行軍打仗，可不是挑選四國盟主，倘若恃勇輕進，那只有自取滅亡。」刑天驚喜：「幽！」幽微笑：「刑天御史！我們又見面了！」

這個時候，忽見風羌從背後抽出鵰弓，順手抓一枝響箭射上天空：「大家肅靜！」場上鴉雀無聲，並無半句異議，雷烈、崑崙、白雲齋和嬋站上高台，侍衛見首領走來紛紛迴避，幽對刑天說：「我們也上台吧！」

風羌和海棠跟隨在嬋的背後，雷昊和笙與雷烈同行，幽、刑天和魄狼則分別尾隨著崑崙和白雲齋走上階梯。

鯀和明鏡站在人群之中，刑天在高臺上見闊地擠滿侍衛，心想：「人真是多！」側頭再看幾時，使個眼色問：「幽！崑崙大人吩咐你把鋼鐮刀帶來了？」幽解釋：「嗯！上次狩獵者突襲翠雲嶺，攻個措手不及，崑崙大人說這次行動不得不小心謹慎。」

正在閒聊，海棠拱手鞠躬道：「啟稟四位大人！今日大家聚集在此，乃是為了要商討狩獵者圍剿之策。眼下四國聯盟的根基未固，盟軍協力，恐怕需要徵選盟主來整頓軍力。」崑崙問：「這話是有道理，只不過盟軍協力，是要推誰來當盟主？」風羌答：「啟稟崑崙大人，今日大家聚集在此，同心對抗狩獵者是為了造福四國百姓，畢竟要推選出參知政事和武藝高強的賢能者也不容易。既然大家都是在沙場上行軍打仗的，因此我覺得以武藝較量，最為妥當。」

幽放開喉嚨，大聲說：「風羌御史，我覺得武藝較量的想法原是好的，勝負先且不計，只不過這次大會的本意乃是為了商討策略，為了攻打狩獵者而做準備。倘若為比劃過

招而傷了和氣，那彩雲峽大會可說是毫無意義，自與先前的計劃背道而馳了！」風羌微笑：「幽御史不必擔心，如果大家都能遵照規則而行，順從就範，比武過招就不會有許多不必要的爭執。反正四國聯軍也還沒籌出什麼必勝之策，大家何不先請勝出的人來接替盟主之位？」

天山國的侍衛軍心大振，鼓聲大躁，有人吶喊助陣，刑天雖稍有不悅，畢竟為了大體著想，也無覺得有何不妥之處。笙的身上穿著方巾紅衫，腳套烏靴走來：「那好！剛才我哥失手落敗，算得上是翠雲國的失誤，這次我會謹慎應對，那就有請風羌御史再次出招吧！」

雷烈右臂一舉，攔擋女兒：「笙！四國盟軍都是自己人，妳若太強勢，不免有失檢點！」笙悶聲：「哼！」

嬋岔開話題，詢問：「海棠，妳有沒有什麼意見？說來聽聽。」眾人目光驟聚，場上頓時安靜，海棠說：「四位大人，邊疆的狩獵者專權無忌，若是因為他們勢態強盛，因此無人敢領兵出戰，那麼束手無策往往就會丟失良機。俗語有句話說：『一夫猶奮，況十萬眾乎也？』，只要有一個人肯孤軍奮戰，那拼命起來，氣勢可觀。更何況四國聯盟的軍隊人多勢眾，還有十萬兵馬抄之在手？就算狩獵者如何武藝高強，也無法抵擋四國聯盟的氣勢。」

崑崙問：「依妳意思，大家該怎麼做好？」海棠答：「四國盟軍應該要分兵定向，分成三隊進行攻擊。」雷昊問：「怎麼樣分三隊攻擊？」海棠解釋：「首先備置輕弓短箭，分兵向東往泥沼澤地的鬼門關移動，耽擱拖住敵軍腳步。待得打下隘口，再有人流動作戰，攔截雲間道，分散敵人注意。最後，主要戰力一舉北上，就能攻破盤岩宮，叫那幫狩獵者的基業玉石俱焚，再殺戰神和力神的性命，就能全然攻陷狩獵一族。」

幽搖頭：「海棠御史這方法恐怕不太妥當，泥沼澤地的鬼門關有大批狩獵軍鎮守，想突圍都很困難，要攻陷更是談

何容易？況且雲間道也有雪獸鎮守，可不是輕易就能滲透的軍防之地。」白雲齋跨出一步，迎上前說：「我覺得這招分兵定向有道理，大家確實應該要分匹出擊。」

崑崙搖頭：「不成不成！狩獵族的幻獸太過勇猛，尤其是雷鳥，四國盟軍若分匹突擊，兵力消減，豈不更為薄弱？況且軍力分散，若被敵人合攏圍攻，到最後全軍覆沒，那可真是束手無策！」白雲齋道：「四國盟軍並非烏合之眾，就算是冒著生命危險，我相信這番作為終究會勝利在望。況且論及軍情策略，以勢力來看，四國有八隻聖獸作為盾護，到時就算真打不贏，也能迅速撤到天山懸樓殿退守。」

雷烈忽轉個話題，詢問：「對了！昊兒，你那張軍符令牌呢？軍符令牌在哪裡？」雷昊掏出令牌：「爹！在這！」眾人詫異：「咦！狩獵者的軍符令牌？」雷烈接過令牌，解釋：「想必各位都已經聽說了，幾天前狩獵者曾經突襲過翠雲嶺一事吧？」眾人點頭：「嗯！」雷烈道：「當時錦那羅和乾闥婆逃跑時，不慎丟失一張軍符令牌，被我們撿到。這張軍符令牌是泥沼澤地和雲間道的通行證，只要擁有通行證在手，要潛入盤岩宮應該不難。」

嬋問：「你們打算使用令牌潛入，突襲盤岩宮？」雷烈答：「各位！若缺少令牌，要通行泥沼澤肯定很困難，唯有喬裝成狩獵族的模樣，使用令牌才能通關。」

雷昊替父親補充：「倘若四國盟軍願意先派遣人喬裝改面，假裝押著囚犯，使用軍符令牌潛入盤岩宮。待得守衛放人進城，再揮刀砍殺，控制關隧，就能讓其餘部隊趁虛而入。」崑崙點頭：「這招高明！」

白雲齋道：「假扮敵人前往盤岩宮，潛入之後立刻攻兵進城，縱火燒屋，再趁那混亂時候召喚四象獸出來殺敵。到時候全城大亂，就算狩獵族的援兵想再阻止，也是不能。雷烈！我贊同你這策略。」雷烈搖頭：「雖然潛入突襲之

計看來可行，但我並不打算使用四象獸、魌龍之火的力量攻擊敵人。」

眾人驚訝：「什麼？」雷烈解釋：「盤岩城囚禁了許多災民，我不願意見到冤血染刀的無辜貧民，倘若令牌潛入意味著使用聖獸的毀滅力量，把盤岩宮陷做死城，那這戰略寧可不要執行。」

崑崙道：「雷烈！你腦袋糊塗了嗎？你自己應該也很清楚，平時的盤岩宮防守嚴密，普通人要從正門進出，沒有軍符令牌根本無法通行。現在有這好機會能混入，應該趁這良機召喚四象獸攻陷盤岩宮才對！」雷烈道：「狩獵國境內，有許多百姓都是無辜遭俘貶做奴隸的，倘若隨意使用四象獸的力量攻敵，災民的樓房勢必被火焰燒成廢墟，我贊成使用令牌潛入，夾持首領就好。」

白雲齋道：「雷烈，你可千萬別忘記了！萬古神器和四象獸乃是四國的精神之柱。」雷烈堅定道：「沒錯！但是萬古神器和四象獸同時也是戰爭的精神之柱，我們豈能擅自使用神的力量來開啟戰爭和殺戮？」白雲齋搖頭：「如果四國沒有萬古神器和四象獸的守護，和平絕對無法維持，這個簡單的道理，難道你到現在都還沒有參悟嗎？」

雷烈嘆氣：「能推動和平的力量才叫做希望，萬古神器和四象獸的本意是消除天災，但是卻經歷了世代的遷變，成為人所畏懼的妖獸，甚至可能淪落到壞人手中，成為迫害他人的器皿。如果萬古神器屬於我們而非天地山海的，那就請將它和我們一起帶往另外一個世界去吧！」

白雲齋毅然道：「懲罰乃是伸張正義，要實踐理想就必須要有犧牲，速戰速決用靈獸攻陷敵人，目前看來才是最可靠的方法！」崑崙贊同：「俺比較支持白雲老兒的想法，要使用四象獸攻敵，將他們斬草除根！」白雲齋問：「嬋，妳覺得呢？」嬋答：「無論如何，只要能一舉攻陷盤岩宮，天山國都會全力配合。」

海棠問：「啟稟四位大人，雷烈大人所提議的戰略雖然高明，但使用令牌潛入可是極度危險之事，卻要由誰擔任？」風羌自告奮勇：「嬋大人！我願意去！」白雲齋道：「風羌御史，潛入盤岩宮可不是有趣的事，一不小心就會喪命。」風羌回答：「白雲郡主，只要尚有一絲氣息存在，我風羌就會盡全力保衛天山、保衛四國！」

嬋吩咐：「風羌，我需要海棠和你負責拖延住泥沼澤地的阻力軍，因此你不能去。」風羌忍氣吞聲：「遵...遵命！」白雲齋道：「負責潛入盤岩宮的密探，必須能屈能伸，應變機靈，還要懂得見機執行任務。」崑崙接話：「簡單來說，就是要手腳靈活，才能逃得掉敵人追擊。」嬋問：「那是該由誰來負責？」

刑天道：「我提議幽！」眾人觀望：「鬱樹國的幽御史？」刑天解釋：「以幽的身手而言，無論六韜三略還是十八般武藝，樣樣精通，由他來擔任最適合不過。」白雲齋點頭：「幽御史有應對狩獵者的經驗，他曾獨戰過帝釋天，相信將他擺在潛軍主力，應該是最為妥當。」

崑崙道：「那俺也提議刑天御史！」嬋問：「崑崙，你的原因為何？」崑崙解釋：「刑天御史的攻防速度快如疾風，他曾經獲得了四仙人瞬身術的真傳，四國境內無人能及，況且他也有應對狩獵者的經驗，若要負責潛入的秘密任務，俺最推薦他！」

嬋道：「現在有兩個密探負責這項行動了，還有人要提議嗎？」

笙道：「我也去！」白雲齋問：「雷烈，你意下如何？」雷烈搖頭：「笙，你不能去。」笙甚不服氣：「爹！為何我不能去？」雷烈解釋：「我需要妳負責鎮守神器。」崑崙笑：「看來雷烈果然心志堅決啊！寧可把如意風火輪放

在宮殿，也不使用嗎？」雷烈堅持：「翠雲國不會使用四象獸的力量傷害無辜百姓，我的決定不會改變！」

「爹！那這位置就由孩兒來負責吧！」雷昊緩緩走來，鎮定說：「為了除掉狩獵者，為了扶危濟困、替天行道，我願意接下這項任務！」場上肅靜，有翠雲國士兵高喊：「雷少主萬歲！雷少主萬歲！」

雷昊再鞠躬：「爹！三位大人！今日密會一事，若傳到了盤岩宮，勢必會讓狩獵者有所警戒，我們既然是冒著生命危險要攻陷狩獵國，就必須盡快行動，因此我雷昊願意接下這項任務！」

「且慢！」眾人目光驟聚，有個男子面頰微陷，撇了撇鼠尾鬚走出來，微笑：「雷昊少主，你這話未免說得太早，我們可還沒比劃過呢！」刑天驚詫：「魄狼御史？」

場上萬籟寂聲，侍衛圍觀湊看熱鬧，魄狼漫不為禮走了過來：「既然大家都是英雄豪傑，要選密探，就應該拳劍相會，各憑本事，否則憑一身武藝不打不識，未免叫人無法折服，不是嗎？」有蓬萊國的侍衛起哄叫：「魄狼大人說得有理！若要負責首要機密任務，須得各憑本事！」

翠雲國的侍衛不甘示弱，喊：「雷少主風度凜凜，武藝超群，若要挽救國難，勢必為最佳人選！」蓬萊國的侍衛不服氣道：「那就讓二位大人比劃，無論誰勝，大家自當封他為王！」

崑崙振臂一揮：「大家安靜！誰再講話，俺第一個砍了他！」雷昊臉色一沉，話鋒迴轉，對在場的群眾說：「要比武見高低也可以！我雷昊無畏驚濤駭浪，因為我已經學會了如何航行！」魄狼點頭微笑：「這個好辦！」

「且慢！」雷烈朗聲喊道，謙遜又說：「四國盟軍今天舉行彩雲峽大會，講究得是行軍打仗，可不是來惹起干戈爭

競的。若是因此鬧得大動刀兵，豈能好和呢？若是有人想執行這次任務，我兒雷昊也願意將責任交替給他。」雷昊驚訝：「爹！」雷烈吩咐：「昊兒！行軍打仗並非比武過招，有什麼事情回去說，不得再議！」

魄狼微笑鞠躬：「雷烈大人，我剛才胡亂頂撞未免無禮，只不過保禦疆土也是我魄狼的心願，況且雷少主威名遠播，我是好生企慕的。眼下只是希望咱倆能切磋武功，點到為止，並非殺敵，才會有此一說，若有得罪之處，還望雷烈大人和雷少主見諒。」雷烈點頭：「嗯！」

崑崙轉個話題，問：「白雲老兒，這人是新加入你們蓬萊國的光明御史？」白雲齋答：「魄狼御史是個人才，如今上任，還需承各位扶助。」嬋道：「比武事小，商議事大，四國盟軍的光明御史大多都是同輩，若論資歷，確實屬於幽最為資深。依我看，這次首要任務的負責人就由他來擔任吧！」雷烈問：「那左右輔助呢？」崑崙道：「不是決定讓刑天御史和翠雲少主來擔任嗎？」

雷昊的心中稍有不悅，只是礙於父親面子不好再辯，扮個胸襟契闊，說道：「崑崙大人！若是蓬萊國的魄狼御史想要負責這項任務，那肯定他已經勢必有勝算把握，今天大家來這商討策略就是為了打贏勝仗，若我不顧大局未免惹人閒話，不如就讓那位魄狼御史來接任務吧！」

言下之意顯然是見機收好，倘若沒打贏仗，自己翠雲國倒也毫無責任，畢竟那位蓬萊國的魄狼御史為了爭取出戰機會，光天之下不僅得罪自己，擺明就是和翠雲國鬧僵。眼下也不願為那一點虛言傷了和氣，不如把密探的工作交給對方，倒還輕鬆：「若是魄狼御史有興趣比劃，不如等狩獵族戰爭結束，我們再擇良日，比刀論劍如何？」魄狼對望一眼，點頭微笑：「雷少主乃是一濟人才，等戰爭結束，我們再另擇吉日，比刀論劍。」

崑崙朗聲宣布：「那好！那就這樣決定了吧？還有人有任何異議嗎？白雲老兒？雷烈？還是嬋？」三人均搖頭：「沒有。」

「四位郡主，請讓我也一同參與這項秘密行動吧！」一個陌生男子紫臉高顴，闊口短鼻，從人群之中走了過來：「四國戰爭準備開打，大家同在一艘船上，自當齊心協力議應對策。我也想要報建偉業，替人民做事出力，希望四位郡主能夠成全。」刑天心想：「咦！飛刀人想做什麼？」雷昊和笙均詫：「又是這傢伙？」

風羌喝令：「大膽！哪裡來的竟敢撒野？」鯀冷冷瞪視：「我不曾謀害你們，如今只想為四國效力，難道你卻反來絕言拒我？」海棠和顏悅色，壓低聲勸：「風羌，別跟他計較。」

崑崙問：「小子，你有啥建議，說來給俺聽聽！」鯀揖手鞠躬：「啟稟崑崙郡主！我從邊疆地帶來，對於北方地勢很熟悉，若是有我的協助來接替這項任務，對於你們的軍隊會有很大優勢。」嬋問：「你懂得打仗？」鯀道：「雖然我不懂得戰爭策略，但是耍飛刀的技術也算得一流，若是你們肯讓我加入戰爭，我會替四國盟軍爭一口氣。」

崑崙問：「俺憑什麼相信你說的話？」鯀解釋：「當初狩獵者突襲翠雲宮殿，我也曾在場協助過雷烈大人的軍隊，若是不信，刑天御史能替我作證。」崑崙轉身：「刑天御史？」刑天點頭：「他確實非敵是友。」

索性鯀與刑天的交情不錯，若非對方肯替自己講好話，否則憑一個陌生人能有多大影響？白雲齋眉間略皺，一言不發的安靜站著，崑崙、嬋和雷烈則想刑天也是個揚名四國的光明御史，因此不願隨意鬧僵，詢問：「白雲，你的看法如何？」白雲齋搖頭：「這位朋友既是刑天所帶回來，同樣也就是蓬萊國的貴賓。我會調查清楚來龍去脈，再向大家報告清楚。」言下之意，似乎有心撇清關係。

魄狼冷然一笑，走到鮌的面前：「既然你想獲得四位大人的青睞，那肯定有過人之處。我來斗膽領教，就請閣下先指點吧！」鮌點了頭兒：「好！那我恭敬不如從命了！只是比武過招若弄得大家不愉快，實在不值得。」

魄狼微笑：「點到為止便可，不必傷了和氣如何？」鮌抄出飛刀：「這個自然，只是兵器不長眼，難以提防！」魄狼冷冷笑，心想：「光說不打，自吹自擂有什麼用？嘿嘿…既然愛在嘴上佔便宜，那我便叫你當眾出醜，從此抬不起頭。」鞠躬回禮，踏步衝出：「好！看招！」

鮌潛神運氣，抄出五枚飛刀擲向對方：「滿天星雨！」魄狼不閃不避，手中抓一柄匕首照面旋轉，激風颷颷，彈飛暗器：「好！」鮌身形一竄，急往右滾：「再來！」魄狼見他又拋飛刀，青光微閃立刻舉起匕首抵擋：「嘿！就這點本事嗎？」
雙方勝敗難分，在場人群激烈歡呼。有人喝采擂動，嘖嘖稱奇喊：「魄狼大人萬歲！」

魄狼憑著一身武藝施展，匕首化作數道白虹，直戳敵人肩膀。鮌也不干勢弱，潛運內勁，雙手抄住飛刀反擊。二人瞬間拆上數十多招，魄狼的匕首愈揮愈快：「這傢伙是個勁敵，一時不稍打發，若繼續拖延，光明御史的顏面何在？」忽向後退撤，把匕首拋墜在地，從腰間抽出鐵錐叫：「看招！」鮌不敢大意，一見對方行動異常早有提防，向後急退：「想用外家兵器來折辱我？晦氣狗頭！」

這一避實在極險，索性方寸拿捏精準，否則給那鐵錐掃到胸口，免不得劃破幾道口子，又或者被砍個重傷。

魄狼瞇著眼笑，一見對方露出破綻，身形如銀蛇竄至面前：「看你能躲幾回？」抬起腳往肩膀下壓，鮌悶一聲，手臂運勁，抓住敵人的腳踝：「哼！」當下感覺對方腿力甚猛，想要掙扎，無奈敵人的右腳像鑄鐵壓住自己肩膀一般，紋絲不動。

鯀滿面通紅，氣得眼要噴火，眾目睽睽之下顯得狼狽，強忍怒色：「晦...晦氣...」眼看肩膀被對方的腳勁向下壓低，無論如何再受不了：「你...你...」斜剷背後兩眼，忽見刑天飛奔來幫自己，迅速抓住魄狼的腳踝，運勁向上一提：「魄狼御史！快住手！」

魄狼二話不說，瞬間退出人群，經過身邊時，湊在刑天的臉龐，附耳密語一句：「瞎了眼睛的東西！你朋友這種三教九流的底子，也敢來比劃？嘿嘿！狂妄聰明不過只是自作自受，若是傷了筋骨，最後可是自己倒霉。」

鯀受了他當面侮辱，臉色一紅，怒目相視：「晦氣狗頭好大口氣！我們再鬥一回！」刑天攔阻：「飛刀人！」

魄狼冷然一笑並未答話，心想：「多管閒事的兔崽子，倒是惹人厭賤。」在四國盟軍前也無心與人強掙對擂，把鐵錐一撇，轉身離開。
刑天曉得對方有心挑競，壓住鯀的肩膀，低聲吩咐：「對付小人，不須跟他以君子正面相衝，只怕誤中詭計，吃了苦頭！」
眼前輸在場上顏面何存？鯀的手勁極大，握在掌心的飛刀捏的扭曲變形。但想敵人只稍出幾招就能攝人威勢，差點兒把肩膀都給廢掉，當下也看清楚自己並無勝算把握，就算有飛刀在手，還是被逼得章法大亂，對方無疑是個一流高手：「可...可惡...」
魄狼乃是白雲齋所按立的光明御史，才剛接任職務不久，因此在場許多侍衛都不曉得這人究竟是何方神聖，見他一出手就逼得敵人撤械認輸，顯然是胸有成竹，早就盤算好了剋敵之策。

魄狼從身畔經過，相去不過半寸，又對刑天說：「嘿！旁門左道的三腳功夫！誰若是做了你朋友的徒弟，誰禍貽子孫。」刑天道：「大家都是來彩雲峽商討策略的兄弟，何必要這樣傷和氣？」

魄狼陰森森笑：「刑天御史，日後再敢攔阻，別怪我對你的朋友不客氣了！」刑天故意放開嗓門：「大家都是來彩雲峽聚議的盟友，在場之人依情依理，豈能單憑一面之詞，就容你無端鬧事？」

雷烈、崑崙和嬋鑒貌辨色，心下疑想：「怎麼突然之間戾氣大作？」
白雲齋一直沉默不語盯著三人看，為了避免部屬煽動內亂，稍一招手，阻止：「刑天！魄狼！停手！」

刑天屏氣凝神：「遵命！」魄狼見機迎合，露臉微笑，趨承說：「白雲大人，各位英雄千里迢迢遠涉各國，來這參與戰略，都是有心為百姓做事的。我只不過是想試試這人膽識，看他是否真的有心打仗。」

白雲齋相貌端嚴道：「四國勢危，狩獵族不斷侵犯邊疆，今後大家相互扶持，齊心協力驅剿敵人，方能安穩，四國盟軍合併若是再不同舟共濟，那麼合營之舉也不過是個虛名而已。刑天和魄狼！你們不可繼續爭吵，從今天起休分彼此！」
魄狼向週圍鞠躬揖拜：「是！」刑天也無加害之意，心中思索：「日後須把這傢伙和飛刀人支開，免得多生事端。」魄狼迅速從身旁掠過，冷笑：「刑天御史！可要警惕你的朋友行走江湖需小心謹慎，待人處事不當，可是會白送性命的！」鮌心想：「哼！這人奸邪狡猾，若非我孤單勢寡，肯定殺他個晦氣狗頭！」

白雲齋對望一眼，問：「刑天御史的朋友，你真的有心想為四國戰爭出一份力嗎？」鮌道：「白雲郡主！世人眼光淺短，汲汲名利，生前富貴草頭露，身後風流陌上花。無論什麼虛浮榮華，皆是過眼雲煙，全都會像花草枯萎凋落。我不求平淡度日，只希望能夠轟轟烈烈的經歷人生！」

放眼望去，群眾鴉雀無聲，白雲齋點了點頭，對雷烈、崑崙和嬋道：「不如也讓他接派密探任務，在前鋒引路，三

位意下如何？」雷烈問：「白雲，這樣決定可妥當嗎？」嬋道：「既然他對盤岩宮附近的地勢熟悉，如果有人引路，豈不是輕鬆許多？」白雲齋問：「崑崙，你的意思如何？」崑崙搖頭：「俺沒意見。」雷烈疑惑：「要給他安插什麼位置？」

嬋道：「接派密探職務的，分別為幽御史、刑天御史和魄狼御史，如何安排隊伍比較妥當？」崑崙道：「這傢伙既是刑天御史的朋友，俺覺得不如就把他倆湊成一組吧？」白雲齋道：「其實我有個想法。」雷烈點頭：「請說。」白雲齋解釋：「刑天長年跟隨著我，但是魄狼長期在外執行任務，最近才剛按立成為蓬萊國的光明御史，因此我希望他倆能夠一起接派任務，訓練團隊默契。」嬋道：「意思就是說，要把這位烈士和幽御史湊成一組？」白雲齋問：「崑崙，你意思如何？」崑崙答：「怎麼樣都好，俺沒意見！」

雷烈再問：「那就這樣決定了？密探潛入盤岩宮的任務，分別就由幽御史、刑天御史、魄狼御史和這位鯀烈士來執行？」
眾人均是老練之徒，也曉得在戰爭時刻必須先拉攏一流高手歸附麾下，其餘的日後再談，因此破例讓鯀參與了這項任務。當下皆無半句異議，軍心大振，鼓聲吶喊：「消滅狩獵族！四國萬歲！」

眾士兵歡欣大呼，魄狼雖然稍有不悅，畢竟自己也是專好趨承的，自是大力鼓掌。

鯀走到雷烈面前，行禮鞠躬：「翠雲郡主，如果我能活著歸來，請您肯定我的能力！」雷烈點頭：「祝你好運！」

白雲齋轉個話題，說道：「密探需要潛入盤岩宮，肯定會遇上危險，到時候我會將召喚蟠蛟的混天乾坤圈交給刑天保管，以備不時之需。」崑崙點頭：「白雲老兒，俺也授權給幽，他會負責保管鋼鐮刀，以便危險時能召喚天靈獸

168

鴾鳳凰，支援盟軍。」嬋對眾人說：「四國盟軍的營隊需要合併，一鼓出征蕩平狩獵族，必須及早行動，免得錯失良策。」崑崙點頭：「嗯！俺也覺得大夥兒應該盡速排成旗鼓的陣勢，整點軍馬往北方進攻，切勿折了良辰！」

四國軍隊準備就緒，排排跪下，情景壯觀。眾侍衛情緒激蕩，心裡發願準備出戰，誓與狩獵族拼個你死我活。刑天和幽分別按立授了特權，接管混天乾坤圈和鐧鐮刀兩柄萬古神器，以便攻城之時能夠召喚聖獸蟠蛟和鴾鳳凰，支援軍隊。雷烈、白雲齋、崑崙和嬋商討片刻，調定人數，浩浩蕩蕩前往天山懸樓殿出發。

第八章 狩獵之戰的前夕

眼前的彩雲峽煙霧朦朧，天和地的盡頭處都望不見，各國軍馬四路併列，依次先後走個淨空。眾人搖旗吶喊，打算在天山國的邊界預設伏兵，全副披掛，準備駐營。

天山懸樓殿馳名天下，在四國境內有『雪中第一名勝』之稱的美譽，龍磐虎踞的地勢由熔漿噴蝕，被雪覆蓋，冷凝成虎毛花斑的流紋岩。到了夜晚，四國盟軍在山邊駐兵，火光把天山照得一脈通紅，侍衛解甲安睡，燒旺的柴草發出霹霹啪啪聲響。

刑天依著岩壁盤坐，用石塊磨尖鐵錐，暗想：「不曉得幽那邊準備得如何？」當下沉默不語，心裡正想著事情，卻見明鏡走來：「刑公子，還不睡覺？」刑天搖頭：「我睡不著。」明鏡在身旁坐下，抬頭望著夜色道：「刑公子，你快看這些星星...」刑天抬頭見天上高掛一輪明月，瑩徹如鏡：「真是漂亮。」明鏡點頭：「嗯...」

天空的星斗多如海沙，忽一陣晚風悠悠吹來，從二人臉頰輕柔飄拂，明鏡忍不住打個哆嗦，刑天見狀，脫了外衣披罩在肩膀：「夜靜了天氣總會變冷，妳到底還是先披上一件大衣好。」

天上一線月光透下，繁星點點，雲霧罩得月淡星稀。二人倚在岩壁觀望，明鏡畏縮著身，緊把大衣裹住肩膀，仰起頭看，忽見晚風把雲煙吹得全無蹤影，天上隱隱一條薄霧橫越天際，仿佛呈現出朦朧霧橋。她睜大一雙俏花眼兒，凝視那薄霧，喃喃細語：「刑公子...」

刑天好奇問：「嗯？什麼事情？」明鏡茫然問：「相傳遠古時代，有兩個神仙，他們被分隔在彼岸兩端，每年只有在七夕才能經過喜鵲橋相會。倘若其中一端的橋樑被蓄意破壞，他們倆還能再度見面嗎？」刑天沉默無言，暗想：

「明鏡姑娘為什麼突然這樣問我？」搖了搖頭：「橋樑建造的原因，是為了要帶領人到達彼端去，倘若鵲喜橋被破壞了，豈不只能失望而歸？」

明鏡解釋：「小女子總是覺得...夜晚的月亮最是孤寂的，因為天上只有一輪月亮，卻沒有一雙月亮，所以總是讓人感覺到它的孤獨和悲傷。因此每常我抬頭看時，總會想起娘親和明月，心中更覺孤單...」

刑天見她的臉色浮現一絲恐懼，隱約也可猜到對方心意，伸手去拂臉頰：「明鏡姑娘...不管天上正下著多大的滂沱雷雨，但妳總別忘記幽告訴過我們的話，在雲彩後面，蘊藏的是溫暖陽光。你可還記得幽曾帶我們去過的地方嗎？若是當初只因為看見狹窄蔭谷就畏縮，又怎麼能進到絕谷後，那座有如天山仙境一般的彩雲花谷呢？」

明鏡聽了這話，心裡忽感覺安慰許多，儘管處在黑夜也變得不像先前那般恐懼，臉上表情如釋重負，露出笑容：「刑公子說得有理。」刑天望看她一眼，在月光照映下更添柔俏，心裡隱約感覺有種眷戀之情。

二人正望月亮發獃，忽感覺背後有人走來：「沒有仙橋，深淵和絕谷隔斷了路徑，就無法抵達到對岸。但我相信！在愛之中沒有恐懼；愛既完全，就將恐懼除去。」刑天和明鏡回頭一驚：「幽？」、「是幽公子？」

幽輕拍二人肩膀，安慰：「人生下來，多少英雄豪傑該富不富，該貴不貴？或許幾十年後，風水輪流一轉，貧窮的人經商立業，自有富貴大享大受。眼前的迷惑和痛苦算不得準，明鏡姑娘，妳今日的處境全然關係時運，也別因為這點挫折，就把自己輕易放棄了。」

明鏡柳眉一豎，咬緊牙道：「幽公子！這仇恨的世界充滿了戰爭，和平是什麼，小女子想知道。你打從出身就有好的地位，生活富裕，怎麼能體會到我們這種平民百姓的心

情？」幽答：「明鏡姑娘...妳的經歷很痛苦，因此怨恨別人也是值得同情的，但若妳能懷著寬恕的心，將比任何人更加高貴。一個國家能否富蔗，肯定是要花費心力經營的，若是百姓只顧家財，君臣只求名利，這個國家如何能夠興盛呢？人若孤立自己，獨善其身，那麼這個黑暗的世界，將要等誰去發光呢？我參與光明御史，不是為名也不是為利，純粹只是希望能為四國盡一點心，如此而已。」

明鏡嘆氣：「唉！良禽擇木而棲，哪處有好的地方就該擇良哪處，往好地方去。但也因此大家都遷居那地，左遷右移，最後連好的地方也變壞了。」刑天道：「嗯！幽！你說得不錯，國家興亡的勝敗，可不只關乎各人奮鬥，而是整個四國的責任。」幽道：「你們要謹慎自守，免去一切的貪念，因為人的生命不在乎財產豐富。」

明鏡嘆口嬌氣，心裡暗想：「唉！想安慰一個人卻沒有體驗過她痛苦的經歷，是很困難的...蒼天在上，但願公平如大水滾滾，公義如江河滔滔...」幽望著天空：「二位別擔心！我相信！這次將會是最後一戰，四國距離和平的日子不遠了！在充滿遺憾地方，仍然需要勇於期望，在充滿絕望的地方，勇於夢想！只要堅持不懈，期待的理想便能實踐，我不願在自己的生命中做一名過客，我會努力構築和平，二位也要跟我一起努力！」

刑天見他的背影豐姿魁碩，心中一凜，興奮道：「幽！自從我按立為光明御史之後，就在蓬萊國接派任務，從未有機會多認識同道中人。我和你一見如故，不如我倆結為金蘭兄弟，如何？」幽拍了拍肩膀，微笑：「刑天御史！這個甚好，那我不就多了一個結義兄弟？」精神大振，站起來說：「刑天御史！天山這邊地勢空曠，我倆去山頂結拜！」刑天歡喜道：「好！」離開岩石，踏步走上山坡。

幽對遠處帳篷的士兵呼喚：「給我弄兩碗酒水來！」

172

刑天和幽敘了年歲，在山頂舉碗向天拜了幾拜，分別飲盡，誓道：「皇天在上，後土在下，我鬱樹國的光明御史幽！今日與蓬萊國的光明御史刑天義結金蘭，日後有福同享，有難同當！」刑天也把清酒飲盡：「皇天在上，後土在下，我蓬萊國的光明御史刑天，今日與鬱樹國的光明御史幽義結金蘭，日後生當同樂，死當同葬，有福同享，有難同當！」

幽比刑天大了四歲，理當是兄長，二人在山頂飲盡酒水，衣襟均被淋個濕透。他們滿心歡喜結拜完畢，明鏡在旁觀看，幽伸手搭住刑天肩膀，說道：「朋友所加的傷痕出於忠誠，敵人就算握手都是出於詭詐之心。刑弟，現在開始我們就是結拜兄弟了！從今之後若有言語不合意之處，要盡量多提，否則悶在心裡變成誤會，倒失我二人兄弟之義。」刑天滿心歡喜，點頭：「我明白了！」

幽聽他說得情詞懇切，勾肩搭背道：「走！我們去帳篷內喝幾杯！」

傍晚滿山燈火，漫天雲幕遮蔽了月色，另外一端，有個女子正在武場練功。那人身穿露水裙，腰順風轉，勁風挾著鐵錐擲去，地上兩列燭香整齊熄滅。仔細一看，原來竟是翠雲郡主雷烈的女兒，笙。

鯀沿路經過，走向前去瞧個究竟：「自己一人在這練功？」笙氣貫滿盈，手握鐵錐回過頭看：「是你？」鯀奮力一跳，躍到面前：「其實妳也很想參與這次的密探行動吧？」笙把手中鐵錐一揚，架在對方脖頸：「你到底想說什麼？」鯀用飛刀抵擋，兩柄利器在半空中旋轉，噹噹彈飛，割斷了帳幕布篷，繩斷線落：「妳做好覺悟了嗎？」

兩柄斷裂的利器筆直墜落，勁力之處硬生折碎，插在土中。笙纖腰嫋娜，一雙杏眼盯著對方看：「我會替父親守護好萬古神器的！」鯀笑道：「翠雲公主的功夫好厲害，竟然連我的飛刀都能斬斷？」笙冷道：「我最拿手的可不是

投擲暗器，我使用的掌心雷才是真功夫，在翠雲國境內如雷遠聞，一旦爆開會炸得你皮開肉綻，轟天雷的威力更是猛烈，你想嘗試看看？」

鰷納悶：「有見識的人，就不輕易發怒，妳是在氣我之前打贏了妳？」笙一時氣惱，臉色顯得有些不悅：「上次在翠雲國的時候，我和你過招，當時是我輕看了招數，不慎中你詭計才會搞得真氣耗盡，吃個大敗。若非是你百分僥倖，翠雲國的武技豈能輸呢？我現在要慇懃練功，待得戰爭結束，再找你討回公道！」

鰷嘆一口氣：「勝敗乃兵家常事，妳何必計較太多？」笙悶悶不樂，搖頭：「有些事情外人是不會懂的，若是我不扳回一勝，豈不丟盡爹爹、哥和翠雲國歷代先祖的顏面？」鰷回答：「人生下來，多少英雄豪傑該富不富，該貴不貴？或許幾十年後，情勢一轉，貧窮的人享受富貴。眼前的事可算不得準，人生的處境全然關係時運，每件事最後都會是好事，如果不是好事，說明還沒走到最後。」笙瞥一眼道：「人是真的，情是假的，聲音是真的，說話是假的，求神是真的，敬神是假的，你欣賞的人不欣賞你，就算全世界的人都欣賞你的才能，你也會感覺到孤單吧？」

鰷曉得對方是在暗喻自己被雷烈拒絕了加入光明御史的行列，當下雖然稍不順意，也不願與之爭競，沒想屈強她道：「那好...妳自己身體保重，待得戰爭結束，我倆再來鬥過一次。」笙目送對方的背影遠遠離開，抬頭望向月光，心想：「不曉得爹爹和哥在做什麼？」

樹林冷清，一輪明月透射下，交輝燦閃。突然有陣寒風從頭頂吹過，地上幾片殘花落葉微微顫動，被那冷風捲入空中，吹到雲裡。

落葉順風飄蕩，天旋地轉，在茫茫雲海穿梭不定，幾乎要吹不見。索性頓時樹靜風止，幾片殘花落葉墜到古林，山中清水寧靜，溪泉濕漉漉的流過，白雲齋站在樹下，舉止

飄然道：「雷烈，翠雲少主生得斯文一脈，既是善寫文章又精通武藝，足可說是文武雙全。這般才子天下哪裡找？真是恭賀你調教有方。」

雷烈謙遜一回，聞言笑說：「白雲兄，咱倆認識這麼久，還說這等客套話？」白雲齋再度揖禮：「哪裡是客套話？雷烈你別這麼說，我白雲一字一句發自真誠，說得可是事實。」

雷烈見對方始終微笑露臉，話鋒一轉，又問：「白雲，你真的認為使用四象獸和萬古神器的力量來擊敗狩獵者，這個做法是正確的嗎？為何當初你要那麼堅持？」白雲齋答：「處事不當可是會不慎送命的，四國百姓的性命要緊，若是不使用萬古神器，對於這場戰爭，我們可是毫無必勝的把握。」

雷烈曉得對方乃是雄心萬丈之人，又說：「我覺得老祖宗創造了萬古神器，這本意原先是好的，只不過我們為了攻打狩獵一族。若為此使用四象獸的力量，無端傷了不相干的百姓，那麼這場戰爭可說是毫無意義，自與老祖宗治國平天下的理念背道而馳了！」

白雲齋回答：「雷烈，我並不喜歡鬥爭，可是四國邊境的戰亂似乎不見平息，甚至愈來愈糟，如果真的再無人挺身制止，無辜百姓只有受罪的份。和平不是靠著運氣就能獲得的，不能靠等待，只有靠爭取！若想要改變四國，帶來和平與希望，墨守陳規是毫無用處的。在戰爭之中，任何延遲都是危險，唯有靠著四象獸的力量先發制人，我們才有絕對的可能，打贏這場勝仗。」

雷烈點頭：「若想要改變四國的境況，墨守陳規是毫無用處的，這個觀點我同意。但重要的不是誰對，而是什麼是對的，我認為促使人使用萬古神器的動力，並非罪惡乃是無知。」白雲齋心想：「哼！因循舊守的人學不會向前邁步！」當下強忍怒氣，勉強擠出笑容道：「這次的四國大

會，在場的全都是翠雲國、天山國、蓬萊國和鬱樹國的人，有大半數也是屬於雷烈兄你的軍隊，少數服從多數，使用四象獸和萬古神器是大部分人的意思。既然都已經決定的事情，怎麼這話題還再提起？何必要傷和氣？況且…你也是參知政事的，如果不使用萬古神器的力量，這場戰爭叫大家該怎麼打？翠雲國成千上萬的士兵，只要由你金言一允，派出如意風火輪支援前線，戰亂的禍事就能夠一勞永逸。我相信翠雲國的百姓各個都是深明大義之人，難道你不願意一同興旺老祖宗的基業？」

雷烈相貌莊嚴，道：「這個天下，戰爭和動亂不斷，許多無辜百姓被害死了性命，叫我心裡如何能夠平安呢？唉！人之受命於天，不可負天之命，郡主若要賢能治國，誼同與百姓一體，四象獸和萬古神器卻潛藏著毀滅性的力量，世人為了爭奪這八柄神器而引發戰爭，我們卻為了討伐狩獵者而使用這股力量，這與別人有何不同？咱們身為四國之首，就應該遵守尊重生命的道德與規範，以愛人之心為萬物根本，以信和為貴，以令牌潛入制敵，而非使用四象獸的毀滅力量連累到無辜百姓的性命。」

「雷烈郡主，請容我魄狼說幾句話，論及現實，將這戰亂的情況與天下百姓相比，您靠著自己的本領，而不使用四象獸的力量，真正能殺掉幾個狩獵者呢？」遠處突然有個男子走來，原來竟是魄狼，他胸藏韜略，再繼續說：「所謂的國家，就是周圍以疆界環繞的地域，這世界上沒有真正的和平，所謂的盛世太平，是認清自己國家的限度，而安逸於其範圍之內。」

雷昊見有人竟突然出現，又打斷了父親和白雲齋的談話，當下心中有氣，登時怒形於色：「哼！不需要依靠四象獸和萬古神器的力量，我們翠雲國的人也能無懼風浪，因為我們早已學會如何航行！你若不信，有本事就先與我決鬥一番！」魄狼存心要刺激對方，見他發怒，冷笑：「翠雲少主何必動怒？」

雷烈喝道：「昊兒！在外人面前不得無禮！」白雲齋也阻止：「魄狼！」

雷昊望了對方一眼，見那說話的光明御史氣焰囂張，心中不悅，為了大體著想也不好在開戰前夕與蓬萊國的關係弄僵，強壓怒氣道：「是！」

魄狼微笑以對：「翠雲郡主、翠雲少主，請恕我魄狼是個直腸子的個性，天底之下，沒有遠慮必有近憂，對付敵人，不須跟他以君子正面相衝，只怕中了詭計，大吃苦頭。自古以來便是勝者為王，敗者為寇，若是依靠四象獸的力量，就能輕易贏得這場戰爭，就算要犧牲掉幾百萬災民的性命，那又有什麼不妥當呢？」

雷烈沉默半晌，說道：「上蒼有好生之德，一般的人卻是心中只想報仇，殺生害命不是解決問題的辦法，只會引出更多的天災人禍罷了。四位老祖宗創立了四國，並且樹立自古崇仰的品德觀念，我還是和先前的那句話一致，重要的不是誰對誰錯，而是什麼是對的，通往和平的道路只有一條，就是寬恕。」

魄狼見機收好，笑了笑不再說話，另外一端，雷昊曉得父親一直期盼不動用到四象獸的力量就能討伐狩獵者，眼前雖不至於聯想不到戰略，畢竟一時之間卻也籌不出什麼必勝之策。當下就算無論如何總嚥不下這口氣，更不願在此繼續爭論，行禮鞠躬道：「白雲大人！爹！您兩位慢慢聊，我不叨擾，先回去了。」白雲齋拱手回禮：「失陪慢走！恕我不送了，你先好好回去歇息吧！魄狼！你護送翠雲少主離開。」

魄狼也不推諉，微笑：「翠雲少主，請跟我走。」雷昊強忍怒氣，點頭：「多謝！」魄狼的全身儒服打扮，向對方躬身一揖，微笑：「不會。」

情景轉到另外一端，抬頭可見夜星閃爍，夜鳥輕啼，山的北方是連綿不絕的懸崖。樹林中寂空月照，四條人影映著

池塘左搖右晃，嬋臉色肅穆，風羌和海棠守護在旁，凝神半晌，崑崙忽開口說：「等到戰爭結束，俺想帶著女兒離開這個是非之地，回到鬱樹國隱居，研究煉鋼鑄劍之術。」嬋問：「你不在乎萬古神器了嗎？」崑崙回答：「若有空閒，俺希望能專心研究鑄劍術，傳說在這世上還有第九柄萬古神器的存在，而這第九柄萬古神器是融合四象獸的關鍵，俺要找出它的秘密。」

嬋描述：「傳說在很久以前的洪荒時代，有兩個大神爭奪天地，地繞黃道每六萬六千六百六十六年，世界必會遭受空前浩大的災難。那個時候，冰洋極海的積雪被烈焰融化，形成無數川流，萬畝方圓的地域也被汪洋淹沒，天傾地陷的巨災一觸即發。四位仙人遵照天象經緯的指示，收集靈珠，使用這力量來扭轉人類榮枯興衰的契機。他們將淬煉出的幻化靈珠鑄成八柄萬古神器，並且先後創立天山國、蓬萊國、鬱樹國和翠雲國，為天下百姓樹立了萬世典範。傳說這世上還有第九柄萬古神器的存在，而這第九柄萬古神器的傳說，究竟是真是假，卻沒人曉得。」

崑崙道：「俺已經調查過了，據說這世上第九柄的萬古神器叫四象寶環，它乃是融合四象獸的關鍵，同時也是開啟災難之源的鑰匙。」嬋點頭：「但那只是一個傳說，是真是假沒人知道。無論如何，若是四象獸真的能夠八合為一，肯定會鬧得天下大亂。」崑崙回答：「據說日光在天為月所掩，日光繞地為地所隔之時，就是月蝕和日蝕之象出現之際，可將萬古神器的靈珠放置在四象寶環之內融合。等到戰爭結束之後，俺希望能夠在山裡隱居，全心全意投入研究，解開這個謎團。」

嬋問：「全心全意投入研究？你不打算在鬱樹國的境內駐守兵力了？那樣豈不危險？如果有敵人來偷襲，該如何預防？」崑崙道：「鬱樹國原本是河流的沖積平原，遠古曾有洪水氾濫，破壞了臨近的農產物，造成災禍。其實俺已經派人正在這土地上建造巨塔，也把地下鑿開一條大河，

利用水運通訊士兵。」嬋點頭：「嗯！但願戰爭能夠早日結束！」

崑崙反問：「那妳打算怎麼做呢？雷烈把一隻四像獸託付給妳，現在四國盟軍就屬妳的戰力最強大。天山國同時擁有三柄萬古神器，力量太大，恐怕會引起臨國百姓的不安。」嬋答：「等到戰爭結束，我會差派人將其中一柄萬古神器埋起來。」崑崙問：「哪一柄？」嬋道：「捆仙繩。」守候在旁的風羌和海棠驚訝：「嬋大人！您打算將捆仙繩塵封地下？」

嬋點頭：「捆仙繩所召喚出的聖獸乃是玄冥龜，牠號稱海中之王，若是淪為敵人利用，恐引發巨浪海嘯。」海棠和風羌立時醒悟：「嬋大人是擔心天山國發生洪水。」嬋繼續解釋：「長久以來，住在天山的人都不識水性，因此對海有種莫名恐懼，恐怕不會願意讓玄冥龜留在懸樓殿內。」崑崙點頭：「這個俺能體會。」

「爹爹！」一個女孩披著灰鼠長襖，奔跳嘻戲跑來，琅琅唱道：「城門城門雞蛋糕，三十六把刀，騎白馬，帶把刀，走出城門滑一跤！」

眾人回過頭看，崑崙喚：「小桐兒？」梧桐蹦蹦跳跳，迫不急待輕盈奔來，雙手緊抱，一頭伏在父親懷中：「爹爹！您在這邊做什麼呢？」崑崙對這女兒愛如珍寶，輕輕摸了額頭：「俺在和嬋郡主商談重要國事，妳怎麼會來？」

梧桐指著遠方走來的保鏢說：「帳篷又悶又熱，我不想待在那邊，就叫叔叔帶我來了。」千戶長倒身下跪：「啟稟大人，小公主想要見您，屬下唯有帶她來，才好對小公主有個交代。」

崑崙一聽就曉得女兒倔強，肯定是保鏢呦不過她，無奈搖頭：「妳又麻煩人家？」梧桐烏溜溜的眼珠子盯著看，嘟

179

嘴撒嬌：「人家哪有！」搖頭含糊應了一句，蹲在地下，用樹枝畫圈圈兒。

嬋、風羌和海棠斜裡瞄了幾眼，見那小女孩粉繡衣衫，頭上綁兩根細細長辮垂至肩膀，服裝配搭清新脫俗。梧桐櫻口桃腮，一對烏漆漆的眼珠子溜著三人呆看。這時初來相識，不發一語望了幾眼，又將視線轉開，只顧用樹枝在地上畫圓圈。

樹梢上夜鳥輕啼，空中浮雲飄得甚快，嬋轉個話題，對眾人說：「崑崙，眼下時候也不早了，不如大家先去歇息，有什麼事情明天再說。」崑崙對保鏢吩咐：「先帶桐兒回去帳篷，俺待會就來。」千戶長三揖鞠躬，謙遜告辭：「崑崙大人！嬋大人！您二位慢慢聊，小的不叨擾了。」嬋點頭：「失陪慢走。」

海棠滿腹心事，問：「嬋大人，到時候風羌與我負責應付泥沼澤地的鬼門關，那地方恐怕會有許多伏兵，作戰陣型該如何搭配？」嬋道：「海棠，依我推測，狩獵族應該會各派一個符爆師和幻獸師鎮守泥沼澤地。到時候我要妳控制土象獸白尾麋、風羌控制水象獸玄冥龜，你們二人仗著地形優勢抵擋敵人，讓白雲齋和崑崙的光明密使有機會潛入盤岩宮，進行突襲。」風羌問：「嬋大人！您要將玄冥龜交給我來掌控？」嬋微笑：「你有信心應付得來嗎？」風羌恭敬道：「嬋大人！雖然風羌曾練習如何駕馭玄冥龜已經有兩年時間，但都一直沒有太大進展。」

嬋沉思：「唉！捆仙繩所召喚出的玄冥龜，號稱是海中之王。長久以來，我們天山國的人都不識水性，對海有股莫名恐懼，要找到真正能駕馭玄冥龜的人少之又少，若是你沒這個天賦，我也不會責怪你的，但只盼你別把它弄丟，落在壞人的手中了。」風羌鞠躬下跪：「從現在開始，我會更加謹慎！嬋大人所吩咐要保護好的東西，風羌勢必堅守到底！」

嬋點頭：「風羌，將玄冥龜留在天山，恐引發巨浪海嘯，如今這全是為了戰爭需要，所以我願意將海靈獸暫時交託給你保管。」風羌道：「嬋大人慨然週濟、愛民如子，所以風羌才會不計代價，忠誠賣命！」嬋笑容可掬問：「你為了戰爭甘冒此險？」風羌回答：「如果只為了這點小事，便輕易龜縮，不如打包行裝，返回天山懸樓殿吧！」

嬋側轉過身，走下斜坡：「既然如此，你們兩個就趕緊回帳篷歇息吧！明天一早，四國盟軍就要擇個良時，往北方的泥沼澤地出發。」風羌點頭：「遵命！」

當下二人目送郡主遠遠離開，身旁的海棠忽然開口，喃喃囈語道：「在野火戰亂的年代中掙扎生存，無論走到哪裡都是一團黑暗，奸盜者將搶來的婦女剝了衣裙，任其辱受姦淫荼毒，惡霸劫奪良人產業，燒殺擄掠。就算雲端上有陽光，但雲底下的會是什麼呢？」

第九章 鬼門關

清晨一早，樹林中有雀鳥受到驚嚇，噗啦噗啦拍振翅膀，從天邊飛入雲端。山上歡聲雷動，侍衛吹哨喝采，相隔間許多士兵從容拜地，盛況非凡，鼓噪聲響徹雲霄。當中在場的唯有明鏡表情肅穆，一言不發站在中間。恐怕是刑天堅持要去，她擔心對方安危又勸說不過，因此才會顯得牽腸掛肚。

刑天走來，輕輕觸摸她髮辮，安慰：「明鏡姑娘！我刑天不是冷血無情之人，只不過這場戰爭關乎全四國的百姓，因此我非得要去。」明鏡無精打睬，點了點頭：「嗯…」刑天輕拍她肩膀，鼓勵道：「明鏡姑娘，妳面貌美極了，笑個樣子給我看看如何？」明鏡打起精神，勉強堆個笑容：「嗯…」

刑天微笑：「明鏡姑娘，妳若有什麼問題就儘管跟我說，悶在心裡亦非暢事，不如這樣吧！戰爭結束之後，我凱旋而歸，專一做妳的丫鬟服侍妳。妳若向東走，我就跟著往東去，妳轉西行，我也跟在後面，就算要隨意使我喚我，也都行呢！妳瞧這樣如何？」

明鏡被逗得破涕轉笑：「刑公子，你也撲粉化妝，打扮個丫鬟的模樣嗎？」刑天微笑：「哎喲！明鏡姑娘，妳太抬舉我了，我可沒這能耐，要我打扮成丫鬟的模樣，不男不女的，叫人看了極為可怕！」明鏡噗嗤一笑：「刑公子，你說話真沒正經，講三兩句又要胡鬧。說得這麼勉強，倒像是我佔你便宜一般？我與你非親非故，可討不起這麼一個伶俐丫鬟。」

刑天見她笑逐顏開，點頭微笑：「那麼…妳自個兒保重了！」明鏡終於再不指望，緊咬著嘴唇兒，點了點頭：「嗯…刑公子…」說著，轉頭又望著幽說：「幽公子，你們二位安心去吧！小女子有個請求，他見的世面沒您多，一路上

請您多多看顧刑公子。」幽點頭：「我會的！」明鏡哽咽一笑：「戰場上動蕩不安，你們去到北方，可要自己小心保重！」

有的侍衛拍手高叫，大家掌聲擂動，鼓舞喧鬧。

刑天回頭望了明鏡一眼，似乎有些割捨不下，鯀走過來，在耳邊輕聲說道：「刑天御史，情人像是一面鏡子，從裡面你可以看見自己的樣子，即使這份情愛只給你帶來憂愁，也要學習信任著它。」

刑天脖子一熱，臉色發紅：「飛刀人，你在胡說八道些什麼？」鯀似笑非笑：「別只顧著彼岸的彩虹，偶爾也要注意一下身邊的花兒，如果有個姑娘能把你看透還深深愛著你，就請好好珍惜吧！」講完，踏步先行。

幽突然招了招手，在遠處喊：「刑弟，我們走吧！」刑天驚慌：「嗯！來了！」

幽走向前，穿越人群，從崑崙手中接過令旗揮霍，臉上顯得格外風光，抬頭挺胸道：「四位郡主請放心，我們會安全歸來的！」說著，引領刑天、魄狼和鯀依序排列，揖禮：「目下暫且請大家保重，我們四人會盡速潛入盤岩宮，引發騷動的！」

且看遍山到處都插滿旗幟，離此不遠，山中的雀鳥振翅高飛，有烽火沿著半山傳達，四國聯盟的軍隊陸續都準備好要作戰。刑天把嘴湊在同伴耳邊，低聲問：「幽！時候不早，我們快啟程吧！」

幽曉得這個義弟忠心耿耿，素來便是朝夕護持的，點頭應：「嗯！」魄狼在旁冷笑：「戰爭與和平的事情是很容易分辨的，日後若是戰爭平息，誰叫誰揚名天下，肯定會有金銀犒賞，大富大貴，興旺基業。」

幽和刑天曉得對方是暗指自己貪圖官爵，才肯為著軍隊出任務，刑天從沒受過如此大辱，無論如何總嚥不下這口氣：「你胡說什麼？」幽為了大體著想，不願生事，扯住肩膀喚：「冷靜！」

刑天的臉上稍微變色，隨即平緩：「魄狼，你既是參知政事的，就不該虧自己人的士氣，胡言亂語，這場仗叫大家該怎麼打？」魄狼笑：「你既是辨識明理之人，就不會輕易聽信謠言吧？」

魄狼沉鷙多謀，刑天素來不喜悅他的個性，只不過看對方的年紀比自己稍長，也不好隨便得罪：「等戰爭結束，我們再來分個清楚。」魄狼微笑：「若論武藝，我雖可輕易取勝，但說要行軍打仗，那可不是刀劍砍砍殺殺就能了事。你怎麼說，就怎麼做吧！」

幽揖手鞠躬：「魄狼御史！你別這麼妄下定論，刑弟與我是朋友之誼，講究信義兩字，平息戰爭並不是為了貪圖富貴。」

鯀沈默安靜，站在旁邊細詳打量，沒聽清楚三人說些什麼，忽見雷烈、白雲齋、嬋和崑崙身上均換了體面長袍走來。四人穿戴郡袍之後，威嚴比較往昔更勝不同，風羌和海棠隨護抽刀，跟在嬋的身後：「幽御史，祝你們四人好運！」、「四位別擔心，風羌與我會盡數追上，發兵在泥沼澤地支援你們！」

魄狼自恃謀略高深，滿面堆笑：「四國盟軍的營隊與狩獵族誓不兩立，我們四人殺出一條血路，收復北方疆土，請大家拭目以待！」

白雲齋神韻風度，身披絲綢貴袍，振臂一呼，在陽光下映照得耀眼生光：「很好！」

幽舉起令旗，對三個夥伴招手：「走吧！這事耽擱不得，我們先下山，往北方出發！」

一個侍衛舉起帥旗揮了揮，蓬萊國、翠雲國、天山國和鬱樹國的氣勢極旺，排列整齊的前來送行，明鏡和鯀則是站在遠處，眼睜睜地目送同伴離去：「刑公子...幽公子...請小心保重...」

刑天、魄狼、幽和鯀走近馬車，將兵器都縛在包袱，置放車裡。眾人一上車廂，騎兵躍足上鞍，拉扯韁繩向前疾駛，取路離開。那輛馬車裝載乾糧，六匹俊馬尾巴一搖，車廂後塵土起處，飛風馳趕。行軍的士兵不敢阻擋，紛紛避讓，車輪轟隆隆響著轉動，朝山坡下揚長遠去。

馬蹄聲震得天搖地動，騎兵急扯韁繩，投著山路轉個左彎向森林疾駛。沿路穿越樹叢離開了彩雲峽，往北方行。

沿路上花紅葉綠，一簇簇的雜草叢林遮天蔽日，奔馳數十里後，幽從車窗探出頭看，見路邊雜草叢生，車輪所經之處偶爾驅趕出幾隻野兔。野兔左奔右跳，躲進樹洞，馬車循著山僻小道奔馳，不到轉眼就已經抵達了彩雲峽郊外的北邊。四周圍草長沒膝，絲毫不見任何人影，刑天的雙手搭著窗沿向外一看，地上滿簇簇的野花綻放，在耀眼陽光下更顯嬌艷。

馬車愈向北馳，山勢愈崎嶇，刑天和同伴手顛腳顛坐在車廂，車輪滾著石路，顛簸震動。過得半晌，忽聽鯀說道：「刑天御史，上次在翠雲國的聚會，真是多謝你出力替我解圍了，若沒有你，恐怕我會被那個翠雲國的公主所殺。」刑天瞄他一眼，凝視半晌，看著窗外無邊無際的曠野間：「飛刀人，冒險參與戰爭可能會喪命，你真的毫不後悔？為何要那麼執著？」

鯀道：「萬無一失的勝戰，天下無人打過，如果我真的怕死，就不會跟著來了吧？」刑天轉個話題又問：「幽，鬼

門關附近的地勢，你曾勘察過，那地方對你來說，應該是我們四人之中最清楚的。」幽思索：「南岩鎖鑰無雙地，東北鬼門第一關，泥沼澤地號稱是鬼門關。凡是去到那地方的，從沒人能夠活著回來。半年以前，天山國的兵馬在鬼門關遭困，我們鬱樹國調派三千人支援，仍舊不敵，最後敗退龍脈長城，才僥倖保命。」

鯀點頭：「這個戰役我有聽說過，鎮守鬼門關的狩獵者掘壕斷餉道，四國盟軍雖然都曉得堅守肯定會死，不戰亦死，如戰或許可以死中求生，但是大家害怕敵兵詭計，卻無人敢行動。最後是鬱樹國的幽御史率領了部隊速戰，死了軍隊兩千八百人才僥倖逃出來。」幽道：「無論如何，這趟潛入任務，大家切忌貪功輕敵，務須記住守多攻少，才有勝算。」

刑天將匕首拴在腰間，點頭：「放心吧！幽！我是絕對萬無一失的！」魄狼忽笑：「噢？真的嗎？」刑天看他一眼：「若有人自覺勝得過我，那便請自己出來挑戰如何？」幽按住同伴肩膀：「刑弟！我們現在的首要目標乃是執行任務，不可起內訌。」刑天點頭：「幽大哥你說的是。」魄狼趨承道：「凡事不可誇大，我只是希望大家都別輕易給人看破了弱點。」

刑天將匕首繫住腰間，坐在車內的長凳，套上皮靴：「若有哪個歹人有眼不識泰山，敢跟我衝撞，看我怎麼與他廝拼，放火把他家裡燒做白地。」鯀哈哈笑：「刑天御史說得好！要打人的話，我可以陪你一起。」言下之意似乎是雙方二人若起紛爭，就要出手相助刑天攻擊魄狼，幽試圖制止三人：「各位！若一國自相紛爭，那國就立不住；若一家自相紛爭，那家也立不住了！」

才剛講完，車廂一震，騎兵拉扯韁繩，停住馬車：「四位大人！我只能送你們到這邊了！」刑天和同伴的心裡均想：「咦！到了嗎？」魄狼冷然一笑，推門下車：「要開戰了，三位還沒準備好嗎？」幽對同伴招手：「三位！我們

走吧！」刑天點頭：「嗯！」鯀跟著尾隨下車：「我的飛刀，終於能夠派上用場了！」

四人舉目眺望，瞧那地方千畝荒田，鴻溝交界處是廣闊的赤地，遠方山林隱約可見依稀草叢，回頭瞻看，可見南方的山峰被霧遮蔽，霾雲朦朧之中隱約可見四個大字透在霧裡。那岩石雕刻的大字入石三分，眾人曉得左邊山峰刻著是「天地」，右邊山峰刻著是「山海」，四個字渾然雄勁，仿彿一幅巨匾懸在遠方彩雲峽的高峰。

正在凝神觀望，忽聽騎兵的聲音響徹，說道：「四位大人！等你們進入狩獵族的地域範圍，風羗大人和海棠大人就會立刻率兵攻入鬼門關，替你們抵擋軍隊。四位只需稍待片刻，趁亂穿越泥沼澤地，就能輕易潛入盤岩宮了。」幽點頭：「知道了！我們會隨時等候四位郡主發號施令。」

魄狼斜裡瞄了刑天幾眼，相視一笑：「嘿！刑天御史，您準備好了沒有？如果沒有，我倆可以先比劃過招，這或許會能讓你活絡經骨，熱身一下！」刑天冷然道：「我並不喜歡無端爭鬥，以後請別再問這種無謂的話。」

幽望著遠方霧朦朦的高山，心裡不知道在想什麼，安靜站著發獣。刑天、魄狼和鯀定睛打量，思索：「咦！他在做什麼？」刑天忍不住好奇，先開口問：「幽，你在看什麼？」幽瞇一瞇眼，稱心滿意道：「我在看山。」鯀追問：「什麼高山那麼好看？竟能讓你一直站著欣賞？」幽回答：「以前執行任務的時候，我曾經踏遍大江南北，走覽東西各地，卻從沒見過那麼美麗的高山。」

魄狼冷笑：「嘿！愛看山就隨他去吧！在戰爭中任何的延遲都是危險，若再不走，可會落單，被人拋棄在後。」

幽突然走近一塊岩石上坐下，從懷中掏出紙筆，似乎想要撰寫筆錄：「三位！等我一下，馬上就好！」刑天喚：「幽？」

幽竟是頭也不抬，手中握著紙筆仍在動作，邊寫邊說：「刑天御史，要實踐理想不是那麼容易的，但直到我死的那天，還是會依然堅持！我已經做好了覺悟！」刑天問：「什麼覺悟？」幽回答：「從很久以前我就聽說過了四仙人走遍世界的故事，我想盡力拯救戰爭之中受苦的人，效法四仙人拯救世人的神蹟，因此我希望自己有朝一日也能夠濟世救人。我們都曉得這一戰的風險有多大，但我們還是選擇去了！所以...人生對我來說絕對不會是習以為常的事情，無論何時我都會記錄下來，萬一某天我再回不來，一切都已經有所準備了！」說著，把毛筆叼在嘴邊，思索一回，繼續又提筆寫字。

刑天和鯀沉默不語，正想開口說點什麼，魄狼突然搶白一句話道：「幽御史，你找不到和平的，和平不過是逐步發現戰爭無知的過程，並非平定戰亂之後的結果。人生本來就是一場夢，總有一天，我們都會死亡，不管你懂得多少人生大道理，不能實踐，仍是無知。」

眾人聽了非常憤怒，鯀忍不住反駁：「晦氣狗頭！嘴巴上說得漂亮，若是真的出手，你未必能贏得過幽御史！」魄狼冷笑：「沒有什麼比忠告更讓人難以接受的...嘿！勝負這種事情...是要在其中一方死了，才有定論的。」

「好！那我們就來一刀定個生死！」鯀從口袋抄出八枚飛刀，扣在指上：「兩位御史！請容許我將他打得靈魂歸天！」

「等等！」幽拋開紙筆，一個飛身擋在面前：「殺了他就是你輸了！你想和狩獵族的人一樣，成為同類嗎？違背信念，就等於是放棄了自己！我們的目標是解放自由，若是被仇恨沖昏了腦袋，使用武力向敵人發洩，換來的只有對方變本加厲的復仇！」

魄狼笑問：「這位飛刀仁兄，怎麼突然之間戾氣大作呢？」鯀悶一聲：「哼！」幽轉過身，凝視道：「魄狼御史！要成就偉大事業，不僅要行動，還需要有理想。不僅要計策，還需要有信念。最鋒利的刀刃是在最不鋒利的磨石之下磨出來的！從沒懷抱過希望的人，永遠也不會失望，但是盼望從不使人沮喪。若是有這個必要，我會準備為了四國而死，我的血液會流著四國好不容易換取來的自由與和平！」

魄狼閒情定逸道：「四國有其疆界，人的愚蠢卻無止境。和平與盼望？嘿！那是世界上最沒用處的東西！」說完，率先走向山坡，往樹林離開。

中途霧氣朦朧，有風蕩開，陽光從樹蔭透射下，天空看來僅有一線之隙。四人施展輕功，沿著樹叢東穿西梭，愈向北方地勢愈崎嶇。抬頭眺望，前方山崖遍處荒涼，但想也不曉得究竟跑了多久時日，夕陽西沉，遠方有萬丈山脈層層疊起，陰影跟著日落曙光偏低下，消失在暗處。

每遇奇景，幽總會暫停腳步，迅速將袖裡藏過的紙筆都掏出來，撰寫經歷：「太好了，四國距離和平的日子又更近了一步！」魄狼在旁冷笑：「嘿！東風吹醒英雄夢，笑對青山萬重天，與其說像個懦夫留在世人的回憶裡，不如在這壯烈的死去吧！」鯀道：「晦氣狗頭，你開口閉口總是沒一句好話，就不能說一點令人振奮的事嗎？」魄狼回答：「嘿！在這個世界沒有人會笑你跌倒，只會笑你爬不起來，我說得不過只是實話，你也可以選擇不聽。」

幽將毛筆叼在嘴邊，思索半晌，繼續提筆又說：「鯀兄，別跟魄狼御史爭論。不管四國的百姓怎麼說...我只想依照自己的信念而行，不管現在或者將來都是一樣，絕不後悔。當我決定為了守護四國的和平而賭上性命的代價之時，早就把生死置之度外了。我決心會成為守護四國和平的光明御史，就算是為了這場戰役而犧牲，也不要緊。」

刑天靜聽三人的對話，心中暗想：「為什麼幽能夠如此堅定的下決心呢？是了！如果和平沒有犧牲，那四國的百姓將會認為戰爭不過是一場不流血的棋局，沒人會思考自己對四國應有的義務與貢獻，但是到了戰爭的最後，所有百姓都會在無知之中痛苦死去。幽選擇了將一切都記錄下來，並且以自己的親身經歷廣傳於後世，造福群人。」

幽見刑天沉默不語，心中似乎有什麼隱言，便放下紙筆，走向前搭住同伴的肩膀說：「刑弟！即使相處的時間不多，但所謂的友誼是不在乎時間長短的！夢想就像一個沙漏，你不知道它究竟是在一點一滴的消逝，還是在一點一滴的累積，若是你已經找到了自己的方向，就別站在遠處觀望，勇往直前的去改變這個世界吧！」

夕陽西落，夜色朦朧，濃煙稠霧繚繞了山峽翠谷。昏暮遠僻，皎潔的月色銀白如洗，嶙岩壁裂成紋，有藤蘿瑤草高高懸掛。鮌在前引路，忽然止步，疊個食指貼在嘴唇：「噓！三位慢著！」

刑天和幽仔細觀察地勢，那地甚為黑暗，是死蔭混沌之地。幽暗中可見岩壁兩側佈滿枝藤，絕谷下霧氣朦朧，腐蟲遍地。附近還有蚊蠅到處亂飛，濕濕黏黏的泥濘極為難行，刑天略皺眉頭：「地上怎麼會有這許多蟲子？」魋狼笑：「你害怕了嗎？這裡就是泥沼澤地，不當心走路，恐怕腳會陷在泥濘之中，抽拔不出。」

懸崖下的絕谷有許多呹嶙岩石，抬頭是一望無際的天空，腳下卻是泥濘沼澤。四人抓著藤蔓垂降谷底，一陣寒風在耳邊颼颼響動，且看那泥沼澤地非常蔭暗，附近堆滿了穢物，以至於腐菌滋生，屍蟲亂爬。

鮌回頭對眾人說：「三位請看！這就是泥沼澤地的鬼門關，人若要潔淨這地，就必須用火焚燒。每當烈火燃起，白晝和黑夜總不熄滅，煙氣上升，世世代代遭為荒場，永遠

也無人經過，飛鳥和走獸都來啃食屍體，沒有人可以驅走牠們。」

刑天見這片沼澤堆滿穢物，散發出屍體的腐臭味，心生感觸，道：「人生在世的光陰，只不過短短數十年。無論是家財萬貫，又或者貧困窮乏，在這世上所經歷和遭遇的，到了最後都只是生離死別。無論是生在貧窮村莊，又或是貴族王朝，死後豈不同樣歸入塵土嗎？既然如此，大家在這世上打拼，為了金銀為了權勢爭得你死我活，受盡一輩子痛苦，最後卻什麼也沒獲得，人活在這個世上，究竟是為了什麼呢？」

鯀見他一臉疑惑，拍了拍肩膀安慰：「刑天御史...智慧人和愚昧人一樣，永無人記念，因為日後都被遺忘，可嘆智慧人死亡與愚昧人無異。有些人之所以恨惡生命，是因為在日光之下所行的事盡是煩惱，盡是虛空，盡是捕風。」刑天點了點頭：「嗯...或許吧...」

幽聽見二人的對話，指向懸崖上一株大樹，喚道：「二位！快看那邊！」

刑天和鯀仰起頭看，見那大樹聳立在山上，樹枝結滿了果實，茂枝繁旺，似乎與這沼澤地不太相襯。刑天暗想：「這座絕谷又危險又陡峭，到處長滿了荊棘，怎麼在山峰上長了一株大樹？真叫人無法明白！」

幽道：「二位，若不是今天得以親眼看見，我想任誰都沒法理解，為什麼在這荒涼的高山上，竟然會長著一株大樹，結滿了果實，你們說對吧？」鯀問：「幽御史可以解釋得清楚一點嗎？」

幽念一句口訣，道：「大成若缺，其用不弊。大盈若沖，其用不窮。大直若屈，大巧若拙，大辯若訥。」

刑天、魄狼和鯀均是習武之人，當然曉得這是武技奧義的精髓，但那意思究竟為何，也沒完全聽個明白：「幽，這話究竟什麼意思呢？」

幽解釋：「這兩句拳經的涵義悖逆相衝，又似奧妙契合，無庸置疑，顯然非常奇怪，意思是說：那極為完美無瑕的，看來殘缺不全，絲毫卻沒損壞。那極為充足豐厚的，看來囊空如洗，囤無積蓄，然而卻是玄妙無窮，取之不盡。那平鋪正直的，好像曲裡拐彎，絕頂聰明的，卻蠢如拙畜，能言善辯的，則質樸木訥。」

刑天的天資聰穎，口傳心誦兩遍就能熟背，嘴裡喃喃跟著唸：「大成若缺，其用不弊。大盈若沖，其用不窮。大直若屈，大巧若拙，大辯若訥...大成若缺，其用不弊。大盈若沖，其用不窮。大直若屈，大巧若拙，大辯若訥？」

話說幽從幼年開始習武，進入鬱樹國之後就為帶藝雜學的武行者所收留，將這拳經的口訣牢記在心，它的意思是說：「完美無瑕的，看來殘缺不全，絲毫卻沒損壞。那充足豐厚的，看來貧空如洗，卻是玄妙無窮。正直的好像曲裡拐彎，絕頂聰明的，則蠢如野畜。」

這拳經口訣的高深奧妙，若是凡人無法用心接受，將它看為平庸的招式，那打出來的拳法似是而非，矛盾之極。然而，若是以超然的心思去體會，那拳經的奧妙之處則是條條有序，拳法招式一貫契合，非常厲害。

這武學寶典在眾人眼中看為庸俗，若非有厚實的武學底子，礙於限性，大部分的人都會將這拳經當成愚拙看待，因此打出來的拳法似是而非，明顯悖逆。除非是先倒空己身，不矜不伐，才能看清自己招數的破綻，否則自恃武藝高強，就無法將這拳經的訣竅看個透徹。

幽繼續又說：「我所學過的武技奧義看似矛盾，卻不衝突，有些拳勢的動作仿彿對稱，恰又相反，有些招式殊無規

章，卻又繁中有序。又或者不為人所知，卻是人所共知，似乎死的，卻是活的。似乎一無所有，卻是樣樣都有。」

魄狼冷嘲熱諷笑：「這麼說來，幽御史的招式或深或淺，運勁太重豈不使招數變得笨拙？或者出拳太輕，又變得虛浮不定？」鯀插嘴道：「那也未必！這樣說來，幽御史所說的口訣看似中道，卻又極端隱祕，當中蘊藏著無限可能，雖是難以掌控，倘若練成，只怕天下再也難逢敵手。」

刑天愈聽愈奇，似乎已經完全沉迷於思考當中，突然感覺胸口一悶，驚醒：「糟糕！莫要聽得走火入魔！」

鯀見同伴滿頭大汗，神色詭異，好奇問：「刑天御史，你怎麼了？」

刑天仿彿夢醒一般，嚇得滿身冷汗：「我的理解有限，幽所說的我聽不明白，險些兒走火入魔！」幽點頭：「刑弟！這些口訣你一時無法領會，也許多加思考，日後便會漸漸明白的。」

魄狼冷笑：「那句武技奧義的口訣聽來死板，卻是逐步漸進，有連貫性的。想必是刑天御史偶爾跳過，斷章取義硬去理解，才會聽得腦袋昏花，愈是迷糊。」

鯀反駁：「我看魄狼御史一臉幸災樂禍，不過一時之興，也沒專注，你又聽得明白幽御史在說些什麼了嗎？」魄狼冷笑：「我當然明白，幽御史先前既然說那武技奧義的口訣乃是連貫契合的，那麼它肯定就是先由模糊開始，再慢慢轉變清楚，既是如此，勉強鑽研，只會愈聽愈迷糊。」

幽點了點頭，對眾人說：「這個道理很簡單。」鯀好奇問：「怎麼簡單？」幽喚：「你們三個過來看看！」刑天疑惑不解，暗想：「看什麼？」

幽再度指向懸崖上那株大樹，解釋：「你們看！當這一株小樹還沒生長完全，沒有人能看出這樹究竟是結桃子，還是結蘋果，可是待它長大之後，自然就會清楚明白了。」魄狼在旁冷笑：「嘿！在說什麼玩意兒？什麼桃子樹？什麼蘋果樹？那株大樹又跟武技奧義有什麼關係了？」

幽道：「魄狼御史，你先前不是說過，我這口訣是有連貫性的，招式聽起來悖逆衝突，卻又非常契合，固定死板，沒想到卻是逐步漸進嗎？後來只因為刑弟偶爾跳過幾句，沒想到斷章取義，竟然會聽得頭昏腦脹，不是嗎？或許正是因為我們的理智有限，前面的句子還沒理解，就聽後面，因此才會愈聽愈迷糊。」

眾人聽了這番比喻，恍然大悟，鯀笑道：「真是晦氣狗頭，看來魄狼御史也並不笨啊！」魄狼聽他如此一說，心中很不快意：「其實還是你比較笨吧？」

鯀無意譏諷，只是一時之興，想起自己聽過的一個故事，說道：「幽御史，其實...在我小的時候，教我射飛刀的師傅曾經說過一個故事。」

魄狼的臉色有點不耐煩，暗想：「你想把自己昔日年少的事情說給我們聽嗎？」幽點頭：「願聞其詳，鯀兄請說！」鯀轉過身問：「刑天御史，你不問我要說什麼故事嗎？」刑天還在思索幽所講過的武技口訣，心不在焉問：「什麼故事？」

鯀開始回憶，敘述道：「有個小童去了草地附近遊玩，到處欣賞風光。他空著雙手，拿一個竹簍蹲在地上，彎腰蹲下，用手挖土，把那沙子裝入竹簍。不料黃昏時候，他的爹爹耕完田地，自覺擔心，因此來到附近尋他...」

幽聽得專注，點了點頭，問：「結果呢？」
鯀說得興起，自覺開懷笑：「結果啊！那個小童的爹爹悠悠漾漾走來，就問他說：『我的兒啊！你不跟爹爹說一聲

，自己獨自跑來這地方玩耍，究竟是在做什麼呢？』，才剛問完，天色逐漸變黑，那個小朋友玩得滿頭大汗，喘氣吁吁，你猜他怎麼回答？」

魄狼冷笑：「你這般裝腔作勢，應該不會是閒著沒事做，故此捏造幾句尋我們三個窮開心吧？」鯀臉色一沉：「不想聽就走開，我可沒問你！」魄狼道：「我愛站在哪裡，你管得著？」

鯀不理睬他，轉過頭問：「幽御史，你覺得呢？」幽搖了搖頭：「我不曉得。」鯀拍手絕叫，得意洋洋，笑：「啊哈！我就猜到你會這麼說！」魄狼在旁閒言一句：「不然呢？不然你問他好，他卻該問誰好？」

鯀也沒多理，繼續說：「後來！那個小童歡歡喜喜，就對著他爹爹微笑，天真的說：『爹爹啊！孩兒找到了一塊好土地，要親手把這土挖起來，全都裝到竹簍內，再移開，把這些沙通通都帶回家裡，然後充份利用這塊好土種樹栽花，讓爹能有一座美麗的花園。』好啦！故事說完了！」

幽聽得滿頭霧水，搖了搖頭：「所以呢？很抱歉，我聽不明白。」鯀解釋：「這故事的意思是說，那個小男孩不憂日色，想法天真單純，一個小小的竹簍納容有限，怎麼可能裝得下所有的沙呢？」

幽恍然大悟，點頭：「這倒也是！那個小童大費氣力，努力想把沙子填在竹簍，只是就算他百般忘勞的挖，那竹簍終究也只裝得下一點泥沙而已。」鯀笑著問：「刑天御史！你覺得這個故事如何？」

刑天點頭：「這個故事是挺好的。」鯀問：「就只是挺好的？」魄狼在旁冷笑：「不然你要他說什麼呢？」鯀視而不見，說道：「其實...這故事是我小時候，聽射飛刀的師傅說過的，故事看來平凡無奇，但最後卻給了我很大的省

思。」刑天心想：「泥沙與小孩？這故事也能給人省思？」幽問：「鯀兄，它給了你什麼省思？」

一陣清風吹來，山壁上的藤蔓沙沙作響，鯀突然想起自己小時候想學射飛刀，在杏花村求學拜師的情況：

回顧舊日，年幼的鯀向人指教，飛刀師傅笑著問：「小朋友，你的心裡在想些什麼呢？」鯀回答：「沒什麼...我只是覺得這門功夫極為深奧，實在是難以理解。」

飛刀師傅說：「這武技奧義的口訣也是我悟了一段時間，後來才想出來的。這門功夫說簡單不簡單，說它難也算不上難。呵呵...正所謂：『明道若昧，進道若退，夷道若類，上德若穀，大白若辱。上士聞道，勤而行之。中士聞道，若存若亡。下士聞道，大笑之。弗笑，不足以為道』啊！」

鯀搔了搔腦袋，好奇問：「師傅！什麼是『明道若昧，進道若退』呢？這些話是什麼意思？」飛刀師傅解釋：「這意思是說：『道本身是光明的，俗人卻引以為暗。一切萬物眾生在道中成長，卻看似在頹退。雖然在這道中有平靜安穩，卻看似愁苦艱難。至高至聖的道德觀念看來恰似一座死蔭幽谷，至聖榮耀卻仿彿受辱一般。可是智慧通達人聽了這道理之後，便曉得應該要勤勉遵守。平凡人聽了這道理之後，依舊似懂非懂，若有若無。愚蒙人聽了這道理，則是會哈哈大笑』。」

年幼的鯀笑著問：「師傅！你這話說得不錯！若是這道真的是光明的源頭，卻不被俗陋的愚人嘲笑，那麼這些愚人又怎麼還會被稱呼為『愚人』呢？這光明的道，若不被俗人引以為恥，不被愚人嘲辱，那豈還會叫作真道嗎？」

念及此處，頓時又回過神，鯀仿彿有所領悟：「嘿！幽御史！我終於明白了！」幽問：「你明白了什麼？」鯀說：「明道若昧，進道若退，夷道若類，上德若穀，大白若辱

。上士聞道，勤而行之。中士聞道，若存若亡。下士聞道，大笑之。弗笑，不足為道啊！」

魄狼搖頭：「你說這鬼話，現場沒一人聽得懂！」

鯀也沒理對方，刑天還在思索幽所提及的武技奧義，又聽鯀說了那幾句口訣，似乎也頓有所悟：「怪不得...怪不得...看似殊無規範，卻又條條有序，似拙實巧，透露出奧妙的上層功夫，原因果然在此！」魄狼盯著他看：「什麼似拙實巧的上層功夫？」

刑天沒有說話，幽點了點頭，繼續說：「鯀兄所講得沒錯！道本身是光明的，俗人卻引以為暗。一切眾生萬物在道中成長，卻看似頹退。在這道中有平靜安穩，卻看似愁苦艱難。至高至聖的道德觀念看來好像是一座死蔭絕谷，至聖榮耀仿彿受辱一般。可是智慧通達人聽了這道理之後，便曉得應該要勤勉遵守。平凡人聽了這道理之後，依舊似懂非懂，若有若無。愚蒙人聽了這道理，則是會哈哈大笑。」

刑天暗想：「我是愚笨之人嗎？但我沒有大聲嘲笑，又或者我是個智慧人呢？嗯...似乎也不太像，因為我完全聽不明白...還是我只是個平凡人呢？所以才會聽得懵懵懂懂？」魄狼冷笑：「哈！什麼玩意兒？」

幽凝視著天空良久，若有所思道：「羞辱、榮耀、惡名、美名，似乎是誘人的，卻是誠實的，似乎不為人所知，卻是人所共知，似是死的，卻是活的，似是受責，卻是不至喪命的，似乎憂愁，卻是歡樂的，似是貧困，卻是富足的，似乎一無所有，卻是樣樣都足的。」

刑天聽得懵懵懂懂，思索半晌，搖頭嘆氣：「幽，我還是有些聽不明白...」幽微微一笑，拍他肩膀：「刑弟！你不必明白，總而言知...鯀兄的師傅所教他的那幾句口訣，看

來似乎也不是尋常的武技奧義，既然今天你和我都領受了，可要好好的牢記於心。」魄狼暗想：「他們究竟在說什麼，怎麼我一句都聽不明白？」

鯀低頭思索半晌，感慨道：「在我還沒來到四國的時候，飛刀師傅生前曾經跟我說過：他說在這世上，人都必死，但是人的生命卻具有永恆價值，若將這兩句話比較起來，豈不是悖逆相沖嗎？」刑天沉默不語，思索那話含義：「人都必死，但人的生命卻具有永恆價值？」

幽見眾人一語不發，開口道：「鯀兄！天地之大，這玄妙的世界似乎都有連貫，千古以來就傳為美談。但是人的智慧有個限性，無法一時看清，只能藉由模糊逐步走到明顯，就好像是你說的那個泥沙與小男孩的故事。這顯明之事是屬於我們的，隱祕之事卻是屬於天地山海的奧秘。」嘆一口氣，又繼續說：「唉！天地萬物就像這大地一般，遼闊無比，相較之下，人卻顯得如此渺茫。就算我們走遍天涯海角，也只不過像是浮萍兒在世間漂泊，對於天地萬物的了解，不過只像那簍子裡的泥沙一般多而已。」

鯀點了點頭：「幽御史，就像是你那拳經的口訣，和蘋果樹與桃子樹的比喻，我們在這世上有太多的道理不能明白，人的認知是如此渺小，或許我已經選擇離開安逸的生活，一輩子流浪四國境內，最後事敗無成。但是就算到死的時候，也還是不會完全明白。」

講完，又是一陣清風吹來，吹得四人亂髮蓬鬆。幽望著山崗上的大樹，說道：「信是所望之事的實底，未見之事的憑據。信心既然是相信我們所無法看見的，信心的酬勞，則是得見所盼望與相信的...但或許正是因為我們都太過依賴眼睛所見的去相信，所以才會看不清楚事情真相，對茫然的未來感到恐懼。」

魄狼對這話題沒什麼興致，轉個話道：「二位，你們說的故事很有趣，但是我們已經進入到狩獵族的範圍之內，現在不是閒情暢談的好時刻，不如快點走吧？」

天上飛翔著成群白鳥，星雲浮空，遙遠的天際仿彿是一座霽靈仙境。此時炎暑未消，四人前後排列，走在泥濘，刑天用手臂擦拭汗水：「這地方真熱！」

焰酷的氣候正悶，幾道暖風吹來，四人舉目眺望，沼澤的前方盡是連綿不絕的焦樹，似乎曾遭雷擊劈中，幽仔細審查：「等等！這附近的樹曾被雷擊中，樹都烤得焦黑了！」刑天謹慎：「難道是幻獸師戰神的雷鳥？」幽搖了搖頭：「還不能確定。」魄狼笑道：「嘿！二位害怕了嗎？沒啥好大驚小怪，繼續往前走吧！」

鮴突然壓低聲說：「噓！三位快看！」

刑天、魄狼和幽順目望去，見許多守衛在沼澤旁的角樓駐鎮，每百丈距離便設一處樓台。刑天伏在地上，不敢喘聲：「好危險，剛才若再多走幾步，就要給人察覺了！」幽答：「大家切勿隨意行動，嬋郡主的支援軍應該就快抵達了，到時候咱們就能趁亂潛入。」

刑天靈機一動，在地上挖掘小坑，將下半身縮在洞裡，頭上遮蓋樹葉掩飾：「先躲起來吧！」幽也脫下半截盔甲，拿泥土抹在臉頰兩側，弄成一團漆黑，縮進草叢：「好主意！」

鮴和魄狼均曉得泥沼澤地臥虎藏龍，若是明槍交戰，肯定絕非敵手，當下也沒空論長辯短的，紛紛躲入草叢靜候時機：「嬋大人的後備支援軍，什麼時候會抵達？」、「嘿！你怕撐不到那個時候嗎？」

四人鬼鬼祟祟伏貼在地，安靜無聲。歇息半晌，忽然聽見沼澤另外一端傳來刀械相鬥，有人哀叫嘶吼：「啊！是埋伏！」駐守泥沼澤的狩獵兵慌了手腳，心慌膽顫叫：「快通知喇珈大人！」

魄狼伏在泥土，低聲笑：「好戲終於要開始了嗎？」鯀噓一聲：「安靜！這地方有許多狩獵兵的埋伏！」

四國聯盟的侍衛奮不顧身衝進沼澤，攻個狩獵族毫無防備，嚇得敵人急退：「迦樓羅大人在哪裡？快通知他們！」鯀和刑天親眼目睹許多士兵進擊，均想：「嬋大人已經抵達前線了嗎？她打算直接殺入泥沼澤地？」幽解釋：「這是聲東擊西，盟軍在替我們引開敵人的注意！」

狩獵族的駐兵思量保命，嚇得往泥沼澤後退，一時正不知該如何是好，忽聽得附近傳來幾聲怪叫，有個圓頭扁臉的胖子飛趨來，抄出邪鬼蒺藜，拋撒在地：「哪個狗東西那麼大膽，居然敢闖鬼門關？」刑天低聲喚：「是蛇王喇珈！」幽道：「看來迦樓羅應該也在附近了！」

狩獵兵正要回防，忽然天空傳來炮響隆隆，遙山遠處有胡笳吹筒聲，旗幟飄揚，殺不盡的四國盟軍在山坡上搖旗吶喊，衝撞過來叫：「殺啊！殺啊！」

狩獵兵原本都是在這沼澤駐守，解開胸前衣釦想要消暑驅熱的，沒料到四國盟軍打著耀眼奪目的旗幟衝來，混亂中也來不及應變，幾個侍衛被敵人連鞭帶槍扯下馬鞍，刀切肚腹，死在地上。

另外幾個狩獵兵狼狽想逃，不慎落馬，被天山國的輕騎圍困，舉槍刺在盔甲，氣絕喪命。還有幾個狩獵族的黨羽硬著頭皮突圍，拼了性命搏鬥，可惜四國盟軍來勢洶洶，準備了羽箭弦在弓上射擊，盟軍的侍衛和騎兵手執旗幟殺上前，對招幾回合，狩獵兵嚇得兜轉馬頭，落敗下去。

泥沼澤的岸邊屍死遍野，壕溝到處散佈羽箭，喇珈立刻迎擊，免得被四國盟軍殺到陣營，攻得自己一敗塗地：「可惡！全都趕緊回到崗位防備！若是疏失，不慎給敵人衝進來，我將你們全都餵食毒蟲！」

狩獵兵聽了指示，奮力提槍，衝到前線防備。泥沼澤的樹林戰播鼓響，飛鳥嚇得四方驚逃，飛入雲端。四國的聯盟軍殺聲叫喊，從遠處傳來：「殺啊！殺啊！殺光狩獵族！」、「四國萬歲！天山萬歲！」

忽聽得遠處炮聲隆隆，響徹雲霄，天空中有兩個火球照面飛來，擊中沼澤，泥濘飛濺，許多狩獵兵被拋出半空：「啊！」眾人遭到猛烈炮擊，泥沼澤地煙霧瀰漫，嚇得驢馬亂闖亂撞，有侍衛喊：「不好了！敵人衝過來了！大家快回崗位！」

仰頭一看，許多雀鳥分散叢林，振翅而飛。火焰點燃的羽箭落下，如雨亂墜，喇珈沒空再跟敵人糾纏，飛快跑到前線，怒罵：「卑鄙！居然敢來偷襲？」

狩獵兵手執長槍，陸續都上前迎戰，有人趕緊在沼澤附近掘壕築堡，嚴守待命，隨時準備發炮反擊。喇珈迅速抓起囊袋，懸在腰間，背上掛一個鐵鼓，喚叫：「鳥人！我需要支援！」

震天動地的炮火擊在泥濘，炸出幾個大窟窿，幾匹戰馬被那威力震懾，嚇得將人顛落馬鞍，踏成肉泥。狩獵兵被炮火燒成焦黑，抱頭鼠竄，其餘嚇得逃散。這個時候，忽見半空中閃出一個人影，迦樓羅的全身刺滿花紋，手裡握著驚天槌，怒叫：「哼！誰想來讓我鳥人砍掉腦袋？」高舉手腕，將一串沼魂珠拋向天空：「靈幻術！幻獸！出來！」

泥沼澤的土漿彙成漩圈狀，一團黑茸茸的巨獸擺著長尾，齜牙銳齒浮出泥潭。喇珈見了愈感興趣，忍不住再喊：「

鳥人！也替我使用毒幻術！」迦樓羅問：「蛇王！你想使用毒魂珠？」喇珈右手高舉念珠，笑：「我純粹是想找個樂子。」

刑天和同伴伏在沼澤仔細打量對方，見兩個敵人的手腕均綁縛一串念珠，思索：「糟糕！有兩個幻獸師對付後援軍嗎？」

喇珈身材肥矮，張開大鯰唇叫：「嘿！叫你們嘗嘗我的毒蟲！」展開雙袍，蠍子、蜈蚣、蜘蛛和冰蠶等物掉落在地，左蠕右動：「攻擊他們！」

天山國的後援軍陸續抵達沼澤，見週圍的岩石藤蘿糾纏，前方霧氣朦朧，腐蟲遍地。到處都是蚊蠅亂飛，濕黏的泥濘極為難行，有侍衛心慌膽顫，怪叫：「哎喲！地上怎麼會有許多蟲子？」抬起頭看，迎面有飛蚊湧來，嚇得侍衛陷在泥濘，亂砍亂叫，顧不得拍打身上泥蟲喊：「啊！有毒蟲啊！」

幽和魄狼穿一身勁裝埋伏在偏僻處，天空有風吹來，弄得樹葉沙沙聲響。刑天沒處安閒，小心翼翼問：「現在情況如何？」鯀一手按住他肩膀：「三位先別起來！那些狩獵族人不知道殺了多少生靈，單獨去可無法取勝，最好靜觀動靜，再做打算！」刑天顏面不悅：「難道眼睜睜看著同伴被人殺害？」

正在思索，突然又一股力量扯住自己，瞥頭一看，原來是幽對自己規勸：「他說得對！刑弟！先靜觀情況！我們對這地方一無所知，高低地勢又不熟悉，若是狩獵一族的人埋伏，實在防不勝防。你們要潛入盤岩宮，勢必要先藏覓草叢觀察動靜，然後再衡量那些人的實力，方能制敵。」魄狼笑問：「有人死了嗎？」鯐冷靜呼籲：「噓！三位靜聽！」

一陣寒風從身畔吹過，忽聽見蹄聲噠噠如雷響亮，有個男子騎著快馬持弓追來：「海棠！我需要支援！」幽和刑天認得這聲音：「是羌左使！」

突然間沙塵漫天飛舞，看不清楚，雙方的侍衛跪於地下，狼狽地揮舞衣袖遮掩口鼻：「哎喲！什麼古怪天氣？」

幾聲巨震，地面好像波浪起伏，成群雀鳥振翅飛逃，黃土在百里方圓內飛舞，煙霧帶著千丈沙塵旋轉半空，一隻身軀龐大的麋鹿攀上磷岩，激起沙石，撼震天地。

狩獵族的士兵詫異大驚：「好大一隻麋鹿！」

四象獸丈高百尺，海棠騎著快馬，手持鐵樺殺威棒飛趕來：「白尾麋！攻擊泥沼獸！」迦樓羅謹慎應對：「原來是天山懸樓殿的光明御史？看我怎麼砍掉妳的頭顱！」揮舞驚天槌，喊道：「蛇王！掩護我！」

喇珈在旁觀戰，閒看野景：「鳥人，你快用符咒術把泥漿沼澤變為瘴氣之地，我才能掩護你啊！」迦樓羅搖了搖頭：「還不到緊要關頭，無須你的幻獸出手！」喇珈伸出右手，從肩膀抓起毒蛇蜈蚣吞服肚內，邊嚼邊笑：「嘿嘿！那你就自己應付吧！」

海棠似乎有心拖延，鐵樺殺威棒向下一揮，又向後退：「風羌！快吩咐士兵退到泥沼澤後！我要使用土象術進攻了！」風羌振臂一呼，向後援軍喊：「撤退！」

海棠高舉神器，呼喚：「土縛術！藤蘿糾纏！」

泥沼澤的周圍漆黑一團，突然激起綠葉滿空飛灑。枝上滿綴繁花，成排古木全都像春筍冒出春芽。茂林和密樹遮蔽了沼澤，丈許方圓的闊地繁花如蔭，藤蘿瑤草鋪滿全地，草木莖蒂舒展開，頓成奇觀。

迦樓羅喊：「泥沼獸！快！用浮泥術！」

巨鱷長尾一甩，渾身被泥漿罩住，頃刻間沼澤盪起層層波浪，迅速又把滿地繁花給淹沒。海棠見繁花、古木和瑤草忽又被沼澤淹沒，幾個健步飛上岩石，握著鐵樺殺威棒喊：「白尾麋！把沼澤的泥水抽乾！」

白尾麋鹿仿彿施展什麼穿山行地之術，一雙前蹄往地底震脈挖掘，頃刻間全身鑽入地下。

喇珈喊：「鳥人！快使用毒煙霧瘴！我也要召出幻獸！」迦樓羅答：「蛇王！不必你出手，我自己一人就能應付！」喇珈憤怒：「可惡！只會妄想！快替我產生氣溫異動，我才能協助你！」迦樓羅道：「哼！不想被砍頭就別插手！」

這個時候，忽見地底好似波浪起伏，震脈崩裂，危岩和碎石塌陷下，激起煙霧滿空飛揚。沼澤中的泥漿前後激撞，狂湧翻滾，漩起幾個大圈往中央匯流。迦樓羅天生異稟，看了沼澤形勢，靈機叫：「浮泥術！泥障攻擊！」

巨鱷抬起頭，將闊嘴一張露出獠牙銳齒，吐出泥漿噴上天空。不料背後忽傳來聲音大叫：「水象通靈術！玄冥龜！出來！」沼澤地湧起一團白霧，突然有個巨大龜殼冒出浮泥，千奇百怪的飛鳥撲振翅膀，遠遠逃去。

玄冥龜軀體龐大，方圓半里的泥石全都像浪中雪崩，紛紛塌陷。泥漿的波浪起伏不定，迦樓羅和喇珈見了驚訝：「可惡！還有埋伏？」海棠急叫：「風羌！先解決符爆師！以防他變動氣溫，入土遁走，日後又為禍人世！」

「明白！」風羌手持捆仙繩趕來，連竄帶縱跳上龜殼：「水象術！水流洪荒！」玄冥龜抬起前腳，一個撥浪姿勢往下拍打，泥漿排蕩如山迎面湧上。迦樓羅勢落下風，狠狠叫：「泥沼獸！擋土牆！」

兩團泥漿波浪碰震聲響，泥雨如爆炸一般落墜下，雙方左閃右躲，紛紛躲避泥雨。抬頭一看，遠方許多枝亂箭射來，原來是天山懸樓殿的後援軍企圖前後夾攻。喇珈抄出邪鬼蒺藜，叮叮噹噹擋開羽箭：「可惡！鳥人！緊要關頭別再開玩笑了！你想被他們兩個幹掉嗎？快替我召喚毒霧！我需要放出毒蟾蜍！」

迦樓羅似乎也察覺情勢不對，迅速從神隱寶袋抄出符紙，雙手合攏搓了幾搓，披散頭髮叫：「符爆術！毒煙瘴霧！」

一陣旋風捲起沙沙的落葉亂響，仔細觀望，霧影中有大團黑氣，雲霧厚密，懸浮不動。喇珈心中一喜，把一串沼魂珠拋向天空，高喊：「靈幻術！霧毒獸出來！」震天兩聲厲吼，一隻綠黝黝、軟膩膩的蟾蜍，龐大的身軀將天空遮蔽了半邊。

風羌和海棠心知不妙：「糟糕！又出來了一隻幻獸！」喇珈微笑：「過來吧！我很高興遇見你們！」

才剛照面，蟾蜍忽張口噴吐綠氣，射箭的後援弓兵好似無力掙脫，聞著香味，瞬間撲倒了好幾個。海棠聞到一股刺鼻奇香，警覺此煙厲害，急忙撤退：「風羌！收閉真氣，不可嗅聞！」

索性風羌站在相隔數尺高的龜殼上，儘管奮力吸也吸不著毒氣，眼看此詭計是想將同伴和自己隔絕開，照此情勢，白尾麋鹿與玄冥龜勢必會遭泥沼鱷魚和毒蟾蜍的左右圍攻，情急下顧及同伴安危，全力施展四象通靈術喊：「海靈獸！快救海棠！」

玄冥龜抬起腳掌猛向下踏，一道水柱升高百丈，洪波湧起地捲向天空。海棠甚有默契，迅速飛奔往那漩圈跳，水柱急滾翻飛，將她沖上十餘丈高。風羌見同伴被水柱沖上龜殼，立刻向前一躍，拉住她手：「抓著我！」

轟聲頓止，水柱忽往下落墜，海棠做個翻身鷂子躍到龜殼上，臉色蒼白道：「風羌！我中毒了！」風羌暗叫不妙，急喊：「玄冥龜！快支援土獸！」

玄冥龜抬起前腳，一個撥浪姿勢往下拍打，海浪排蕩如山迎面湧去。迦樓羅和喇珈急忙逃到大蟾蜍的頭頂，也喊：「蛤蟆！快跳！」

大蟾蜍張著四腳向上一跳，鼓著肚腹猛向下沉，周圍的樹木在突如其來的強大重力下全都橫排壓倒，海浪從底下散開，方圓半里的土石全都被水流沖刷，千百畝斷樹瞬間被拒出十里之外，消失無蹤。

許多浮屍蕩在沼澤，盔甲和刀劍上下搖動，將岸邊染成一片鮮紅。那沼澤的浮屍少說也有上千，天山國的侍衛和狩獵兵均算在內，瘴氣朦朧，偶爾有幾隻飛鳥在空中盤旋，降下來覓食，把那浮屍啄得面目全非。

再望幾眼，屍體和胄甲溺在沼澤，浮浮沉沉，喇珈摸著肚皮，呵呵笑：「這條來路可是鬼門關，泥沼澤的污泥瘴氣極毒，因此自古迄今，常人無一個可以到此安然離開的。」迦樓羅冷道：「蛇王，別跟他們多廢話，我現在只想砍掉他們的腦袋。」

海棠面如土色，雙手按著肚腹，出聲不得：「呃...呃...」風羌料是同伴中了劇，急從腰帶取了藥丸，塞入她口中：「快吞下！」

海棠勉強睜大一雙眼，點頭：「嗯...」風羌關切問：「感覺如何？」海棠問：「這是嬋大人贈送的丹藥嗎？」風羌點頭：「嗯！」海棠答：「嬋大人贈送的靈丹有起死回生之奇效，現在雖然疼痛難忍，這毒似乎還不至於要了我的性命，隔半個時辰應該就能恢復了。」

喇珈和迦樓羅高高站在大蟾蜍的頭頂，見海棠蹲在龜殼上，滿頭大汗看似四肢無力，風羌又非從旁扶助不可。二人均曉得等待敵人毒質一解，可就不好應付，急喚：「鳥人！趁現在快攻擊她！」、「好！這兩人的頭顱留給我砍！」風羌心驚：「糟糕！」

晃眼之間，數十枚鐵錐在半空中排列八線，瞄準喇珈和迦樓羅的手腳擲來。二人見到暗器來勢凌厲，分別飛身跳下大蟾蜍，忙砍出兵器抵擋：「可惡！還有援兵？」

刑天也不理他二人如何閃躲，雙手抄進口袋，再擲出鐵錐：「幽！你們三人先走！我留下來支援天山國的軍隊！」幽嚴詞厲色說：「不可擅自更改計劃！」魄狼在旁閒看野景，心中暗笑：「想當英雄嗎？」

刑天手中的鐵錐忽如孔雀開屏綻放一般，耀眼生輝，先射五枚勢緩，再射十枚勢急，試圖替風羌和海棠爭取時間：「別擔心！我有把握應付他們！」

喇珈身材短小，手腳敏捷，左閃右避躲開攻擊：「嘿！鳥人！看一看這邊有什麼？」迦樓羅怒道：「可惡！我要把他們全都砍頭！」

刑天將手伸進口袋抓暗器，疾風拋擲：「狩獵者！你們的目標是我！」鯀並肩追趕：「刑天御史！我支援你！」幽喚：「刑弟！要以大局為重！」

喇珈展開雙袍，蠍子、蜈蚣、蜘蛛和冰蠶等物掉在地上蠕動：「真是執迷不悟啊！毒瘴禁制術！萬毒鑽心！」

那隻蟾蜍高逾百尺，千萬層濃霧忽籠罩住身軀，只一團朦朧遮蔽去路，什麼也沒看見。刑天和鯀不敢接近，心裡均曉得若被蠶蟲咬到一口，毒素勢必蔓延全身，七孔流血而亡。當下存著投鼠忌器之心，急速抽身退後，保持至少五丈距離：「小心！」

幽見同伴被毒蟲圍困在圈子中央，拿出鋼鐮刀正準備召喚鵁鳳凰，忽被魄狼一手扯住：「你打算為這兩人破壞規則？」幽反問：「難道眼睜睜看他們無辜送命？」

刑天和鯀背脊貼著背脊，周圍黑壓壓的毒蟲滿團亂爬，只怕被蟄一下也會奇痛麻癢，難以忍受，真比死還痛苦。無論二人如何厲害，卻無法接近敵人攻擊，畢竟許多毒蟲相隔數丈近處，鋪成一片毒蟲地毯。

刑天曉得情勢雖險，只要不輕舉妄動，毒蟲也許不會隨意攻擊。可惜四方都被包圍，萬難脫身，可憂則是久未行動，難保還是不遭蜘蛛或蜈蚣的百毒鑽心。

風羌手持捆仙繩，喊道：「水牢術！洪流攻擊！」

突然一波萬丈洪濤由沼澤湧起，水柱激成急漩，在半空中轉個大圈，籠罩住毒蟲四方，形成一道巨大水鐘：「刑天御史！我掩護你們！快撤退！」

喇珈警惕，喚同伴道：「鳥人！快掩護我！」迦樓羅見蛇王的毒蟲受縛，急忙協助：「泥沼獸！快把水柱捲下沼澤！」

大水圈突然急速攪動，被泥漿扯入沼澤底部，玄冥龜闊口張開想噴水柱，可惜泥漿迎頭壓到，激成急漩匯往中心流，龜殼被沼澤的渦漩捲進去，鼓成大球，逆行翻滾。

天山國的侍衛吹著笳筒助陣，始終相距遙遠不敢接近戰場，風羌額頭滲汗，集中精神喊：「玄冥龜！快擺脫泥漿攻擊！」

玄冥龜受縛在泥漿動彈不得，水攻術也無法施展，巨鱷掀起泥浪游來，一口把巨龜的頸項咬住。玄冥龜掙扎想逃，無奈陷在泥漿動彈不得，往下翻滾，濺起泥漿。

四國聯盟的援軍見兩隻巨獸性命相搏，儘管隊形嚴整，衝去硬撞無疑也只是自尋死路。若是被幻獸壓著踩下，肯定碎得體無完膚，因此站在沼澤彼岸戒備，不敢鬆懈叫：「大家快放箭！攻擊大鱷魚！掩護風羌大人！」

風羌滿臉都是汗水，眼看巨鱷的顎齒牢牢咬住玄冥龜的脖頸，那隻幻獸浮在泥沼澤又不肯離開，心中卻沒任何辦法：「可惡！該如何反擊？」

巨鱷的軀體佈滿了厚皮鱗質，向右一扭企圖滾動，再將咬住的獵物扯散，可惜玄冥龜的體積太大，不動如山，無法被泥沼巨鱷撕成小塊吞噬。

「糟糕！」幽在遠處望見巨鱷用泥漿縛住海靈獸，終於再也忍不住想出手，抽出鋼鐮刀，準備迎敵：「你們三個繼續前進，往盤岩宮出發！我去支援風羌御史！」魄狼立刻抄出匕首，挾著勁風掃向肩膀：「幽御史！」

幽吃驚詫異，舉起鋼鐮刀抵擋，雙方的武器摩擦火花：「咦？你做什麼！」魄狼不容他喘息片刻，前肘平壓，力道沉厚的問：「你不是才剛說過的嗎？不可擅自更改計劃，怎麼連你也違背了自己的原則？」

幽的手臂震得虎口疼痛，腰身一低，向後倒躍三步退避：
「這次是同伴有危險，理當支援！」

「幽！」刑天和鯀逃離毒蟲圍攻，眼看幽和魄狼顯然是鬧
出內鬨，飛趕來喊：「幽！發生什麼事情？」、「刑天御
史，看來你的朋友似乎意圖不善。」

幽冷靜吩咐：「你們兩個別出手！」刑天和鯀沉默不語，
卻聽魄狼說道：「嘿...要替同伴強出頭，我也不反對，只
是小不忍則亂大謀，你們是想要救活人？還是要救死
人？」幽問：「魄狼御史，你這什麼意思？」魄狼呵呵乾
笑數聲：「如果我們的任務失敗了，那整個四國就會淪
陷，到時候滅亡的可不只是天山國的光明御史而已。」刑
天氣憤：「你眼睜睜看著同伴被殺？」

魄狼道：「如果我們四人的行踪被盤岩宮的人所察覺，那
就是前功盡棄了。」刑天躍力一縱，抄出鐵錐：「我們沒
空聽你胡說閒話！」

幽突然揚起鋼鐮刀，擋在面前：「刑弟！」刑天詫異：「
幽大哥？」幽點頭：「他說得不錯，我們不應該在這時候
自亂陣腳。」魄狼冷笑：「狩獵族在暗地窺視，我們對這
附近地勢的環境甚為淺識，若是分散落單，免不得就有性
命之憂。身為光明御史的首要使命，就是完成任務！你們
若是識得大體，就應該聽得明白我說什麼吧？」

刑天沉默不語，鯀忽開口問：「你打算放棄他們？」魄狼
答：「走吧！同盟軍隊的犧牲不會是沒有代價的！」

眼看喇珈所召喚出的蟾蜍張開闊口，一雙大圓眼珠光爍閃
，再加上肥大的體型，一個泰山壓頂撲在龜殼上，兩隻巨
獸立刻跌個仰面朝天。

海棠曉得敵人的毒氣厲害，強行用真氣壓住，可惜照此情勢再鬥下去恐怕還是必敗無疑，仍舊執意與同伴合力一搏，喊叫：「土象術！藤蘿糾縛！」

滿地忽冒出樹根如潮湧捲至，許多不知名的奇花異草綠蔭如蓋，遮蔽了四畝方圓的沼澤。白尾麋鹿疾如快馬，轉瞬破土衝到面前，仰身抬起前蹄一端，蟾蜍四腳朝天翻到沼澤，露出白色的肚皮浮在泥漿表面，向下一沉，又浮了上來。

喇珈原本召喚蟾蜍攻擊玄冥龜，見敵人謹慎過度，一味防守無法反攻還以為得計，不料海棠忽然爬起身，給了蟾蜍一個重擊，氣得忍不住罵：「可惡！毒死他們！」

大蟾蜍兩眼閉攏，忽又睜開，仰頭將大嘴一張，乳白色的肚腹伏起鼓脹，似乎準備要吸呐吐氣。海棠曉得時機稍縱即逝，無奈渾身酸麻，耳邊忽然聽見有靈鳥啼鳴，睜開眼看，遠處有隻巨鳥高速減低，往下飛落。

刑天、幽、鯀和魄狼見那巨鳥穿梭幾團雲層，一個回轉，收住雙翼俯衝而下，心中均曉得：「是嬋大人的赤鷲趕來支援了！」

大蟾蜍渾身碧綠，腹下的四肢短足用力一蹬，躍至沼澤中央伏著不動，浸於泥漿內，準備突襲天空的巨鳥。喇珈趁敵人毒傷未癒，趕緊乘勝追擊，喊叫：「蛤蟆！用毒砂之霧攻擊天靈獸！」

大蟾蜍忽張口噴吐五色彩霧，毒霧凝結成泡沫散落在地，無論任何鳥獸沾上便死。誰知敵人已有覺察，赤鷲瞪著一雙奇光幻眼，展開兩翼俯衝撲下，忽聽有個女子喊聲叫：「風象通靈，天罡風穴！」

天空颳起一陣大颶風，萬團錦雲從氣層倒捲下，蟾蜍來不及逃就被吸上風穴，想要掙扎，無奈狂飆怒叫，只能在空

中上翻下滾。照這情勢來看，赤鷖似乎想將幻獸強行吞噬，萬團錦雲從氣層倒捲下，蟾蜍和毒砂之霧被包裹其中，密無縫隙。

迦樓羅見同伴有難，從神隱寶袋抄出符紙，雙手合攏搓了幾搓：「符爆術！高壓氣流！」

天空忽又颳起一陣大颶風，兩股氣流撞在一團，天空中落葉飄散，風壓全消。霎時間雲飛霧散，週圍突然變得安靜蕩蕩，那隻大蟾蜍原本被天罡風穴捲入錦雲，這時卻像轉風車似地激旋墜落，從高處掉入沼澤，濺起泥漿。

迦樓羅高舉符紙，拋撒高空叫：「哼！雕蟲小技！準備被我砍頭吧！符爆術！泥毒瘴！」

話說這地方號稱是鬼門關，因為沼澤受了毒氣影響，變成了天地戾氣凝聚之處。幽和同伴也曉得沼澤的毒瘴厲害，仗著藝高膽大前來冒險，趁著雙方鬥爭之時，骨碌碌一個地滾，衝往北方：「大家快走！」刑天回頭看：「幽！你們先走，我去支援嫦大人的軍隊！」

幽見援軍來救，風尢和海棠應該是暫時無礙，一手扯住同伴肩膀：「等等！刑弟！冒昧與人動手，豈不又要誤事？快走吧！」刑天回頭道：「幽！這是個消滅敵人的好時機，一旦錯過就不會再回來！」魃狼冷笑：「你手中沒有兵權，要拿什麼去支援軍隊？」刑天憤怒的將混天乾坤圈橫在胸前：「我可以使用蟠蛟之焰！」鯀勸慰：「刑天御史！幽御史說得對，我們該當以完成任務為重。」

回過頭看，陽光的倒影映成半天紅霞，沼澤氤氳沿著岸邊擴散。赤鷖翱翔天空，撤了隱蔽，從朦朧的雲端俯衝下，收住雙翅，沼澤氤氳像旋風般團團飛轉，連同附近的落葉吸上百丈高空。喇珈和迦樓羅沒站得穩，差點就被颶風掃倒在地，滾入泥潭：「鳥人！看來你的鬼門毒瘴似乎對牠

起不了什麼作用啊？」、「少囉嗦！再吵我連你一起砍頭
！」

另外一端，刑天、魄狼、幽和鯀趁敵人不注意時，隱身藏
匿，穿越了泥沼澤地，向東北奔行穿越叢林。前方山峰環
繞，千百里內的山巒林樹盡收眼底，無數古松盤根糾結，
千奇萬態。

也不曉得究竟又跑了多久，遠處背後隱約可聽見巨獸嘶吼
的回音，前方的地勢有兩道裂谷，高山崎嶇，四人站在懸
崖眺望，地闊天遠，樹葉被風吹得搖曳生影。刑天和同伴
走到懸崖邊，腳下幾粒碎石滾下山，寒風吹著雜草叢，黃
澄澄的枝葉前後擺蕩，一波未平一波又起。四人只覺得峰
高崎嶇，未曾留意是否有追兵跟蹤，幽掉頭回顧，忽察覺
周圍稍有動靜：「噓！你們聽！」

刑天、鯀和魄狼均是抄出鐵錐，準備迎敵：「是狩獵者！
」

忽然之間狂風大作，一陣強風把山上吹得嚴寒，落葉亂飄
。刑天的觀察力敏銳，立刻分辨：「是冷系符爆術！大家
小心！」

斜陽已墜地平，忽見天邊半輪月影隱現，射出萬道白芒的
光線耀照星空，一股涼爽之氣撲來，便覺酷寒侵骨。幽和
刑天均醒悟：「難不成是符爆師錦那羅？」正在心中盤算
，果然有個人影站在遠處的山峰，那男子衣冠華麗，頭戴
金螭紫冠，雙手捧著一台無弦琴，身上穿了衣冠華麗的百
蝶紅袖，束著五彩外罩和寬袖藍衫，問：「四位可是光明
御史？」

魄狼笑：「看來我們被發現行蹤了。」幽知道對方是個勁
敵，謹慎戒備：「果然是符爆師錦那羅！大家小心！」刑
天呼應：「既然有符爆師在此駐守，應該還有個幻獸師隨

行才對！」才剛講完，耳邊果然響起了一陣靡靡之音，起初樂韻悠揚，蕩人心志，音調一轉，忽變得哀聲如喪。

刑天曾經有和奏樂之人對戰過，謹慎戒備：「是幻獸師乾闥婆！」幽吩咐：「準備迎戰！」刑天抄出混天乾坤圈：「好！就讓他們見識看看蟠蛟之焰的神威吧！」魄狼在一旁數落：「刑天御史，四位郡主有命令，沒到緊要關頭可不能隨意召喚出四象獸啊！」刑天橫一眼：「這我曉得！」

鯀拿出八枚飛刀：「要大開殺戒了嗎？」刑天叫：「飛刀人！你負責帶路的！站到旁邊，這裡讓我來應付！」幽喚：「刑弟！分配隊形，你攻擊左邊，魄狼御史與我從右邊夾擊！」刑天點頭：「好！」

錦那羅和乾闥婆見敵人身形一閃，待見四人飛速奔到五丈近處，立刻退後：「樂師！左邊給你對付！」、「仙姑，我猜他們還有埋伏，千萬不可誤中敵人陷阱，不如先觀察一陣，再攻擊比較好！」乾闥婆笑問：「怎麼？你怕死嗎？」錦那羅搖頭：「這世界太多陷阱，謊言總是喜歡戴著無辜的面具，一臉慈眉目善的人，時常讓你跌得滿身傷痕，還渾然不知。」

幽和同伴聽不懂兩個敵人的對話，仔細審視，見乾闥婆美豔如仙，素體馨香，唇似櫻桃語言若笑，雙手持著一個紫仙琵琶，愈顯得纖腰嬝娜。另外右邊的錦那羅唇紅齒白，相貌斯文舉止風雅，脖頸戴著護身項鍊，問道：「你們四人，來到北方是想攻陷我們狩獵一族的盤岩宮嗎？」幽反問：「你們狩獵者為什麼濫殺無辜，企圖侵略四國？」乾闥婆道：「做事還需要理由的嗎？我們只是聽從戰神的話而執行任務罷了！」

錦那羅問：「仙姑，妳覺得我太仇視敵人了嗎？」乾闥婆冷艷道：「樂師，別為十全十美而擔心，因為你永遠都做

不到。」錦那羅搖了搖頭：「無論真話假話，一旦從口中說出，聽起來總是會變得很愚蠢。」

魄狼催促：「別跟他們囉嗦！先殺掉一個！留下一個拷問軍情！」鯀潛運內勁，投擲飛刀：「我攔住他們後路！」幽喊：「等等！別魯莽！」

錦那羅轉旋三圈脫下外袍，長袍內掛滿文帖，帖上黏著火藥粉。刑天聞到一股硫磺味，頓時領悟：「糟糕！那是引爆符！」錦那羅抽出火折往導火線一摩擦，將那件長袍拋飛天空：「大雪崩！靈符破爆術！」

突然之間，蕩在半空的長袍順風飄下，文帖散發出萬道紅光，周圍空傳來巨響甚具威勢，雪山的岩石都被炸得激飛。

幽和魄狼倉惶往左邊逃，冰岩被引爆符炸成碎片，煙霧朦朧，瀰漫住整座山峰，岩壁也炸出一個大窟窿，搖山動嶽，仿彿整個天勢都在震動。刑天扯著鯀的肩膀躲向右邊，掩著鼻問：「飛刀人！你怎麼樣？」鯀咳嗽：「可惡！咳咳！距離太近，差點兒炸成肉泥！」

幽在遠處喚：「刑天！你們兩人如何？」刑天回答：「我們沒事！」

忽聽見山峰上傳來巨響，岩石斷裂，幽立刻驚覺：「糟糕！難不成是爆符引發雪崩？」四人抬起頭看，萬斤之重的墜石和雪團掉落，煙霧朦朧，隱約可見許多雪霧俯衝滑落，嚇得四人急退避岩石後：「快找掩護！」

錦那羅回頭望著雪堆，呼喚：「仙姑！交給妳了！」

乾闥婆原本只想在旁觀戰，忽見同伴引發雪崩，逼不得已只好手腕高舉，將一串靈珠拋向天空：「靈幻術！雪獸！出來！」

山崖忽變得酷寒奇冷，積雪百丈，一隻濃密鬃髮的長毛象破冰而出，撞碎冰壁，身軀周圍冷霧彌漫。

颼颼的冷霧捲起寒凍，那地方萬仞冰雪，岩壁下有多處堅冰不能攀爬，碧空澄澈，雲霧遍處忽變成一片荒寒。刑天和鯀看見巨獸破冰而出，左閃右躲，同時逃開：「小心！」

那隻幻獸逞起威風，四肢用力踩踏著地面，竟將岩石震裂損毀，碎斷成礫片狀。

乾闥婆和錦那羅健步如飛，向前躍進：「雪遁術！冰封防禦！」

雪象遍體寒凍，忽堆起千丈冰壁，硬把雪崩阻擋在外。地面壓滿了堆積丈高的冰雪，似乎半點溫暖都感覺不到，雪獸用龐大的身軀當作屏障，隔絕了雪崩威力，避免二人被雪團沖下山谷：「這些光明御史豈不曉得，有雪的地方，就是我倆的地盤嗎？」

空氣中瀰漫著飛揚的雪霧，岩石坍塌，竟將山谷都給掩埋。刑天和鯀爬出雪堆，喘氣：「幽！你在哪裡？」幽和魄狼狼狽狽爬起，全身冰涼徹骨：「可惡！剛才太大意了。」

四人全身痲痺，手腳倒似凍殭一般，不聽使喚：「小心！若再被那奇謀暗算一次，恐怕就沒那麼幸運了！」

眼看前方一片寒霜雪白，冷風飄盪，宛如一條白色巨龍伏起不定。狂風驟雪吹個不停，乾闥婆和錦那羅甚為詫異，跳上雪象獸的長毛厚背：「居然沒被雪團掩埋？算你們四個逃得快，不愧為四國的密行御史！」刑天持起混天乾坤圈：「該我出手！」

魄狼和鯀均想：「他想召喚蟠蛟？」幽叫：「刑弟！先等等！」

刑天舉起混天乾坤圈，霹靂光環燒成一團藍火，焰氣衝天，突然遠處有個聲音喊道：「光明御史！別忘了你們的任務！」刑天頓悟：「咦！是崑崙郡主？」幽驚叫：「崑崙大人？」魄狼呵呵笑：「郡主大人來了，咱們還不護駕嗎？」

放眼眺望，三個黑影迅速奔近，後方是成群結隊的輕騎部隊。崑崙全身披掛戰襖，腰繫九環帶，喊：「幽！別忘了你們的任務！這地方讓雷烈、白雲老兒和俺來應付！」雷烈道：「先擒住幻獸師，就能解除通靈召喚術！」崑崙問：「雷烈！對付雪獸，使用火攻術最是有效，你現在是不是後悔當初沒帶如意風火輪了呢？」

雷烈沉默不語，背後尾隨著千人軍隊，皆是騎著戰馬的一流武者。白雲齋快如閃電，並肩追趕：「崑崙！雷烈！我們三人一起圍攻！」雷烈招呼：「千人軍團！攔截住東西南北！別讓敵人有路可逃！」千人侍衛響聲如雷，皆喊：「遵命！」崑崙笑：「白雲老兒！雷烈！俺先上了！」講完，右手抽出落魂鞭，旋舞轉圈喊：「水象通靈術！蟒麟蛇！出來吧！」

冰岩雪山的周圍忽被映成紫色，遠處一座冰湖波浪洶湧，有條巨大蟒蛇竄出水面，闊口開張，露出兩根尖銳獠牙。崑崙抽起落魂鞭，迴旋飛舞：「水獸！把那兩個傢伙捲下湖中！」

蟒麟蛇的體形大得駭人，連頭帶尾攪動湖面，激成無數波浪，旋出一圈好大水渦。

巨浪排打上岸，震耳欲聾，刑天和鯀向後一躍，左右分開：「小心！別給牠捲到水中！」鯀叫：「刑天御史！我掩護你的右邊！」乾闥婆見敵人似乎決意要大鬧一場，飛快退開：「樂師！你我分散應敵！」錦那羅舉止風雅，豐姿飄逸地奔向左邊，抄出無弦琴喊：「滅魔神音！」

刑天曾經和錦那羅對戰過，曉得敵人招式，驚喊：「大家小心！別被他的魔音分心！」鯀不敢大意，抄出飛刀射向敵人：「我來延遲他的行動！」可惜敵人手中的無弦琴夾雜一種強烈奏樂，好似無形飛刀照面擲來，那樂聲震得眾人耳鳴目眩，心神皆顫，仿佛身上的皮肉都要被震散一般：「可惡！那是什麼魔音？」

白雲齋的眉毛往上一豎，揮起金箔大力杵，睜眼喝叫：「瑞麒麟！土象土流壁！」

雪山附近的冰岩崩坍崛起，碎石塵沙四處飛灑，震天撼地，似乎整個地面都在搖動。刑天、幽、鯀和魄狼見那震塌之勢崩裂陸沉，撼動了十里方圓，均不敢輕舉妄動：「刑弟！雷烈大人、白雲大人和崑崙大人已經帶軍隊來支援了！趁現在我們快走！」、「幽！我們應該要從背後圍攻！趁這機會解決那兩個人！」、「繼續前進！這是命令！」

眼看那無弦琴的魔音驚奇刺耳，如此怪聲的邪法只要在幾丈內聽到，必是入耳既震得骸骨粉屑，臟腑也要裂損。索性白雲齋及時召喚出土麒麟，激起碎石粉土，滿空飛灑，頓時一陣鏗鏘聲掠過，堅冰的壓迫之力加劇，竟被衝破迸得碎裂。

錦那羅面容慘變，沮喪厲：「什麼？居然能破我的滅魔神音？」無弦琴的魔音衝破冰層，周圍灰濛濛的雪團滾滾襲捲，幽和同伴均是魄悸驚魂：「大家小心！謹慎從東南方撤退！」

乾闥婆見敵人想逃，召喚：「雪獸！攔住他們！」

遠方雷震聲響，雪象兩目閃爍，巨無霸的身軀搖搖晃晃衝撞來。刑天和同伴哪敢向前？顧不得只好隨機防禦：「小心！巨象衝過來了！」崑崙見部屬有難，旋轉落魂鞭用力一抽，喊叫：「水獸！水柱防禦！」

浪濤洶湧，蟒麟蛇竄出水面，連頭帶尾掀起嘩啦啦的大水渦，水柱急滾翻飛，往雪象頭頂壓下，乾闥婆機靈變招：「急凍術！冰封吹雪！」寒湖水面翻滾攪動，激起無數波浪，形成一道巨大水牆，正準備往雪象頭頂壓下，冷風過處，猛覺周圍忽變得如北極冰洋一般寒冷，衝勢急緩，噴發的水柱瞬間凍成堅冰。

乾闥婆笑問：「知道玄冰的厲害了吧？」

巨象衝破了萬丈堅冰，拓出一條龐大洞窟，鯀沒料到雪獸破冰而出，竟被撞得人仰馬翻，索性有堅冰阻隔化去了勢力，急穩住身爬起：「可惡！我要用飛刀宰了那隻怪象！」魄狼滿臉幸災樂禍，笑問：「沒撞死你嗎？真是命大。」鯀不敢疏忽，咬牙切齒道：「我可沒那麼薄弱。」魄狼答：「好在你應變機警，防備得快。」

幽謹慎戒備，對同伴三人說：「小心那隻雪象獸！牠能夠剋制水性靈獸，把水變成冰柱！」刑天點頭：「我們知道了！」

乾闥婆見刑天四人年紀不大，全都是根骨深厚、功力頗高，一望而知絕非庸流之輩，語言若笑道：「樂師！看來如今即使是在咱自己的地盤，還是沒辦法佔上風勢啊？」錦那羅反問：「仙姑、妳的意思是說我們走了霉運？」乾闥婆笑：「走了霉運？是嗎？我不這麼覺得，如果能找到一個匹敵的對手，就很幸運了。」錦那羅道：「無論幸運還是霉運，一旦打起來，總是得分出勝負得吧？」

崑崙吆喝一聲，把落魂鞭旋轉三圈：「水禦水牢術！」

四道水柱破冰而出，從蟒麟蛇的身旁湧上，震耳欲聾，狂浪翻滾互相排擠，高聳如山。乾闥婆也不甘示弱，身形飄逸躍上了懸崖高處，大喝：「敢來找死，今日容你們不得！」

寒意侵肌，碎裂聲撼震雪山，結冰的水柱崩塌斷裂，狼藉滿地。幽以潛入盤岩宮為首要任務，不願戀戰，對三個同伴吩咐：「快點走吧！」

刑天知事緊急，難為雷烈、崑崙和白雲齋在此應敵，豈能隨意輕忽：「幽！你們三人先走！我想辦法誘開雪獸，讓白雲大人他們有進攻機會！」幽吩咐：「眾位郡主對我們四人抱有極大的期望，你要違逆他們嗎？」

刑天稍有猶豫，白雲齋在遠處喊：「刑天！魄狼！敵人已經有所警覺，你們要在校報的哨兵抵達盤岩宮之前，率先一步潛入，否則軍隊有了警戒，就再難突襲！」乾闥婆恍悟：「原來是想潛入盤岩宮？」崑崙抽起落魂鞭：「蟒麟蛇！掩護他們！」

蟒麟蛇的形體大得駭人，左右數十丈長，把週圍壓開兩排雪痕，蠕動起來更是震得地皮晃動。乾闥婆和錦那羅左右逃開，避過攻擊：「雪獸！壓住牠！」

長牙巨象抬起前足，龐然大物像是泰山撐頂壓在蛇尾，蟒麟蛇的尾巴被踩住掃動不得，張口獠牙外露，連頭帶尾互相排擠，捲住巨象的身軀。

崑崙見海靈獸遭縛，暗驚：「糟糕！情勢對俺不利！」乾闥婆也看出破綻，喊道：「雪獸！把牠凍結成冰！」白雲齋見同伴有難，抄起金箔大力杵：「瑞麒麟！土流分離術！」

蟒麟蛇和長牙巨象糾纏在地上打滾，周圍的雪片四處飛灑，乾闥婆施展靈力，蟒麟蛇正要被雪獸凝結為冰霜，忽見一隻土黃色的麒麟迅速奔馳，跳起來一口將巨象的頸項咬住。雪象獸想要掙扎，忽見瑞麒麟往地鑽下，穿山鑿穴打出一條通道，地面好似波浪起伏，震得眾人略微搖晃，雪象獸也跟著翻倒在地。

崑崙趁勝反擊：「水獸！甩開牠！」

蟒麟蛇滿身的鱗甲紋淋著雪花，想把狂浪水勢攪拌成漩渦，無奈附近沒有大湖可以湧起，一聲怒嘯，掃出結冰的尾巴擊打雪獸，可惜長牙巨象的毛皮又硬又厚，只稍微傾斜，壓坍岩石。

地上的雪團被弄得烏漆麻黑，整座雪山劇烈搖晃，彤雲密佈，朔風凜凜。索性瑞麒麟及時援救，蟒麟蛇才沒凍結成冰，饒是如此，也已經凍損了不少靈力。

放眼觀望，疊嶂層巒的雪景白茫茫一片，嚴風將地面冰結甚固，刑天、鯀、幽和魄狼被堅冰阻隔在遠處，崑崙喊道：「你們四個繼續執行任務！這裡由雷烈、白雲老兒和俺來擋住！」

幽曉得自己四人若再不走，恐怕耽誤了要事，抖擻精神，一個飛身從陡崖的雪堆躍下：「我們快走！」魄狼和鯀隨後跟上：「這等大雪把幾百里都凍的似鏡面一般，想必連盤岩宮那邊也凍住了吧？」、「嘿！靠這冰層，應該不需要船隻就能渡河了。」刑天回頭望幾眼，拜謝了道：「白雲大人！崑崙大人！雷烈大人！你們保重！」

幽和同伴踏著冰岩穿越潤谷，四人步法快慢如一，飄蕩的雪花落在肩膀，隱約可見北方的極光藍綠閃爍。但想瑞麒麟和蟒麟蛇擁有翻江攪海之力，應該不至於敗給長牙巨象。如今大敵當前，刑天四人隨時留意，一有警兆就得潛避，唯恐多生枝節。

遙望百里方圓全是萬丈堅冰，峰巒環繞著愈顯得壯麗，只是四人美景當前也無心觀賞。奔跑將近兩個時辰，忽見遠處最高峰頂上白茫茫一大團東西，如雷轟電掣般發出聲響，鯀暗驚：「三位快躲起來！」刑天、幽和魄狼還以為誤觸埋伏，分別跳到岩後仔細觀察：「怎麼？」

一隻神鷹兩翼搧風飛來，所經之處捲起百丈白塵，飛雪彌漫，聲勢驚人。山頂的積雪被掃墜谷底，雪團滾到百丈深淵，迎撞石峰又是山崩地裂幾聲大震。雪團撞散，激成碎冰，碎雪散成白沙把山谷全都遮蔽，白茫茫的難以目視。

鯀壓低聲音，解釋：「那隻是雷鳥。」幽和刑天驚詫：「是戰神帝釋天的幻獸？」鯀點頭：「雷鳥號稱是幻獸之首，牠乃是由雷魂珠提煉，所召喚出的聖物。這隻神鳥會放出雷電，若是被牠劈中，後果不堪設想。」魄狼微笑：「你知道的事情可還真多。」鯀回答：「那是因為我喜歡四處雲遊，因此見聞多廣。再說，倘若我什麼都不曉得，四國郡主豈會讓我參與戰爭，來替你們引導路線呢？」

刑天點頭：「嗯！那我們趕緊上路吧！老鷹是不會飛出巢穴的，要殺帝釋天，必須深入虎穴。」幽問：「還要再多久，才會抵達盤岩宮？」鯀指向北方：「繼續走下去，就會抵達雲間道，雲間道的盡頭處，就是盤岩宮的所在位置了。」

刑天掏出鐵錐：「雲間道是駐兵的最後防線吧？看來那地方應該是由羅裟和夜叉這兩個獵命師鎮守了？」鯀點頭：「嗯！」幽叮嚀：「大家小心！對付這兩個人要格外謹慎，他們的煉血術、陰陽奇門遁法可以隔空殺人，千萬別被血霧濺到，免得誤中幻術。」

眾人點頭表示明白，鯀問：「幽御史，從現在開始將會進入盤岩宮殿的範圍，我們四人的隊形應該如何排列會比較好？」幽思索半晌，提議：「我們四人分成兩隊，刑弟與我各有一柄萬古神器，因此需要分散風險，若是遇到強敵，才有辦法兩邊抵擋。」刑天問：「幽！我們二人分開兩隊？」

魄狼忽走來道：「我有個想法。」幽點頭：「魄狼御史請說！」魄狼解釋：「不如讓我和刑天御史二人一組吧？我

們同樣身為白雲大人的部屬，應該要多多培養默契才對。」幽不疑有它，點頭：「好！」講完，忽伸手入懷，掏出令牌交給刑天：「這東西由你收著。」刑天詫異：「幽？」

幽解釋：「刑弟，我們四人之中，以你瞬身術的速度最快，潛入任務需要一個能進能退之人，只有你能佔著速度的優勢暗殺帝釋天，因此接下來的任務，要麻煩你了！」刑天問：「那你們兩個該怎麼辦？」幽回答：「你別擔心！我擁有鋼鐮刀，鵁鳳凰的疾風之力可以保護我的。若是拿著令牌，唯恐我會分心，我要你率先潛入盤岩宮，若是魄狼御史和你遇上麻煩，鯀兄和我會隨時在後掩護的。」

刑天點頭：「好！」幽催促：「那我們快走吧！」刑天突然想起一事，又喚：「幽！」幽回過頭問：「怎麼？」刑天從脖頸上取下一條木圈項串：「這條項鍊交給你！」幽疑惑問：「刑弟！怎麼了？」刑天解釋：「這是我娘親生前的遺物，你戴著它！若是遇上危險，它能夠保護你的！」幽伸手接過，微笑：「好！」說著，毫不猶豫地將那條木圈項串掛在脖子上。

鯀率先奔前：「三位先離開此地吧！恐怕報校的哨兵一旦抵達，盤岩宮有了警戒，我們就再沒機會潛入了！」幽點頭：「嗯！我們啟程！」

四人不敢怠慢，迎著寒風向前奔馳。那雲間道有白霧環繞在遠近峰巒，腳下的祥雲被風吹過，吹成團片上翻下揚。孤峰下的參天石壁凍霧迷漫，天氣酷寒，地勢險峻異常。眼看附近的山峰靜蕩蕩的，多是千萬年的冰雪所堆積，連個鬼影都休想見得。

雲隨風靜，月光照映在雲層稀薄之處，長路的盡頭處隱約可見一座莊嚴雄偉的高大殿閣。刑天和幽立身於最高處，雲霧都在腳下隨風浮盪，鯀忽停頓腳步，指著前方說：「三位快看！那邊就是盤岩宮的位置了！」

刑天、幽和魄狼放眼眺望，隱約可見一輪朝日浮現天邊，均想：「糟糕！清晨了嗎？那可不容易潛入宮殿。」

初時可見西邊透出紅影，遙遙相望，東邊卻是凍雲密佈，刑天頓悟：「怎麼天色可同時看見日夜之分？」
鯀指著海天空曠的幻景，解釋：「盤岩宮殿的位置靠近冰洋與極海交界之處，那冰洋極海是天地與山海的盡頭，橫斷了日夜的差別。東半邊若是天青水碧，西半邊則會是月光雲影。」

刑天和同伴端詳地勢，果見半輪紅影浮於海天盡處，遠方的冰洋極海波瀾壯闊，隱約可見巨鯨出沒於驚濤駭浪之中。山海相隔底下則是冰浪洶湧，懸崖的半邊光明如晝，另外半邊則有月光從雲隙透下，景物半明半暗，若不仔細看清還疑是自己眼花。

鯀挺起胸膛，深呼吸一口氣：「嘿！晦氣狗頭！這種喝氣成霜的寒天，海中居然沒凍結成冰？真是有趣！」刑天望著冰洋極海，思索：「北方乃是黃道與地軸的起點，這裏已經算是地極的盡頭處，萬千方圓的冰雪覆蓋，雪岩崩裂之時會滑落海中，但是冰洋極海的海水卻是恆古不凍，世界真是無奇不有。」

眾人沉思半晌，幽突然開口，描述：「傳說在很久以前的洪荒時代，有兩個大神爭奪天地，地繞黃道每六萬六千六百六十六年必有天劫。當時的世界遭受了大災難，冰洋極海的積雪被烈焰融化，形成無數川流。冰河遍野，城鎮中氣溫驟降，萬畝方圓的地域被汪洋淹沒，島嶼陸沉，天傾地陷的空前巨災一觸即發。在那個時代，冰洋極海的浮冰速度消融，海面上升，原本被冰封在地層下的靈獸也發生了異變，遠古生命逐漸甦醒。傳說中的四仙人遵照天象經緯的指示，在極地荒涼的隱僻之處發現了天地相輔、山海相循的奧秘。靠著天地山海所吸收的日月精氣，經過火風

水土的醞釀淬煉出了幻化靈珠，使用這股力量解救蒼生，並且扭轉了人類榮枯興衰的契機。」

魄狼道：「嘿！戰爭是永無止盡的動亂，人生充滿了許多如果，結局卻都只有一個。光明御史的命不是由自己掌控，我們既然是四國軍隊的重要主力，就要為國而戰。快走吧！」幽回眸一笑：「歲月並不能使人衰老，只有放棄理想，才會使人死亡，或許人生是不公平的，但是我們就學習去接受它吧！」

鯀引著三人踏過雲間道，前途險阻，萬里廣漠的冰原被雲霧覆蓋，刑天和同伴三人正在執行任務，因此也無心觀賞。忽聽得遙天雲際馬蹄之聲，四人何等機警，一見便知情況有異，立刻潛伏在雲石築成的長路左側：「噓！快聽！」

孤峰的山頂三面皆海，懸崖下是一望無際的冰洋，海鳥在靈山上空飛行，成群浮魚出沒於冰海之中，有個報校的哨兵騎馬急馳來：「喝啊！喝啊！」刑天心喜：「是前往盤岩宮報訊的士兵！快阻止他！」魄狼冷笑：「這個傢伙讓我來解決吧！」幽的雙手按住二人肩膀，壓低聲說：「先等等！」

海天空曠的雲間道忽變得陰風驟起，寒氣襲人，兩個黑影從霧中透現出，冷問：「什麼人？」、「艷屍！看來有食物親自送上門來啦？」哨兵嚇得跌下馬鞍，跪地磕頭：「啟...啟...啟稟二位大人！有敵人入侵狩獵國！」

一個妖艷女子酥胸半裸，裙下圍著半截薄紗，露出兩條玉腿，緩緩走來問：「什麼？」

刑天、鯀、幽和魄狼躲在雲岩遠處，均警覺：「是獵命師羅裟和夜叉！」

羅裟的聲音柔媚，蓮步輕移走了過來：「是四國聯盟的軍隊？」哨兵聲音顫抖：「大...大...大人！是四國聯盟用萬古神器召喚出四象獸，正在攻擊泥沼澤地！」

夜叉瘦骨嶙峋，兩根尖銳的獠牙露出嘴外，咬緊牙道：「豈有此理？竟然這麼大膽？」羅裟滿臉笑容：「恐怕是為了要報復我們上次突襲四國境內的事吧？」

夜叉問：「艷屍，妳覺得我們該如何做好？」羅裟答：「先回去把這消息報知戰神，然後再出決策。」夜叉猙獰叫：「沒聽見艷屍說的話嗎？還不快去傳遞消息？」哨兵嚇得倉惶爬起，跳上馬鞍：「小...小的聽命！」

刑天和同伴正在疑惑，忽聞得雲間道的遠處一片鞭聲喝打，那匹校報的快馬疾速飛馳，朝著遠方揚長離去。

刑天詫異：「糟糕！不能讓那傢伙回去報知消息，否則襲城的計策就前功盡棄了！」幽壓低聲囑：「刑弟！你和魄狼御史去追報捷的，這兩個獵命師由我應付！記住！我們的使命是完成任務！」刑天輕喚：「幽！」不等喊完，同伴卻早已經跳到雲石的另外一端，抄出鐵錐朝敵人奔去：「獵命師！你們的敵人是我！」

夜叉和羅裟詫異：「咦？什麼人？」
幽相隔還有四丈遠，雙手一揚，五枚鐵錐擲去：「接招！」

羅裟將頭一低，運足氣力，化個魚躍龍門之勢翻滾而過：「餓鬼！」夜叉站在同伴身後視線被擋住，見那暗器飛來，急忙用碎骨刃護住：「可惡！」大喝一聲，向後滑行無法收勢，橫刀將五枚鐵錐打散：「嘿！想偷襲我？」

羅裟問：「小伙子你膽子真不小，居然敢跑來這裡送死？」幽道：「只要尚有一絲氣息存在，我就會盡全力守護著四國，拯救百姓脫離苦難！」

226

夜叉穿著烈火袈裟，陰森一笑：「擺脫苦難？嘿嘿！如果你想擺脫苦難，就必須變成一具屍體，與其死後化為塵土，不如活著給我生吃，別人是為了生存而吃，我則是為了吃而生存！光明御史！你們曉得為什麼我要吃人嗎？這世界是一個人吃人的世界，如果我能吃掉多一點人，我被吃掉的機會就少一些，如果我不吃掉別人，別人就吃掉我，這就叫現實！」

幽毅然搖頭：「這個世界不是只有殺戮！你的生存之道是什麼？」

夜叉捏碎手中的人頂骷髏：「我最喜歡聽見骨頭折斷的聲音，看到血從傷口流出，就感到一股莫名異常的興奮！有沒有好吃的？嘿嘿嘿！讓我來對付你，我要把你的骨肉啃個乾淨！」羅裟玉臂一伸，攔阻：「餓鬼！且慢！這或許是敵人的調虎離山之策。」

夜叉詫異：「什麼？」羅裟分析：「泥沼澤地號稱是鬼門關，從來沒人能活著進入，活著出來。怎麼四國聯盟的軍隊明目張膽進攻泥沼澤地？想必是想引著我們從盤岩宮調派軍隊去支援，然後趁著空城之時，攻陷盤岩宮吧？」

刑天、鯀、幽和魄狼四人心中一凜：「這個羅裟好精明！」

「是調虎離山之計嗎？既然如此的話...」夜叉的口中念誦刑咒，咬破舌尖，大口鮮血噴去：「煉血魔光！」

前方忽垂下五色煙幕，耀目難睜，幽曉得煙光彩霧必是厲害妖法，摸不清敵人弱處，加強戒備，向後撤退：「咦！是陰陽奇門遁法？看來得謹慎面對！」忽覺身旁的壓力倍增，三個千嬌百媚的赤裸美女從彩霧中隱現，柔肌如雪，玉乳酥胸在霧中隱約可見，真讓人遐想銷魂。

幽料知敵人妖術厲害，守定心神用真氣閉住，手中鐵錐拋飛去，幾個少女一聲嬌呼，捧著酥胸化為塵霧。鯀躲在雲岩後正看得心迷神馳，忽被刑天搖醒：「小心！別中了敵人詭計！」

鯀被他說得無言可答，強鎮心神：「差點兒上當。」刑天壓低聲說：「你們二人在這等候，我去幫幽。」鯀搶上前，一手扯住同伴的肩膀：「慢著！」刑天疑惑：「怎麼？」鯀道：「他是與我同一組的隊友吧？」說著，伏起個撥浪推波之勢，一個鷂子翻身跳出雲岩，抄了飛刀往敵人奔去：「幽御史！我來助你！」

刑天詫異：「飛刀人！」魄狼在旁囈語：「看來只有我們兩個能夠繼續前進，執行任務了。」

在雲間道上，幽擺出一個伏虎鶴行的架勢，雙腳墊作人字步，防守：「你怎麼也來了？」鯀奔到身邊：「嘿！我倆被安排在一塊兒吧？」

夜叉詫異：「還有一個？」羅裟分析：「餓鬼，他們應該還有同伴在附近才對，攔住他們，別讓敵人繼續前進。」幽舉起鐵錐護住面門，輕聲對同伴吩咐：「想辦法引開那兩個獵命師，讓刑弟他們通過。」鯀握緊飛刀，點頭：「明白！」

夜叉見兩個敵人遲不出手，笑問：「怎麼不來攻擊我們？難道光明御史的武功如此不堪一敵？」羅裟音聲柔媚，微笑：「餓鬼，光明御史的武功只能近身肉搏，我們的法術卻能隨心使用，他們不敢攻過來的。」夜叉回答：「既然如此，還是快用煉血術，讓他們魂消魄散吧！」

幽和鯀摒除雜念，謹慎應敵：「鯀兄，待會對付這兩人時，必須善用你的飛刀技巧，長程攻擊！千萬不可被敵人的血霧沾到，以免誤中幻術。」、「這我曉得！」幽再問：

「準備好沒？」鮌雙手微揚，獨門秘技的飛刀一窩蜂擲去：「走吧！」

羅袈和夜叉分別抄出吹雪扇和碎骨刃，兩柄利器撞在飛刀，摩擦出萬道光火，幽和鮌做個魚躍龍門之勢跳上雲岩高處，再連續擲出鐵錐和飛刀，絲毫不給敵人反擊機會：「刑弟！魄狼御史！趁現在快走！」

羅袈和夜叉詫異：「咦！什麼？附近果然還有埋伏？」

忽感覺側肩生風，刑天和魄狼飛快竄出雲岩，從旁掠過。夜叉反應機靈，橫起碎骨刃往兩個敵人的肩頸砍去，無奈那刀勢雖然拿捏準確，幽和鮌的暗器攻擊卻讓自己無法分身，手中的碎骨刃正要往刑天和魄狼的關節處斬落，忽然肩膀被飛刀和鐵錐刺中，向後微仰，碎骨刃叮叮噹噹，落墜在地：「可惡！」

羅袈曉得刑天和魄狼有了防備，根本難以砍到敵人，一見夜叉受傷，立刻掩護：「快用血遁！」

夜叉受了輕傷，急忙咬破舌尖，一口鮮血噴向敵人：「去死吧！」幽驚喊：「小心！快遠離他們！」

突然間煙霧沖天，一片血雨煉化出的妖術當頭罩下，連殘魂難都逃脫，索性刑天和魄狼才剛從獵命師身旁掠過，立刻向旁滾開，做個翻身鷂子，落在遠處：「幽！」

幽相遙呼喊：「你們快去追哨兵！這裡由我們兩個應付！」

夜叉所噴吐的血霧飛散天空，若被血霧濺到身體，恐怕口吐白沫。幽和鮌用真氣閉住，潛心防禦，可惜前方有霧阻擋，無法通過雲岩。

晃眼之間，刑天和魄狼已經跑遠，羅裟和夜叉被霧籠罩，也不願意隨意離開煉血術的範圍，四人僵持不下，羅裟露出兩條白霜玉腿，淫笑：「二位攻擊我一個柔弱女子，不覺可恥嗎？不如寬衣解帶，來與我風流快活吧！」

幽謹慎應對：「真是不知羞恥，看我今天在此解決你們。」羅裟捂著唇，笑格格道：「世上最吃虧受氣之事，莫過於男人到處風流，女人稍微放蕩便被稱呼淫婦。我為爭這口氣，不必人說，先以淫婦自居，立志玩盡天下男子，向我學習的就是朋友。嘿！可不是我羅裟自認天生淫蕩，見了男人不勾上手絕不罷休，誰叫那些野男人迷我太深，每個都是甘心情願，死到臨頭都還快樂似神仙呢！真是愚蠢！」

「看來只有用萬古神器召喚出天靈獸，使用鶉鳳凰的風象之力，才有辦法驅趕邪霧了！」幽謹慎思索，靠著靈機應變也未損傷於煉血術的幻景，這時大敵當前，忽轉頭詢問同伴：「暗器準備好沒？」鯀的雙手抄進口袋，十指挾起八枚飛刀：「嘿！那當然！幽御史！我們上吧！」

第十章 盤岩宮之戰

由於幽和鯀斷後掩護，刑天和魄狼避開了兩個獵命師的攻擊，急速追趕哨兵，企圖攔截住戰馬。遠處的萬道光芒向天空伸展，雲層被陽光照映，幻化為奇輝虹光。

太陽的全貌在壯闊無邊的北方呈現，南方卻仍是寒荒陰晦之地，遙望前方，當下也不曉得泥沼澤地的戰況如何？刑天不願驚動敵人耳目，全力飛馳，沿著雲間道穿梭於千層寒霧之中，雲岩的懸崖底下是冰浪洶湧，日月山海相交之處。

眼看遙遠的冰洋極海依靠足跡無法抵達，長路盡頭白雪蒼茫，隱約可見一座翠玉牌坊，牌坊後是瓊宇瑤階的宮殿，東南西北各有雕、鷥、鳩、鶴四仙禽的石像駐守，仙雲縹緲，高寒積雪恆古不融。

積雪使得山路泥濘難行，樹枝上的殘雪結成銀花，瓊枝顯得美艷。一縷塵煙捲起幾團雪花，有個哨兵騎著快馬往北方奔馳，魄狼見了驚喜：「要追上了！」刑天抄出鐵錐：「快攔住他！」

二人追蹤地上蹄印，跑到大腿酸麻，穿在身上的禦衣盔甲均弄得滿汗浹背。魄狼顧不得處在險境，向前一躍，舉起鐵錐往哨兵的肩上斬落：「下來罷！」

那報捷的士兵吃驚被砍，怪叫一聲跌落馬鞍，撞了滿臉的雪水，頓時覺得寒氣侵骨。魄狼的五指往厚背抓下，一把扣住敵人的肩頸穴，將他制伏在地：「哼！還想逃？」哨兵慘聲不絕，鮮血灑了滿地，刑天一個健步奔來，扯住手腕：「夠了！他已經死了！」

魄狼笑道：「你若憐憫敵人，就是叛國！」刑天強忍怒氣，不願爭辯道：「趁著敵人還沒察覺，我們趕緊潛入盤岩宮！」

雲間道乃是大雪山高處的一條橫嶺，孤峰入雲，冰洞甚多，大半地勢盡被冰雪覆蓋。懸崖下濤聲擊岸，遙山遠處時常可見海鵝與白熊在浮冰上追逐。山海相連之處乃是極冰荒寒之地，寒獺和冰鵝的數目千百為群，通體白毛的霜熊則是又肥又壯。突然間水柱湧起，直達數百丈，冰洋巨鯨如高山而立，一會兒冒出水面又沉下去，時隱時現，消失在萬里方圓的海面。

參天排雲的古樹環繞在群峰之上，刑天和魄狼沿著雲間道向前飛馳，城垣顯是累積了長年風霜，有些磚石已經剝落。

酷寒的冰層甚是堅固，海洋不能入侵，那盤岩城的地界廣約千里之大，周圍被冰洋圍繞。浪花飛舞，數萬里方圓內的冰洋波濤澎湃，與天光雲影相互輝映。山海交匯處可見有浮冰從岩層斷裂，乃是地極奇寒之處，草木與古柏蒼松生長在盤岩城宮殿的周圍，刑天和同伴也無暇欣賞這羣靈仙景，腳下慢步，伏在雲岩後：「準備潛入宮殿吧！」魄狼問：「誰先潛入？」刑天回答：「我先進入，等到守衛放鬆，再想辦法放你入關。」

此時一陣寒風吹來，二人站在山峰上觀望，遠處盡是連綿不絕的焦樹，似乎曾被雷電劈中，魄狼冷笑：「嘿！那地方恐怕曾被雷擊中，後來起火燃燒，烤個焦黑，沒啥好大驚小怪的。刑天御史！咱們繼續往前走吧！」

天空無風，刑天和魄狼來到了盤岩宮的外城，幾個駐兵執槍鎮守，在牆垣的城樓上踱來踱去。一個守城的侍衛拿著火炬，站在城垣上瞰俯地下，放開喉嚨問：「站住！什麼人？從哪裡來的？」刑天喬裝改面，頭上戴一頂范陽笠帽走到城門前，招手：「我是鬼門關那邊派來的使者！」守

城的侍衛半信半疑，問道：「泥沼澤地做什麼派人進城？
」

刑天掏出軍符令牌，對著城垣上的侍衛大叫：「鬼門關那
邊有要緊事求見，快將城門打開！」守城侍衛見了對方手
中的軍符令牌，確認無誤，對著城內的同伴吩咐：「是自
己人！泥沼澤的使者來了，快將城門打開！」

厚重的城門緩緩打開，四個守城侍衛大搖大擺，提著長槍
走出來看：「你是喇珈大人和迦樓羅大人差派來的使者？
」刑天假裝慇懃，把那軍符令牌遞到侍衛手中，解釋：「
我受了迦樓羅大人的命令，要來這兒調兵。」守衛好奇問
：「調兵？泥沼澤地發生什麼事？」刑天答：「泥沼澤地
被四國盟軍攻擊了。」守衛心中一驚：「什麼時候的事情
？」刑天道：「這事只能向宮內報告。」

守城侍衛心想這話有理，仔細盤查那軍符令牌鑒此乃真品
，放人進城去：「快走！快走！火速將情勢報知戰神大人
，不可延誤！」刑天點頭：「遵命！」侍衛詢問：「需不
需要我們派幾個人，替你引路？」刑天搖頭：「不須麻煩
，這點小事我自能處理。」

魄狼埋伏在雲石遠處，稍瞄了那高聳牆垣幾眼，將一包火
藥彈叼在口中，冷笑：「嘿！準備該我行動了。」

二十幾個侍衛喧嘩噪鬧，人群擁著刑天走入城內，街道旁
有兵丁執槍拿刀，各處巡邏。沿街鋪列擺置許多桌凳，還
有婦人擁項淨巾，冠成宮粧模樣，體態輕盈地在樓間的閣
兒唱喏起舞，疑是被擄來押做奴隸的。那些婦女見有人行
進入關，陸續爭著熱鬧捲起簾兒，將頭探出花窗懸望。

刑天走在路上，見街道兩端胭香拂風，還有一派喧鼓和樂
聲伴奏，忽聽背後有守衛大叫：「啊！快關上門！」眾人
回頭一望，忽見城門外紅光映天，黑煙直衝上天，天坍地

塌一聲巨響，接著又有人大叫：「哎喲！發生什麼事情？快去支援！」

守城侍衛還以為軍隊衝撞城門，有人嚇得魂不附體，放開喉嚨喊：「敵人闖進城啦！敵人闖進城啦！」街上亂成一團，有婦女把桌子椅凳全都撞倒：「啊！城外有人！」侍衛喊：「快關上門！」

刑天機靈應變，順手拋飛了頭頂的范陽氈笠，一掌抓住兩個侍衛：「可惡！魄狼御史在搞什麼鬼？」兩個守衛嚇得低頭閃避，可惜速度趕不上他，一個不慎竟被捏住喉嚨，左掙右扎喊不出聲。刑天把二人往旁一撇撞上了路邊的酒缸，二人全身盡濕，躺在地上，哀哀呻吟。

城門的樓台有煙霧升上天空，仿彿火上澆油愈燒愈烈，不到轉眼，臨近的樓房也開始燃燒。城內的守衛還沒搞清楚狀況，卻見許多兵丁身上着火，陸續從城門的牆垣失足跌落。有侍衛左閃右逃，失聲喊叫：「敵人襲城衝進來了！快關住城門！」才叫兩句，數枚鐵錐射來，刺穿胸膛，守衛悶哼一聲，摔下高牆，跌個粉碎。

眼看街道上一場混亂，群眾和婦女倉惶逃竄，魄狼健步如飛往城門口奔近，從哨兵手中奪過月犴鑣，斬斷城關鐵鎖，似乎有意把這地方佔為據點：「嘿！真是一群廢物！」

百姓還以為有大批軍隊長驅直入湧進城內，嚇得在街上亂叫亂跳，哨兵把幾根弓箭點火燃焰，從城樓上發射，照準腦袋沖天墜下。魄狼和刑天抄出鐵錐把羽箭斬斷，左迴右避，躲入暗巷：「快！刑天御史！我們先找掩護！」、「你在搞什麼鬼？做什麼擅自闖進來？」

城內的街道有馬蹄與腳步聲促趕，擾亂了宮殿外的寧靜，魄狼和刑天改換服裝，飛速潛入民宅。城里居民喧嘩，響聲傳遍方圓幾里，哨兵遍處巡邏，有人鬧叫：「剛才發生什麼事情？快搜！」

如今鐵鎖鏈被斬斷，城門再也無法關上，若有士兵捲起旗幟，長驅直入地湧進城，恐怕再無法擋。原本刑天是奉命帶著軍符令牌混入盤岩宮，謊稱自己是從泥沼澤地派來調派部隊的，誰曉得魃狼臨時更改計劃，闖關進城之後立刻砍斷鎖鏈，似乎是想控制關隘，讓四國盟軍能夠趁虛而入。

混亂中也不曉得敵人潛伏在哪邊，哨兵喊叫：「大家守緊城門！快想辦法修理鎖鏈！若看見城外有人，無論如何只管把亂箭射去！休理他是敵是友，全部一併誅滅！」

刑天非常憤怒，扯住衣襟質問：「為什麼臨時改變策略？解釋清楚！現在我們的行踪被人察覺，這會帶來多少麻煩，你知不知道？」魃狼撇開對方的手，微笑：「放輕鬆點，那些士兵微不足道，你我均能輕易應付的。」刑天責怪：「為什麼不等候我的指示？為什麼要隨意變更計劃？」魃狼解釋：「剛才粗心大意只殺了一個哨兵，我躲在城外恰巧撞見另外一個，正要殺他，卻被城關駐守的侍衛察覺行踪，逼不得已只好臨時更改策略，所以才闖進來。」

刑天聽對方解釋理由，稍微平息怒氣：「算了！計劃變更已經無法再改，我們的任務暫時告個段落，現在就等軍隊來支援吧！」魃狼微笑：「嘿！我倆幹得好啊！」

「小心！」單憑光影分辯不出什麼兵器，噹琅聲響，有根長槍從屋簷投擲下，二人飛快閃開，暗疑：「咦！是誰？」

天空的陽光耀眼奪目，有個男子穿掛兩截大襟衽，肩膀披著羊毛篷氈，下套褶寬腳褲，手足均繫有防禦刀箭的掩膊和護腿，哼聲道：「是你們兩個進城搗亂？」刑天立即分辨：「小心！是符爆師阿修羅！」魃狼詫異：「什麼？」

男子豹頭環眼，年輕力壯，一個飛身跳下屋簷，從口袋抄出一堆符紙：「火焰殺！氫符爆破！」

民宅忽散發萬道紅光，木板和磚瓦被引爆符炸得沖上天空，煙霧朦朧，瀰漫了整座盤岩宮。刑天和魄狼被火焰符震得五臟六腑幾乎顛轉，索性二人及時逃出了爆裂範圍，抬頭見樑柱裂斷，瞬間傾垮：「小心！這人是力神阿修羅！」

魄狼用袖子遮蔽口鼻，咳嗽：「可惡！看來還是被察覺了啊？」刑天回答：「那是因為你太衝動闖入城內，斬斷鎖鏈的緣故。」魄狼搖頭：「我被角樓上的駐兵發現行踪，不得已才逼迫行動。」

此番變故來得突然，士兵不明來歷，焦急喊：「快提水救火！」

煙霧迅速將民宅吞在火焰，樓房焚毀，頭頂上紅煙直冒。阿修羅舉起武器，連肩帶胛向前一推，手執三叉鋼戟朝二人的心窩攻擊：「看我解決你們！」刑天急把鐵錐在胸前挽個圓圈一撥，將對方的鋼戟壓住：「別讓他使用符爆術！」魄狼隨後衝上，想折敵人的肩肘關節：「我知道！」

阿修羅自知不妙，急忙放開手中的三叉鋼戟：「哼！便是你們兩個打一個，我也能贏！」魄狼使出撥浪推波之勢，將兩臂一合想絞住關節，不料敵人使個魚躍龍門，向後跳開：「可惡！」

刑天異常機警，見同伴撲空立刻追擊，運足渾身氣力，聚向拳頭往敵人的肚腹攻擊：「我來！」

阿修羅使個輕功，做了翻身鷂子落在遠處的空地，正想抄出靈符使用爆破術，誰知刑天速度快得驚人，一轉眼就閃到面前：「什麼？」

刑天的拳勢從衣袖透入，阿修羅無法架擋，衣甲的護心鏡立刻碎裂，一股熱氣衝撞肚腹，忽感覺血氣狂翻亂湧，向後滑行數丈距離，勉強找到煞腳之處，連忙蹲個馬步，穩定重心：「唔...咳...咳...好快！」

「他們在這裡！」混亂中有追兵持槍趕來，魄狼側身閃過，迴旋一腳將那人的腦袋踹個稀爛：「沒本事的東西！滾開！」

其餘幾名追兵撞見同伴慘樣，嚇得前推後擠，一時倒也不敢斷然逼近。刑天評估情勢，吩咐：「先撤退！」阿修羅神情慎重，叱喝一聲：「大膽孽賊！想逃？」雙手做爪，疾取敵人的肩膀脅下：「納命來！」

魄狼飛身迴避，轉旋三個半圈，從旁掠過：「嘿！」阿修羅使出雙拳截擊，運勁猛打，招式撲空卻將岩壁給鑿出幾個窟窿：「可惡！」

刑天見敵人試圖攻擊同伴，一個開門之勢化守為攻，二人旗鼓相當，速度越打越快，看得圍觀的追兵觸目驚心，根本無人敢提刀上前攻擊，深怕一個失誤忽被勁風掃中，那可真會血濺滿身，遍地屍橫。

刑天見敵人的一招狠似一招，心想自己若不及時撤退，則極耗損體力，當下立刻擲出鐵蒺藜拋撒在地，一個飛身，騰上屋簷：「快撤退！」魄狼也跟著做個翻身鷂子，踏在磚牆跳上去，消失不見。

追兵原本凝招不發，躲在旁邊仔細端倪，試圖推敲出刑天招數的弱點，再想辦法趁機攻其不意。混亂中也沒料得敵人亂擲暗器，幾個士兵跌倒受傷，身旁諸多顆蒺藜落墜在地：「啊！啊！好痛啊！」阿修羅左滾右閃躲避暗器，跟著跳上屋簷：「卑鄙！」

刑天輕功非凡，腳下速度踏得極快，東穿西梭兜個半圈，回頭再看已經不見魄狼和阿修羅的身影。當下看準一處狹窄巷道跳落，竄高伏低闖入民宅，將掌力驟聚右手推開房門，迅速關上：「吁！吁！」

還沒歇息足夠，哪裡料得屋內竟然有個妙齡少女回頭驚看，滿臉措愕望著自己 ：「咦？什麼人？」刑天細看端睨，把食指疊在嘴唇：「噓！別講話！」

屋內才剛變得安靜，頭頂上忽然又有個男子大聲怒罵，喊叫：「去妳個千年王八小妖女！有種一刀殺了我，將老子吊在這裡算是什麼意思？」刑天心想：「咦！這人聲音有些耳熟，不知是誰？」抬頭與那人面容相對，看得仔細，見那男子半裸上身，穿紮短褲，從頭到腳都是鞭傷纍纍，身體被一捆麻繩綁縛住，左擺右蕩的懸吊在屋樑，搖搖晃晃。

那個男子臉黃似蠟，一見有人走進屋內，接連大罵，盡皆把祖宗十八代罵得乾乾淨淨。刑天聽他罵得起勁，倒也不以為意，仔細看個清楚才分辨出對方原來竟是自己在天山國境內執行任務時，曾經出手對過招的惡名強盜--貊。當時那人企圖劫奪明鏡的馬車並加以侵犯，索性刑天及時出手相救，才將敵人打跑。

這時沒料得竟會在此相遇，刑天謹慎走上前看，半疑半惑問：「你是天山國的頭號通緝犯，貊？對吧？」貊橫眉暴眼，見對方走來先是一愣，立即哈哈大笑：「真是人生樂趣！臭小子！沒想到居然會在此遇見你？」

原來，當初刑天將強盜打跑，貊被天山國通緝，只好逃離險地往北方走。他不分東南西北到處遊蕩，最後卻在泥沼澤地迷失途徑，被狩獵者生擒活捉。貊又氣又惱，無奈卻遭多蘿蘿捕獲，變成俘虜吊在木樑上，每天不甘受辱屈打，只好罵粗話來發洩胸中惡氣。

刑天的腦袋何等機靈，也不必聽這強盜長篇解釋，便能推測，只是此番奇遇倒是不可思議，還在思索，眼前忽見妙齡少女持刀砍來：「哪裡搗亂的混帳東西？」

刑天仔細分辨，這才醒悟是傀儡師多蘿蘿，盤算：「咦？是那個小妖女？難不成老和尚也在附近？糟糕！此地不宜久留，必須趕緊離開！」急忙抄出鐵錐架擋，平挑壓住敵人的器械，轉個天地向將刀勢化開：「正好！我有事情想要問妳！」

多蘿蘿的攻擊被敵人輕易擋掉，吃驚詫異，將力量聚向食指，往對方雙眼戳去：「我也正好窮缺一個奴隸使喚，不如就由你來當我的傀儡練功吧！」

刑天正面也不瞧一眼，疾指探出，飛快點中對方的關元穴：「當妳的傀儡？妳打得贏我嗎？」

多蘿蘿忽感覺全身痲痺，雙臂不由自主軟軟垂下，驚慌叫：「死傢伙！你做什麼？快解開我的穴道！」刑天置之不理，一手掐住脖頸：「說！盤岩宮內究竟有多少伏兵？幻獸雷鳥的弱點是什麼？妳是一個傀儡師吧？受控於傀儡術的人，要如何解開此術？」多蘿蘿動彈不得，冷笑：「真是天真的傢伙，你以為我會告訴你嗎？」刑天把五指掐得更緊：「由不得妳決定！」

貓被吊在木樑上，喊叫：「喂！光明御史！小心！」身邊忽有股勁勢襲來，刑天驚呼：「咦！什麼？」

六俱受縛咒術的傀儡飛空撲下，手中均拿刀劍，往自己的關節處斬落：「殺！」刑天警戒：「想圍困我？」身形忽向下伏，疾如掣電地閃出人叢，六俱傀儡相互撞個滿懷，跌倒在地。

一個眉慈目善的老者穿戴袈裟僧衣，緩緩走來，手持瘋魔禪杖，鞠躬：「善哉善哉！施主，我們又見面了。」刑天

手持鐵錐，謹慎戒備：「你是那個滿腹經論的老和尚吧？」

老者的兩道白眉往上略皺，恭敬鞠躬：「正是貧道。」多蘿蘿在旁喊：「盤陀大師！你不是要我找個替死鬼來練習移魂轉身術嗎？就是這傢伙了！你快把他變成傀儡殭屍！」

盤陀見青年面貌俊俏，不像個打仗的將軍，便說：「罪過！罪過！施主這樣無知年少之輩，不知自愛，居然敢獨自一人來盤岩宮送死？」

刑天冷笑：「其實你不是什麼清高的和尚吧？何不施展你那傀儡術，讓我開個眼界？」盤陀的右手握著瘋魔禪杖，左手單掌當胸，恭敬鞠躬：「看施主這樣年歲就如此輕狂，貧道看施主禍不遠矣！施主要聽貧道良言相勸，若是跪下磕三個響頭，貧道一席好言或許能教誨施主，修身養性，順便交個朋友。否則施主逆天行事，等到大禍臨頭，悔之晚矣啊！」

多蘿蘿叫：「喂！大師！跟他滿腹經綸做什麼？還不趕快出手啊！」盤陀道：「阿彌陀佛！善哉善哉！要聆聽必須先靜默，不記得貧道說過的話嗎？別貪戀成就，否則登上高峰之後的沒落，會將人帶向絕望。」多蘿蘿辯道：「大師！你總是在禁止我練習符爆術！為什麼一定要練習移魂轉身術呢？說來說去，你真的就是怕死，對吧？」盤陀回答：「不！是安全第一！妳這個可怕的小女孩，想要學會符爆術，使用詭計整人嗎？別成天只想著操控符爆術，操之過急，只會使妳沉溺在自己的慾望之中，後果嚴重啊！」多蘿蘿笑：「哈！這才叫大人啊！」

刑天沒空聽他二人爭論，說道：「哪個敢前來送死的？臭和尚！讓你的傀儡全部一起上吧！」

話鋒一轉，盤陀回歸到正題，披著僧衣，揮舞禪杖道：「罪過！罪過！施主準備拜廟燒香，替自己的忌日做個準備吧！」貂左搖右晃，垂吊在木樁上呼喊：「光明御史！先放我下來，我可以幫你對付他們！」多蘿蘿罵：「野男人！你閉嘴！」

盤陀一個倒退躍到木樁後，從腰帶取下卷軸，擺置在地，攤平展開道：「移魂轉身術！傀儡們！上！」刑天見那紙上貼滿符帖，心知有詐，還在思索立刻又見六俱傀儡撲來，持刀砍向自己：「殺！」

刑天用力一踏，把兩塊木板飛踢彈起，撞在傀儡胸膛，挽個順勢大平側滾開：「嘿！就這麼點功夫嗎？」盤陀再把靈符揉成紙團，拋入金缽，端端正正十指合掌，盤膝坐定：「移魂轉身！」

傀儡抵擋不住咒術威力，雙眼翻白，口吐白沫：「啊...殺...殺！」

刑天見那高僧把指訣結著印，雙掌合十唸個咒訣，似乎是能加增傀儡術的法力，心中詫異：「咦！這些傀儡變得更難應付了嗎？」傀儡忠誠恭順，在慫恿下只能任其差遣，奮不顧身，持刀亂斬：「殺！殺！」

刑天才剛踏起木板抵擋，忽感覺腦後生風，一個筋斗倒翻躲避，不料正面又有傀儡衝撞來攻，冷不防在自己的鐵錐一砍。雙方器械迸出火花，刑天險被那衝勁彈飛，情急之下立刻伸手去扯對方衣襟，雙腳在傀儡的胸膛用力一踏，輕輕巧巧騰上木樁：「這樣還不倒下？好大的氣力！」

眼見六俱傀儡身強體壯，兩臂如鑌鐵之堅似乎毫無破綻，索性刑天機靈避上屋簷，傀儡怒叫幾聲，往階梯衝去想爬上二樓：「殺！殺！」刑天從衣袋掣出鐵錐，擲出：「下去！」

傀儡的腳足被暗器刺中，左摔右跌，滾下樓梯。多蘿蘿見此滑稽狀，忍不住捧腹大笑：「大師啊！人到了五十歲還愚蠢，那就是真愚蠢了！你這招術果然只是騙小孩的把戲！連個野男人都應付不了。」

盤陀惱羞成怒，再把指訣結個咒印，施加靈力：「小妖女別胡說！那是因為貧道還沒正式開始施法！哼！這次讓妳見識什麼是真正的傀儡術！移魂轉身！催眠！」傀儡兵扶著欄杆爬起，全身僵直，牙關不住打顫，吐著白沫喊叫：「殺！殺！」刑天遲疑：「這些傢伙像是喪屍糾纏不休，該如何才能破解那傀儡術？」

貓被懸吊半空，喊叫：「光明御史！仔細聽好！」刑天疑惑：「嗯？你說什麼？」貓解釋：「若是你拖延愈久，老和尚就會利用傀儡製造出更多的傀儡，一旦傀儡用縛咒的鐵椎刺傷了人，移魂轉身術就會傳染上身，控制他們！」刑天詫異：「可惡！」貓繼續叫：「你仔細看！他們手中的兵器均被綁縛了符咒！千萬別被那綁縛靈符的武器砍傷，否則連你也會淪為傀儡！」

刑天仔細一看，果見傀儡手中的刀劍均綁縛著靈符，恍然大悟：「原來如此！」

盤陀的口中喃喃念着梵咒，將袍袖往上一揚，指著貓喊：「可惡！小妖女！不是早就說過不該留下禍根的？先消了那位施主的孽債吧！」

六俱傀儡奔上二樓，手持刀劍往貓奔去：「殺！」貓被麻繩捆縛得無法動彈，驚喊：「喂！光明御史！」刑天思索：「先救人要緊！」向前跳躍，一雙快腳颯腿如風，疾速般的連環飛踢：「疾風隱遁之術！」
盤陀和多蘿蘿在樓下沒看清楚狀況，忽見刑天如電閃似地化成煙霧，霎時不見蹤影：「咦！那傢伙跑哪裡去？」

一群傀儡跳出閣樓正往貙撲下，雙方才剛照面接觸，不料刑天的身形極快，白色光影如一枝穿雲箭飛梭來，六人竟被連環腿踢中，向後仰倒，背脊均是撞斷木樁的樑柱，跌落在地，顯然受傷不輕。

盤陀和多蘿蘿料不到敵人的身形快得驚人，一轉身就傷了六俱傀儡，且看那疾風隱遁之術的重力加速度詭異出奇，竟把傀儡的頰骨和齒牙均打個碎裂。盤陀面容驚變，再把靈符揉成紙團，拋入金缽：「禍哉禍哉！施主的煞氣太重，可是會遭天譴的！移魂轉身！起來！」

六俱傀儡士兵的顴骨碎裂，滿口鮮血，掙扎爬起：「呃...呃...」

刑天騰在半空把鐵錐一揮，斬斷麻繩：「別亂動！我帶你走！」貙的身軀往下落墜，還沒掙脫麻繩捆綁，就想衝去攻擊多蘿蘿：「可惡！我要先斃了那小妖女！」

刑天早料得他有此意圖，疾指探出，點中對方的關元穴：「現在不是報仇的時機！得罪了！」貙滿臉措愕：「你幹什麼？」無奈身上要穴被點，頓時只感覺全身麻痺，雙臂不由自主軟軟垂下，又叫：「喂！光明御史！你做什麼？快放我下來！」

刑天置之不理，突然伸手抱住他的腰部，扛在肩上：「想要活命就先閉嘴！我們走！」盤陀再顧不得操控傀儡，拋下捲軸和金缽，提著瘋魔禪杖衝向敵人：「兩位施主別想逃走！」刑天將身微側，避開混亂中的飛來一杖：「妖僧！你得憑本事留住我才行！」

盤陀怒眼一睜，左手做爪，疾取敵人肩膀脅下：「施主留下性命！」刑天左閃右躲從旁飛掠，一個迴旋踏在二樓的欄杆，多蘿蘿見敵人身輕如燕也不禁暗暗喝彩，拾起傀儡兵的刀劍，擲出：「去死吧！」

刑天扛著貊無法反擊，向後一仰，兩柄刀劍平身飛掠，從頭頂半尺的天井穿梭而過。盤陀和多蘿蘿察覺不妙，正要追上閣樓，忽見敵人從口袋抄出四枚煙霧彈：「再會！」

樓房內被滿團塵霧所籠罩，視界不明，唯恐刑天忽從塵霧中跳出來偷襲自己，盤陀和多蘿蘿一時倒也不敢斷然逼近。

轉眼片刻，民宅外傳來士兵的悽瀝慘叫，幾聲戰馬長嘯，逐漸遠去，多蘿蘿暗驚：「糟糕！被他跑了！」

二人發足追出門檻，可惜馬匹如生了翅膀似地早就不見踪影。盤陀臉色凝重，對同伴說：「禍哉禍哉！今次讓那兩位施主逃了，戰神若是怪罪下來，貧道可要倒霉。」多蘿蘿拍肩膀安慰，哈哈笑：「大師！別擔心吧！那兩個傢伙還在盤岩宮內，跑不了多遠的！」盤陀暗暗發愁：「那位施主的身手如此厲害，居然能瞬間移位？看來貧道必須盡速召集傀儡軍團，在盤岩宮各處搜尋，把他清查歸案才行！」

刑天扛著貊，騎著快馬穿梭巷道，幾隻飛鳥振翅飛向高空，盤岩宮內到處煙沖雲霄，顯然是有巡邏兵用火炬將附近耀照如白晝，正在搜查奸細：「快去那邊看看！」刑天心驚：「糟糕！左邊無法通行！」貊湊耳密語：「這匹坐騎太過顯眼，快棄馬往寶塔的方向逃！」

刑天仰起頭看，果見遠方有座傚樓閣式的雷雲寶塔，那塔寺築高十層，塔身稍微向西南方傾斜，思索：「那是戰神帝釋天的雷雲寶塔？」貊點頭：「嘿！你不是想殺掉他們的首領嗎？」

刑天扛著貊躍下馬鞍，邊跑邊問：「你對狩獵一族了解多少？」貊回答：「我被押到這邊已經有四個多月，從他們的談話中得知了許多消息。」刑天驚喜：「你曉得要如何破解傀儡術嗎？」貊點頭：「你先前所見到的六俱傀儡，

244

並非什麼殭屍，只是被咒術所控制的活人罷了！既然是咒術，就有辦法解開。」刑天道：「願聞其詳！」

貓解釋：「若是要對付傀儡術，就必須要立即採取行動，否則拖延愈久，傀儡師就會利用傀儡製造出更多的傀儡，一旦傀儡用縛咒的武器刺傷了人，移魂轉身術就會傳染上身，這我先前和你說過了吧？」刑天點頭：「嗯！傀儡師想利用這些傀儡，製造一個屬於自己的軍隊？」

貓再解釋：「我被俘虜的時候，曾聽那老和尚跟小妖女說過，那個咒術的厲害之處，是它能夠使用傀儡控制傀儡，在短時間內，製造出極為強大的傀儡兵團。缺點是效果無法維持太久，畢竟施術者需要吃飯睡覺，一旦歇息，那咒術就會被迫解除。」

刑天思索：「若是傀儡師想利用這些傀儡，製造一個屬於自己的軍隊，非得持續念咒才行吧？以此類推，在施展這咒術的同時，應該也沒有辦法隨意行動了？畢竟施術者若是躲在隱密之處，比較能確保自己不被敵人攻擊？」貓微笑：「不愧為四國聯盟的光明御史，你的腦袋還真機靈。」

刑天咬牙切齒：「可惡！真是邪門歪道，這世上居然有著如此恐怖的咒術？」貓繼續說道：「若被這種咒術控制，瞬間就會變得瘋瘋癲癲，而施展這咒術控制人的方法有兩種，第一種是用靈符下咒，只要把受術者的毛髮拋入瓷罈，用傀儡術結印，就會被施術者控制。這種方法比較難解，必須打破瓷罈，讓施術者受到干擾才行。」刑天急著追問：「那第二種呢？是被傀儡使用縛咒的武器刺傷嗎？該如何才能破解它？」貓點頭：「沒錯！你猜對了！若是不慎被縛咒的武器刺傷，那咒術的靈力也會纏上身。但是這種解術方法比較容易，只需把武器拔出傷口，就會清醒沒事了。」

刑天警戒：「這種咒術真是太危險了！」貂笑：「放心吧！屍體是沒有用處的，唯獨活人才有辦法變成傀儡。」刑天擔憂：「若有幾百個傀儡被老和尚控制，陸續把他們身上的武器拔出來要拔到什麼時候，才能弄醒所有的人？」貂點頭：「嗯！唯一的方法就是找到施術者，干擾他施法，才能解除傀儡身上的咒術。」

刑天思索：「如此一來，只好速戰速決殺掉傀儡師吧？否則受縛的傀儡會不斷攻擊，直到被敵人砍死為止方才罷休。」貂道：「或者那些傀儡也可能會自相殘殺而死。」刑天心想：「盤岩宮這邊發生動亂，若是被狩獵族盯上，我可沒法保護這人，不如與他分開行動還比較安全。」打定主意，兩指探出，替對方解開穴道：「你走吧！」

貂一臉茫然，詫異問：「你讓我走？」刑天解釋：「這城內馬上會發生戰爭，待在這太危險了，你趕緊去南方避難會比較安全。」貂笑：「我耳朵沒聽錯吧？光明御史，你打算放我走？」

刑天低聲催促：「你再四處遊蕩，真的會被敵人捉住。你走之後，切記遇見狩獵者的時候，千萬別逞強！免得給人一刀殺害！」貂道：「我可是天山國的頭號通緝犯，你放我走，就等於是背叛了天山國的結盟之約，你不在乎嗎？」

刑天冷然道：「像你這樣的強盜，在四國境內殺人放火，打家劫舍，害得無辜百姓受累受害我又未嘗不知？只是現在的四國處境危險，你我都是四國百姓，若要活命，非得同心協力。如果讓狩獵族侵略，最後大家勢必都變成亡國奴，什麼親朋好友？什麼衣資錢糧？盡數都只會被擄掠一空罷了。」

貂點了點頭，微笑：「嘿！大多數的人追求樂趣，但是歡樂不過是痛苦的間歇罷了！有些傢伙活著是為了吃飯，我吃飯則是為了活著。金銀財寶誰人不愛，畢竟天下哪裡有

人百姓不做，愛做強盜的？我也是為貧窮所逼，才會落草為盜，但是現在既然是在為國家打仗，有需要協助的地方，我就會全力配合。放心吧！我答應你，從今以後我不再傷害四國的百姓了。」

刑天問：「你接下來打算如何？」貂道：「我要去捉先前折磨我的小妖女。」刑天詫異：「那個傀儡師？」貂回答：「嘿！要知道打蛇不死，後患無窮。對付妖女必須斬草除根，否則春風吹又生，若是留下那孽種，日後可麻煩得緊。因此捉到她之後，我也把她用麻繩捆縛，吊起來鞭打。」刑天道：「那你自己小心保重吧！我倆在此分開行動！」貂一個健步，翻過石牆：「光明御史！我們後會有期！」

刑天目送著天山國的通緝犯離開，不知為何，心中似乎有點百感交集，忽感覺背後有人走來，當下不願引起狩獵者的注意，背脊貼著牆壁，躲在暗處：「咦！是巡邏兵嗎？」索性狩獵士兵忙碌搜宅查院，沒注意有人躲在暗巷，手執旗幟揮了揮，倉惶離開：「快去左邊搜！」

舉目眺望，遠方的外牆城垣高聳森嚴，過得半晌，忽聽得城門附近擊鼓喧天，有人吹起號角，震得週圍天坍地塌似的響亮。附近的野狗開始喧吠，刑天思索：「咦！發生什麼事情？」眼前再不得隨意逗留，見巷外的大殿寶寺被青色石刻砌成的照壁環繞，邊緣用漢白玉鑲成，中間刻著「戰神殿」三個大字。不及暇想，踏著快步朝豪宅府邸的方向奔馳去。

刑天腳下去勢極快，飛身一跳就有兩呎之遠，連竄帶縱往石柱上攀爬，輕易躍上了雷雲寶寺的屋檐。

待得爬到頂樓，伏著身向底下殿宇眺望，見盤岩宮內火光通明，似乎敵人正在搜查自己蹤影，暗想：「這地方太多伏兵，還是先找個地方躲避，等待後援軍來了，再繼續行

動。」瞥見屋簷上有一口天井，沒多思索，三個健步往窗內跳落。

那座寶塔共分十層，似乎為狩獵者練法之所，壁上懸掛許多法器，中央擺置一座大爐鼎，甚為簡樸。有個男子盤膝坐定，坐在蒲團默運禪功。刑天跳進天窗在木樑翻滾兩圈，手持鐵錐防備，伏低身軀，望向下看：「咦！是戰神帝釋天？」

狀看殿內的男子一臉風塵之態，穿著破舊的法衣，氣宇昂昂，瞇著一雙細長眼睛。刑天暗中觀察：「他在做什麼呢？」

眼看戰神殿內供奉著許多價值昂貴的法器，地上放著四個火盆，中置木炭，帝釋天披散頭髮，寧靜片刻，忽聽寶殿外傳來士兵的聲音：「啟稟大人！四國盟軍已經衝破了兩道防線！」

帝釋天滿臉腮鬍，厲聲問：「哼！難道喇珈和迦樓羅已經從泥沼澤地的鬼門關撤兵了？」士兵緊張下跪：「啟...啟稟大人，到目前為止，都還無法聯繫到兩位大人！」帝釋天略皺濃眉：「什麼？」

這個時候，另外一個校報奔進宮殿：「啟稟大人！有隻巨鳥飛進城內了！」帝釋天詫異：「哼？」士兵嚇得打個哆嗦，巍顫顫說：「大...大人...那巨鳥好像是天靈獸鴂鳳凰！」帝釋天聽了更加驚訝：「是鬱樹國的聖獸嗎？怎麼？崑崙打算突襲老夫的盤岩宮？」

刑天躲在屋簷暗處，心想：「鴂鳳凰被召喚出來了？是幽！難道他已經解決了那兩個獵命師嗎？」

帝釋天呵呵一笑，厲聲站起，喝：「全數把弓兵撤到城門上防守！」校報問：「啟...啟稟大人...如果把弓兵調到城邊，雖可防禦敵人進攻，但是就無人可以對付巨鳥了！還

請大王三思！」帝釋天冷笑：「哼！你是懷疑老夫的作戰策略？」

校報嚇得磕頭如搗蒜，跪在地上：「啟稟大人！小...小的不敢！」帝釋天喝令：「你們負責防禦四國盟軍攻入城內，鴗鳳凰則讓老夫來應付！」

校報把頭磕得更響，連連稱是：「英明！大人英明！」帝釋天仰首一笑：「千山萬嶺吾獨行 千軍萬馬吾不驚！四國的凡夫俗子竟然敢與日月爭輝？嘿嘿！老夫只需要一隻雷鳥，就能打遍天下無敵手！誰敢與老夫戰神爭鋒相對？」

校報嚇得臉白如霜，猛點頭：「戰...戰神大人英明神武！戰神大人英明神武！」帝釋天呵呵笑：「傳令下去！四國盟軍的投戈解甲者，可以免死？若是誰敢傷狩獵族一條性命，老夫絕不饒他！結局只有死路一條！」校報急奔出殿：「遵命！」

刑天伏在屋樑謹慎觀察，心中揣摩：「他準備要召出幻獸了嗎？」還在疑惑，果然見帝釋天從蒲團站起來，走向爐鼎：「雷鳥！出來！」雙手結個靈訣，默運玄功，將手一揚，大爐鼎冒出大片火花，看得刑天滿臉疑慮：「咦？他召出幻獸時，不需要符爆師的協助來產生氣溫變動嗎？」

大爐鼎升起幾縷輕煙，遠觀時彩霧彌漫，隱約有團黑影飛高了數丈，刑天俯瞰底下觀察半响，恍然大悟：「原來如此！雖然幻獸師不像我們需要萬古神器才能召喚靈獸，但是他也需要煉化雷魂珠才能施法。雷魂珠乃是由爐鼎所煉製出來的，只要身邊帶有爐鼎，不需要符爆師的協助，就能靠著爐鼎產生氣溫變動？」正念之間，忽聽殿內幾聲震響，有隻巨鷹收翅束尾，略展羽翼飛在半空。

巨鷹降落在地，帝釋天見巨鳥靈慧通神，走上前撫摸牠的鐵羽。雷鳥瞪著一雙金光四射的鷹眼，刑天嚇得向後退步

，踩著木樑邊緣：「糟糕！」帝釋天抬頭隱約見到屋樑上有個黑影晃動，詫異：「什麼人？」

巨鷹察覺動靜，展開羽翼，衝向塔頂，刑天知道情況不妙，一個鷂子翻身仰面朝上，竟從雷鳥的巨爪下掠過，運足渾身的氣力，將力量聚向雙肘，使一個懷中抱月，沿著木樑滑下：「可惡！被察覺行踪了！」帝釋天見到奸細那肯放過，結個靈訣喊：「雷震術！九雷轟頂！」

忽聽得霹靂連聲，巨鷹的上方旋起雷雲，刑天曉得若被那道神雷擊中，勢必喪命。當下顧不得情勢危急，雙手結印喊個靈訣：「瞬身術！神隱霧遁！」帝釋天跟著喊：「雷鳥！別讓他逃！」

巨鷹的翅膀發出閃光，數道雷電劈向敵人，不料刑天卻連閃幾閃隨著灰煙消失不見，雷電把牆壁劈出一個大窟窿，石磚碎裂，向下墜落。

帝釋天沒料得對方居然懂得瞬身移位之術，抬頭左看右看，忽見敵人沿著左邊的圓柱滑下。眼看這時機甚迫，稍縱即逝，急忙再結個靈訣，又喊：「雷震術！九雷轟頂！」

刑天來不及抄出混天乾坤圈召喚蟠蛟，仗著機靈瞬身移動，可惜這招式還沒辦法完全駕馭，閃避時只顧保命，並無把握能躲到何處落腳。再也收不住墜落之勢，順著磚石疾速滾下：「糟糕！」

巨鷹鎖定獵物絕不放過，振翅一拍，雷光夾雜閃電劈向目標。刑天見那道神雷疾如流星電閃，被劈中肯定是消滅無跡，再不敢遲疑喊：「御光術！神隱霧遁！」

千絲萬縷的灰煙飄盪散開，晃眼之間，刑天如疾風似地遁向寶塔的牆壁，一閃不見。巨鷹的雷電雖然稍殺敵人氣焰，可惜讓獵物逃跑既是失手，莊嚴雄偉的寶塔忽發出轟隆聲響，牆壁被閃電劈出大窟窿，煙霧直升天空。

帝釋天躍到洞口，皺著濃眉望天空看，隱約見一隻巨大靈鳥急速飛來：「哼！原來真的還有後援軍？」

「看見了！在底下！」另外一端，幽和鯨乘著鵬鳳凰梭出雲層，頭頂的雲霧被寒風衝開，現出百里方圓的天色，碧空澄澈，下方則是一片仙靈奇景。

眼看那極地冰洋的山峰恆雪不融，二人騎在天靈獸向下俯視，樓高十層的雷雲寶塔如一根通天柱立在盤岩宮正中央，牆壁破個大洞，濃煙直冒。鯨警覺：「咦？塔內有人！」

幽拿著鐧鐮刀，謹慎吩咐：「鯨兄！那人乃是戰神帝釋天，看來他已經召喚出雷鳥了！你準備好應戰沒有？」

鯨把手伸進袋去抄暗器，十枚飛刀蓄勢待發：「嘿！路歧之險，恐怕得親身履歷才能體會吧？剛才那兩個獵命師浪費了我不少飛刀，現在我要跟他們的狗頭老大討個賠償！」

帝釋天相貌威嚴，湧上一股傲然之態，兩袖清風的站在洞口道：「哼！竟然敢和日月爭輝？年輕人…不知天高地厚！」

鵬鳳凰兩翼兜風，幽和鯨乘著天靈獸俯衝疾下：「風象通靈！蒼穹天劫！」

天空中一根巨大的黑風柱突然湧現，轉來轉去，把塵土捲上高空的凍雲層。帝釋天抬起雙臂，喊個靈訣：「雷鳥！讓他們見識看看你的力量！」

巨鷹展開羽翅衝破寶塔，夾著雷電往天空飛去，一聲長嘯，滿團的電火雷雹捲向黑風柱。幽見勢不妙，急忙舉起鐧鐮刀叫：「風象通靈！影舞風遁！」

一股寒流迎面撲襲，鴞鳳凰振翅高飛，搏命俯衝從雷電底下飛掠過，往寶塔滑翔而去。

刺眼的強光從天而降，雷鳥的電流從旁掠過，擊在遠處一棟民宅，伴隨著轟隆巨響，猶如火燃炸藥一觸即爆，轉眼就冒出了滿團濃煙。許多侍衛嚇得心膽皆裂，抱頭逃跑，喊叫：「小心！著火啦！快點救火！」帝釋天不怒反笑，對著天空喝：「兩個小鬼敢來送死？老夫就成全你們！」

幽和鯀乘著鴞鳳凰衝向寶塔，雷鳥逆風展翅一迴轉，緊追在後。帝釋天見兩隻巨獸紛紛往寶塔撲來，毫無懼色，笑道：「這兩個不達時務的臭小子，到底還是聽不明白嗎？你們是無法戰勝老夫的！」

鯀挾起飛刀，擲向敵人：「準備好了！大開殺戒！」帝釋天毫無遲疑，忽從腰間抽出戰天斧一擋：「喝！」

十枚飛刀瞬間斷成粉碎，眼看敵人手中的戰天斧通體朱紅，半輪鋒刃極為銳利，鯀猜不出那是何物所鑄：「好身手！」

空中的雲層甚厚，籠罩視線，幽吃驚：「糟糕！看不見了！」一團陰影遮蔽住雷雲寶塔和戰神殿的上空，鴞鳳凰被滿團濃霧障著視線，迎頭撞向磚牆，激起塵土，滿天飛灑。

鯀和幽被那墜勢拋出數丈，旋轉兩圈，跌在瓦礫之中：「呃...呃...哪裡來的雲霧？」幽忍著疼痛，撫胸爬起：「你...你怎麼樣？」鯀搖頭：「還好，死不了的！」

鴞鳳凰撞得磚岩碎裂，落石骨碌碌墜下，堆積滿地。幽不敢大意，拿著鋼鐮刀戒備：「快起來！」帝釋天不曉得被碎石埋在何處，雷鳥按兵不動，飛在半空盤旋不定，振翅一拍，塵土遮天蔽地的也分不清楚東西和南北的方向。

鯀和幽的全身沾滿灰塵，還在遲疑，忽然有個黑影異常迅疾，手執三叉鋼戟飛趕來：「四國御史！竟敢來此裝鬼搗亂？」幽舉起鋼鐮刀，連肩帶胛向前一推，急把敵人的鋼戟壓住：「小心！」鯀見同伴搭救自己，四枚飛刀立刻擲去：「幽御史！快閃開！」

幽甚有默契，速度敏捷向旁滾避，敵人見飛刀迎面襲來，左手抄入袋中抓出引爆符：「火焰殺！氫符爆破！」

瞬間忽見半空中散發出紅光，煙霧朦朧，飛刀被引爆符炸斷了兩截落墜在地，幽抬頭一看，驚訝：「你是符爆師阿修羅？」

阿修羅年輕力壯，肩膀穿掛兩截大襟袗，披著羊毛斗篷，道：「光明御史！你們膽子真是不小，居然敢獨自闖來此地？」幽恍然大悟：「剛才的濃雲密霧！是你使用符咒讓氣候變動的吧？」阿修羅微笑：「沒撞死你們兩個嗎？」

鯀抄出飛刀，想從旁邊繞路夾攻：「晦氣狗頭，這符爆師是剛才那個幻獸師的搭檔吧？居然能呼風喚雲，阻擾天靈獸的視線？」阿修羅盤算：「原來潛入盤岩宮的光明御史不只兩個？我先前真是太小覷你們了。」

「力神！這兩個年輕人就交給老夫來應付，你先退下，城門需要重兵駐守，看來四國盟軍很快就會攻打到此。」帝釋天滿頭鬚髮，撥了撥黃布衫上的灰塵，緩緩走近道：「年輕人，就算有尊客帶著仙禽靈物來訪盤岩宮，尚且須慎重而行，你們兩個後生小輩有恃無恐，不怕將來沒命見人？」鯀心中暗罵：「可惡...晦氣狗頭居然沒死？」幽吩咐：「小心！這兩個人不好對付！」

帝釋天厲聲又重複一句：「力神！你先退下！」阿修羅回答：「戰神，沒有我的引爆符協助，你的雷鳥也成不了什麼氣候吧？」帝釋天震怒：「你非要插手不可嗎？除老夫

以外再無人能駕馭雷鳥，這世上有多少美好事物，你偏要跟老夫爭奪？」阿修羅笑：「戰神，有野心的人想做什麼就做什麼，我並非弱者，之所以沒能成功完全是因為老天爺不眷顧我。若是給我一次機會展現自己的長處，我會好好把握住。我需要的只是一個時機，如此而已。」

帝釋天哈哈大笑：「物競天擇，不適者淘汰，老夫的規則很是公平。能操控雷鳥，才是真正的強者！不懂控制幻獸的人，是無法超越老夫的！你要反省！從古至今多少人不自量力，落得悲慘下場？」阿修羅搖頭：「我的力量不比你差，我們兩個旗鼓相當，若是給我一次機會表現，我能證明。」帝釋天瞪大圓眼：「你是公然向老夫挑戰？」阿修羅道：「人爭一口氣，我是不會被看扁的！」帝釋天冷笑：「嘿！你愈想努力證明你的力量，只會愈顯出你的弱點。飛在最高的老鷹看得最遠，別整天傷腦筋該如何超越老夫，如果你需要一個能超越你的人，就先努力超越你自己好了！」

幽心中盤算：「看來這兩人起了口角，正好趁著內訌解決他們！」突然一招白鶴衝霄之勢，手持鋼鐮刀往二人砍去：「快掩護我！」鯀立即會意，擲出七枚飛刀：「遵命！」

四枚飛刀排列在半空中，旋轉如飛，帝釋天揮舞戰天斧，砍成兩截：「哼！你們所做的全是白費力氣！」阿修羅手執三叉鋼戟，自半空劈下，另外三枚飛刀也斷成碎裂：「人爭的是一口氣，我是不會輸的！」

幽的鋼鐮刀劈向敵人，帝釋天舉斧抵擋，兩柄器械摩擦火星，劇震之下，二人均感到虎口痲痺，刀斧險些脫手：「可惡！錯過機會了！」、「哼！你以為這樣打得贏老夫？」

阿修羅見有機可趁，三叉鋼戟刺向敵人心窩：「去死吧！」鯀見同伴有難，雙手伸進袋抄飛刀，忽有如開屏孔雀耀

254

眼生輝的綻放開，數十枚飛刀挾著勁風，那暗器手法技巧之高，難以防範：「幽御史！快伏低身軀！」

幽矮身一低，翻滾避開，數十枚飛刀撞在鋼戟，震得阿修羅手腕疼痛，倒退兩步：「哼！可惡！」帝釋天幸災樂禍，冷笑：「嘿！既然要跟老夫一起上戰場，就必須證明你的實力是否經得起考驗。」阿修羅忍氣吞聲：「我不會再對敵人存任何憐憫！」

幽高舉起鋼鐮刀，喊叫：「天靈獸！雷鳥交給你應付！」

鶄鳳凰拍振翅膀，一個沖天飛上大氣層，疾風旋起，將雷雲寶塔附近的塵土全都吸上旋渦氣流。

鯀蓄好腳勢，按個魚躍龍門之勢跳上半空，使出萬象包羅的暗器散擲：「接我飛刀！」阿修羅旋轉三叉鋼戟，叮叮噹噹砍斷飛刀：「哼！我力神！是不會輸給你們這些光明御史的！」

帝釋天有心炫耀，把手一招，聲音嘹亮喊：「雷震術！天火！」

滿團的雷雲夾著震天霹靂響，山搖地動，一道雷電沿著遠處劈下，瞬間把山石林木擊個粉碎。頃刻之間，烏雲遮日失去了光明，飛沙和狂風大作，雷鳥的雙眸奇光爍閃，雷電將地上劈裂個大坑，許多焦樹都冒出濃煙，起火燃燒。

天空中烏雲密佈，城中的侍衛望見一脈光火從眼前迅速閃過，隨即是轟隆隆的響聲，通徹雲霄。幾株大樹被雷電擊中，樹枝燃燒成火團，墜落在地。

盤岩城的樓房被雷擊中，災民嚇得大半逃散，心想若是被那神雷擊中，性命難保，豈不冤枉成了焦面鬼？

再說幽和鯀與敵人狹路相逢，沒空援救難民，眼睜睜看著狩獵族的士兵押著災民撤退，被神雷擊中的樓房煙霧直冒，火從樹出，如燒窯一般延至半里之外，就算再堅固的城樓也被擊得粉碎，銅門盡毀。

神雷和天火夾著雹冰墜落，凍得眾人全身發抖。遭殃的災民嚇得大哭大鬧，混亂中有人跌倒，狼狽不堪。

狩獵族的士兵視人命如草芥，幽原本打算搭救災民，遇上天降神雷也是無能為力。幾個狩獵兵抽出號筒，嗚嗚嗚吹起笳聲，號角徹響雲霄，有人聽見笳聲立刻拔出彎刀，見人就砍。逃命的災民嚇個魂飛魄散，當中有幼婦也驚得大哭，被砍傷的人奄奄一息躺臥在地，倒在血泊之中。

一陣狂風吹來，半天昏暗，幾個蓬頭小童逃得慢些，被狩獵兵用藤條抽打，號啕大哭。雹冰和雷雨淋得全身發冷，災民被逼到如此落魄淒涼的光景，幽想援救卻是不能，眼看那隻獵鷹幻獸的天火撼震山嶽，若被神雷劈中，肯定煙灰飛滅，心驚：「糟糕！必須速戰速決！」疾速躍起，手中的鐧鐮刀向前橫掃，斬向敵人的肩頸：「快住手！驅走雷鳥！」

帝釋天急往後退，見那鐮刀劈頭砍來，立刻抬起戰天斧抵擋，二人僵持不下 ：「嘿嘿！老夫叫戰神不是毫無來由的。至今為止，還沒能找到一個能和雷鳥匹敵的對手，這對於老夫來說，可是一種恥辱！」

幽的臉色如霜，顯然是鐧鐮刀禁不住對方壓力：「快...快住手...」帝釋天的手勁極大，呵呵冷笑：「好小子！虧你還能堅持那麼久，也算難得！」

兩柄利器相交，摩擦出火，幽的鐧鐮刀勉強擋住，不由自主被逼著向後退步：「可...可惡...」帝釋天想奪他性命，左手做爪要取咽喉，發聲威喝：「你沒路可逃了！還不認命？」

正準備要下殺手，半空中突然閃出一個黑影，將力量聚向右肩：「幽！我來助你！」帝釋天不曉得此乃虛招，舉起戰天斧抵擋：「什麼？」

黑影速度快得驚人，一雙快腳颯腿如風，連環飛踢，帝釋天被攻個出奇不意，胸膛痛辣辣中了三腳，向後一仰，險些站立不住。索性急把袖袍左揮右舞地化開勁力，肩膀隱隱生痛：「嘿！臭小子！我還以為你已經落荒而逃了呢？」

幽驚喜：「刑弟！」刑天問：「你解決掉雲間道那兩個獵命師了？」幽灰心的搖了搖頭：「差了一點！僥倖被那兩人逃掉了！」刑天安慰：「沒關係！還有機會！」幽道：「先解決眼前這個幻獸師要緊，刑弟！我用天靈獸進攻！你掩護我！」刑天急忙阻止：「幽！快把鵁鳳凰驅走！若是被神雷擊中，我們就無法贏得這場戰役了，僵持下去只是在白白損耗鵁鳳凰的靈力！」

帝釋天仰個哈哈：「年輕人，算你識相！」

幽沉默半晌，一手搭在同伴的肩膀：「刑天！」刑天側頭望他：「怎麼？」

幽伸手摸著項上，緊緊握住對方所贈予自己的那條木圈項串，露出自信微笑：「成功永無盡頭，失敗也永不致命，歲月並不會使人衰老，只有半途而廢放棄理想，才會使人死亡！切記！成功的決心比任何事都重要！」

刑天見對方戴著自己所送的友誼之物，精神倍增：「好！我們一起解決掉雷鳥！」帝釋天繃緊臉皮：「你們兩個！在老夫的地盤空談生命嗎？」

幽將鋼鐮刀護在胸前：「唯有不怕行走死亡之路的人，才配活著！機會永遠是等待準備好的人！你準備好了沒有？

」刑天毅然點頭：「幽！那隻雷鳥身上的電流所散發出的熱度，遠遠超過了山靈獸的火焰！天靈獸若被劈中，絕對會瞬間把靈力給耗盡，千萬不能草率進擊！」

幽問：「查出牠的弱點沒有？」刑天解釋：「雷鳥身上的電流能維持的時間非常短暫，中間有間隔時差，我們必須利用電流切換的時差，採取攻勢。」幽點頭：「好！我們上！」

帝釋天相隔有兩三丈，張口怒吼，高舉戰天斧劈向二人：「雷擊！」

巨鷹的雷雲霹靂一聲，大團雷火擊中戰天斧的鋒刃，帝釋天手中的利器忽紅忽藍，發光閃爍：「雷鳴天驚！去吧！」

「幽！小心！」、「快撤開！」刑天和幽急往後退，顧及保命只好閃避，神雷閃電震得盤岩宮搖山動地，磚牆都被劈成粉碎。

且看雷火當空爆炸，坍塌的磚牆激起塵揚，千萬層青煙和濃霧將視線濛濛遮蔽，什麼也看不見。刑天和幽仗著應變神速雖未受傷，卻被那勁勢拋飛遠處，猶如斷線風箏，跌在瓦礫堆中：「啊！」、「可惡！」

鯀見兩個同伴受挫，驚喊：「二位撐著！」不料猛覺腦後風生，阿修羅的三叉鋼戟拿捏精準掃向自己咽喉：「準備受死吧！」鯀忙把腰身伏下，狼狼避過這一殺招，饒是如此，右肩也被鋼戟削去半塊肉，劇烈疼痛：「晦氣狗頭！」

帝釋天移動寸步，將戰天斧高高舉起：「年輕人！這一切都結束了！」正要施展九雷轟頂之術，突然焰氣衝天，盤岩宮的上空旋起藍雲。一隻龐大的巨蛟獠牙外露，張嘴噴出十餘丈藍色火焰，冒著濃煙。

阿修羅和帝釋天抬頭驚看，詫異：「是四象獸？」

刑天爬起身之後，敏捷的飛快奔近，拿著混天乾坤圈自半空劈下：「火象通靈術！藍焰火柱！」

蟠蛟張開巨口，瞬間噴出藍色火球，烈焰爆散開如同隕星墜落。阿修羅和帝釋天狼狽閃躲，刑天右手一揚，鋸齒飛輪迎面砍來：「別想逃！」
霹靂光環的利輪勢走偏鋒，帝釋天甩出長袍，轉旋三捲，硬是將混天乾坤圈牢牢綁縛：「年輕人！你太小看老夫了！」講完，腳下移位寸步，腰逆風轉，抬起手肘照向對方的胸口相撞：「給老夫躺下！」

刑天來不及退避，被敵人的臂力撞得胸口氣血不暢，向後一跌，萬古神器險些鬆手。

幽撐著氣力爬起：「刑弟！」

刑天一手緊按肚腹，臉色疼痛：「呃...幽...」抬起頭看，瞥見坍塌的寶塔廢墟堆中有座爐鼎，火焰燒得正旺，腦海忽想起一件重要事。當初自己潛入盤岩宮時，曾在屋簷上觀察到帝釋天召喚雷鳥的情形，那時他觀察半晌，頓有所悟：「原來如此！雖然幻獸師不像我們需要萬古神器才能召喚靈獸，但是他們也需要煉化聚魂珠才能施法。聚魂珠乃是由爐鼎所煉製出來的，只要身邊帶有爐鼎，就不需要符爆師的協助，才能產生氣溫變動？」想到此節，忍著疼痛，爬起身喊：「幽！爐鼎中的火焰！」

幽詫異：「什麼？」刑天把鐵錐緊藏懷裡，拿著混天乾坤圈朝火爐奔去：「快熄滅它！那是雷鳥的弱點！」

帝釋天回頭驚看：「糟糕！」刑天縱身一跳，擲出鐵錐攻擊爐鼎，大溶爐向旁傾斜濺出火團，飛在半空的雷鳥忽然

拍振翅膀厲聲怪叫，身軀往下一沉，化成煙霧，消失不見。

幽驚喜：「幻獸術被破解了？天靈獸！趁現在快解決掉幻獸師！」

鵪鳳凰在高空聽見主人呼喚，兩翼兜風俯衝下，一陣灰沙飛土從頭頂滑翔而過，帝釋天來不及躲被勁風捲飛數丈，跌在坍塌的磚岩，撞個灰頭土臉。阿修羅仰個哈哈笑：「戰神！看來你也有需要我的時候？」帝釋天臉色鐵青，扶著戰天斧爬起身：「哼！」

這個時候，城門那邊傳來幾聲悽厲慘叫，許多侍衛身上中箭，陸續從牆垣上失足跌落。有人失聲喊：「四國盟軍攻過來了！」

遠處隱約可見飛沙滾滾，城外有馬蹄聲急促趕來，幽驚喜：「是四位大人的前線軍隊來支援了！」靈機一動，轉過頭喚：「刑天！快攻擊城門！」刑天立即會意，叫：「火象通靈！流星焰火球！」

蟠蛟張口噴出了藍色火焰，濃煙飛揚，許多藍色火球如隕石墜落。

燒著藍焰的火團撞擊在牆垣邊，激起濃煙密霧，狩獵兵嚇得摔下城門，頓時忽見大批四國聯盟的軍隊長驅直入，湧進城內。那群侍衛捲起旗幟，敲鑼擊鼓，助長威勢，從城門四面八方衝了進來，有千戶長率領軍隊，喊道：「大家攻下關隧！等候白雲大人他們前來支援！遇見敵人只管一併誅滅！不得留下活口！」

帝釋天見成群隊伍湧入城內，額上的青筋凸起，氣得咬牙：「原來是聲東擊西之計，利用光明御史把老夫調開？」阿修羅抄出靈符：「怎麼樣？我沒說錯吧？沒有我的引爆符協助，你的雷鳥就無法發揮作用。戰神！趁著時間還足

夠，若是你肯虛心向我請示，我就用符爆術改變氣溫，讓你再次召出雷鳥。」

帝釋天斜剔一眼，悶聲：「哼！」腳下疾速飛馳，把幾個迎面馳來的士兵掐住脖頸，椎骨絞成碎裂，拋擲開：「休想！」

幽驚呼：「糟糕！他想逃走！」

刑天使用太多次的神隱霧遁之術，消耗了大量靈能和體力，無法追捕敵人：「幽！」幽見同伴頭暈目眩，扶著肩膀：「你怎麼樣？」刑天搖頭：「別管我，快去追他！」

沒料得帝釋天忽然撤退，阿修羅見巨大的蟠蛟盤踞在牆垣邊，鵷鳳凰又盤旋高空，顯然情勢不利。見機立刻改變攻勢，轉旋三圈扯下符袋，袋內掛滿密密麻麻的文帖，帖上黏著火藥：「我們再會吧！」

幽聞到一股硫磺味，醒悟：「糟糕！是引爆符！」阿修羅剔眼冷笑：「我們會再回來的。」講完，抽出火折往導火線一摩擦，把那符袋拋飛天空：「秘遁！千符破爆術！」

幽叫：「大家快躲起來！」

突然之間，蕩在半空中的符袋散發出萬道紅光，密密麻麻的文帖被火焰引爆，把周圍瓦礫炸得激飛。煙霧朦朧，瀰漫住整座盤岩宮的廢墟。有幾個盟軍的侍衛騎馬馳來，倒霉被轟個血肉橫飛，岩壁也都炸出許多大窟窿，搖山動嶽，仿彿整個天勢都在震動。

頭頂上傳來巨響，岩石斷裂，刑天抬起頭看，萬斤之重的墜石沿著寶塔邊緣滑落，陰影遮天。幽的右手臂全是血跡，披頭散髮，舉起鋼鐮刀喊：「風象通靈！影舞風遁！」

一股寒流迎面撲襲，鵃鳳凰振翅高飛，向下俯衝，撞得岩石碎裂，塵揚氤氳，空氣中瀰漫著嗆鼻煙味。

那引爆符的**轟聲震耳欲聾**，刑天和同伴耳鳴心跳，索性沒被炸個粉碎，回頭驚見城樓上陸續起火燃燒，濃煙蔽霧瀰漫了整個盤岩宮的天空，日月似乎都變得黯淡無光。

鯀抄出飛刀：「可惡！我去追那傢伙！」刑天和幽均攔阻叫：「飛刀人！等等！」、「鯀兄！別獨自行動！」才剛講完，四國盟軍湧入關隧，狩獵族的侍衛被槍尖前心刺通後背，有人跌下馬鞍，氣絕身亡。幾百支火焰箭從城外射來，照準腦袋沖天墜下：「殺啊！快衝入城內！」

幽關注四國聯盟的軍情，顧不及追逐鯀，奔向支援軍的侍衛，扯住一人問：「崑崙大人他們是不是已經制伏了雪獸？」侍衛認得是光明御史，恭敬道：「啟稟幽大人！崑崙大人和白雲大人的四象獸攻穿了大雪山的玄冰，因此四國聯盟的前線部隊才能通行到此。」

幽驚問：「咦！怎麼只有兩位大人？不是三位大人在一起對付雪象獸的嗎？雷烈大人呢？雷烈大人原本和崑崙大人與白雲大人在一起的，他去了哪裡？」侍衛解釋：「多虧刑天大人和幽大人攔截了情報，盤岩宮無法及時派兵支援前線，因此符爆師錦那羅和幻獸師乾闥婆才會不敵我們的勢力，被逼迫向北方撤退，企圖遁走。現在兩位大人正還在追捕當中，後來雷烈大人得知密報，聽說雷昊少主不顧危險搶走如意風火輪趕來前線支援，因此更改路徑，帶了千人軍隊先行離開，趕去阻止雷昊少主擅自行動！」幽追問：「竟然有這種事情？為何雷昊少主要擅自行動？那鬼門關呢？泥沼澤地那邊，鬼門關的戰況如何？」

一個畫面迅速轉過，士兵的腦海浮現出先前的戰況，思索半晌，描述：

「風羌！快用水攻術掩護嬋大人！」海棠謹慎戒備：「我從左邊攻擊沼澤鱷魚！」

風羌把捆仙繩抽鞭一喊：「玄冥龜！水象通靈！」
巨龜體形大得駭人，背著甲殼緩緩向前移動，腳掌一踏，泥沼澤旋出許多圈漩渦，將狩獵族的駐兵淹沒底下。

迦樓羅拿著驚天槌，連竄帶縱跳上巨鱷的頭頂：「泥沼術！夯土牆！」

混沌的泥漿忽變得浮泥鬆軟，玄冥龜的腳掌陷入泥濘，難以自拔，漩渦海浪如雪花分散，漫天的水霧映成朦朧一團。風羌見水象術對泥沼獸絲毫不起作用，急忙抓起金鵰弓和羽箭：「可惡！」海棠驚叫：「留神！」

另外一端，喇珈口誦真言，對著大蟾蜍喊：「毒砂之霧！」
大蟾蜍張口吐出五色彩霧，毒霧凝成雲團向四方擴散，風羌久歷戰場，一見便知有瘴氣來襲，急喚：「水象通靈！水禦防空牆！」

遮蔭蔽地的水牆高出幾丈，海棠見同伴召喚玄冥龜湧起一波壁立若牆的浪濤，也跟著喊：「土象通靈！地禦擋土牆！」

土象獸之白尾麋鹿啼叫一聲，平曠的泥沼澤地忽又冒出幾千株花樹，虯枝盤結，凝成一座長廊。萬千株奇樹互相纏繞，毫無縫隙，海棠對侍衛吩咐：「大家快從中間通過！」

侍衛原本被困在浮泥沼澤的彼岸，一見四象獸用樹草拓出道路，紛紛湧入花叢隧道：「殺啊！」

喇珈見敵人企圖衝破鬼門關，展開雙袍，釋出蠍子、蜈蚣、蜘蛛和冰蠶等毒物：「想闖過我鬼門關？哼！毒瘴禁制術！萬毒鑽心！」

鬼門關的浮泥沼澤，適合為毒蟲盤踞之所，眼看蛇王放出毒蟲和妖煙邪霧，一成群衝入花叢隧道的援兵奔到半途，便紛紛迴轉，逃跑叫：「啊！有毒物！大家快逃啊！」、「救命！是毒蛇啊！」

四國盟軍掉頭逃跑，忽在一轉瞬間，大團黑影露出利爪從天空俯衝下，赤鷲用翅膀掃出數道旋風，攻向敵人。

那來勢太疾，喇珈也未看出什麼破綻，來不及躲，竟連同毒蟲都摔入浮泥沼澤：「鳥人！」迦樓羅見同伴有難，從神隱寶袋抄出符紙，雙手合攏搓了幾搓：「符爆術！天火！」

天空忽颳起一陣焚風，嬋見敵人想用火攻，急忙舉起鴛鴦鉤喊：「風象通靈，天罡風穴！」

天空颳起一陣大颶風，萬團錦雲從氣層倒捲下，將迦樓羅和符紙吸入其中，密無縫隙。忽然間落葉飄散，風壓全消，赤鷲的風穴將迦樓羅和泥沼巨鱷埋在其內，已不知捲到何處。霎時間雲消霧散，週圍變得靜蕩蕩的。

軍隊見赤鷲消滅敵人，紛紛拿著弓矢箭矛追趕，歡呼：「衝啊！」喇珈見同伴迦樓羅被天罡風穴捲入錦雲，氣得吹鬚瞪眼：「可惡！給我記住！」

描述到此，報訊的侍衛繼續又說：「事情經過就是如此，嬋郡主、風羌大人和海棠大人衝破了鬼門關的防線，迦樓羅被天罡風穴吸入錦雲，此刻恐怕已經喪命了。因此我們救援軍才能通行，後來在崑崙郡主和白雲郡主那邊亦是如此，索性二位大人抵擋住狩獵者的攻勢，我們才能通暢無阻地趕來此支援。」刑天點頭：「嗯！我明白了！」

幽舉起鋼鐮刀,招呼:「刑弟!我們分開追敵!」
刑天握著混天乾坤圈,點頭應:「嗯!」正要踏步,忽見街道末端藍火映天,黑煙直冒上半空,樓房坍塌,淪陷火海。有人驚喊:「失火了!」

街上混亂一團,無辜百姓東奔西逃,刑天思索:「藍火延燒,讓蟠蛟在此肆虐太危險了,我要不先把蟠蛟驅走?」還在猶豫,面前忽有個老嫗提著竹籃奔來,從籃子裡掏鐵錐:「刑天御史!」

刑天謹慎:「咦!什麼?」順手抄起混天乾坤圈抵擋,不料敵人開山裂碑的勁力迎面劈下:「身手不賴!」刑天感覺手腳沉重,恐怕是先前耗消體力過度,噹啷聲響,混天乾坤圈凌空旋轉,疾速彈飛:「糟糕!」

萬古神器一旦脫手,盤踞在城垣的蟠蛟忽像是靈力耗盡一般,化成幾畝方圓的白煙濃霧,吹成團片,滿天飛揚。

神秘男子將身伏低,向前空翻轉個雀地之勢,將混天乾坤圈握在手中,樂洋洋笑:「刑天御史,你實在是太不謹慎了!」刑天詫異:「魄狼!你做什麼?」魄狼欣賞著握在手中的乾坤圈,笑問:「體力耗盡了嗎?」

盤岩宮如被匪盜搶掠,守衛掙先逃跑,情勢混亂也不見狩獵兵前來刁擾二人。刑天的耳邊傳來百姓哀叫,幾百支羽箭點火燃焰,從城樓外射來,沖天墜下。濃煙瀰漫,遮蔽了整座盤岩宮的天空,隨即有幾個狩獵族的士兵被槍尖刺穿心臟,氣絕身亡。

魄狼忽舉起混天乾坤圈,高喊:「藍焰之火,山靈獸!蟠蛟!」

突然之間焰氣衝天,氣層上旋起藍雲,龐大的蛟獸又將身軀盤踞在城樓周邊,刑天見這景象不敢大意,抄出鐵錐防

禦：「魄狼！快點住手！你曉得自己在做什麼嗎？」魄狼握著神器，霹靂光環燒成一團藍火：「火攻術！藍焰烈獄！」

蟠蛟獠牙外露，嘴一張噴出十餘丈的藍色火焰，許多火球如隕星墜雨，嚇得方圓百里的鳥獸飛散，逃向南方躲災避難。

刑天身形一閃，飛掣電馳，衝往城門避難：「糟糕！得想辦法奪下神器！」魄狼緊追在後：「刑天御史！你也有害怕的時候嗎？」刑天跑到盤岩宮的懸崖邊，可惜城垣內沒有退路，磚牆把周圍環繞得風也不通：「可惡！」

魄狼魅形一飄，手中的混天乾坤圈劈頭砍下：「逃不了多遠了吧？」刑天翻滾避開，抄出兩枚鐵錐防禦：「你究竟有什麼企圖？」

魄狼冷笑：「嘿！適者生存，這個天下弱肉強食，自古以來便是勝者為王，敗者為寇的鐵律！自己的命運要靠自己掌握，要靠自己開創！」

刑天聽他說得玄虛，一時還搞不清楚狀況，疑問：「你想要刺殺四國郡主，然後逆謀篡位？」魄狼冷笑：「我魄狼若是真要做一番轟轟烈烈的偉業，又何必要等當了郡主才行？」

刑天無暇思索，一腳踏著磚岩躍上城垣，飽吸口氣，借著重力之勢更向上跳，瞬間衝天五層樓高，全身仿彿飛入九霄雲端：「可惡！該怎麼搶回神器？」

魄狼見對方翻出牆外，不顧危險企圖想攔阻，縱身一轉跟著跳下，沿著傾斜土坡愈滑愈快：「刑天御史！你受了重傷，逃不了多遠的！」

刑天這人素來機警，心裡曉得若是恃血氣之勇與對方拼命，唯恐命喪於四象獸的火攻術，故意裝痴扮傻，試圖用言語拖延對方：「我沒打算要逃，你處心機慮置我於死，是害怕我像白雲大人揭發你的陰謀？」

魄狼曉得對方有心與自己周旋，避免在此走露風聲，恨不得速戰速決：「刑天御史，我與你一樣都是蓬萊國的光明御史，難道我無法識破你的心思嗎？」

刑天飛躍城牆滑下斜坡，懸崖邊緣峻峭險阻，魄狼追趕在後一時之間也捉不住他，舉起混天乾坤圈喊：「蟠蛟！火焰衝！」
背後樹林忽有團野火燃燒來，刑天奔跑勢急，草木如萬點落影向後倒退。

可惜先前消耗了過多體力，眼看那火勢燒得好快，刑天奮力一跳，騰在半空，撼天震地的火焰從腳下掠過，焚風夾雜著塵埃把草木瞬間燒成焦黑。眼看自己盪在半空中無路可逃，仿彿成了瓦中之鱉，心驚：「糟糕！中計？」

耳邊嗡嗡生風，魄狼手持混天乾坤圈，一個飛躍砍來：「你就只有這點本事嗎？」刑天亂髮飄盪，臉頰上豆大的汗珠涔涔滴落：「可惡！」眼下毫無善策可應，只能借風阻力側轉身軀，揮出鐵錐抵擋：「你若是肯和四國聯盟同心協力建功立業，救民於水火，豈不圓融？為什麼要圖謀篡位？」

「我沒打算圖謀篡位！」魄狼揮出混天乾坤圈，卯足全力擊在鐵錐上，兩柄器械磨擦出火光，刑天的鐵錐瞬間斷成兩截，向旁彈飛。

一股炎熱迎面撲襲，蟠蛟之焰捲起了藍色火柱，刑天摔出懸崖，俯瞰冰洋極海的沿岸線：「糟糕！」

魄狼借勢反彈，跳回懸崖，五指往岩壁一抓，整個身軀如壁虎貼在峭岩：「順便告訴你吧！處心機慮置你於死的並不是我，我只是見機行事罷了！」刑天驚訝：「什麼？」魄狼高舉萬古神器，飽吸口氣喊：「爆炎火遁！」

遠處的蟠蛟張開巨口，吐出藍焰，火勢毫無預警地從盤岩宮的方向襲來，樹林中驚鳥四散，瞬間竟將宮殿的半山全都吞在火裡。

烈焰中傳來轟隆巨響，樹林坍塌，陷在一片火海，竟連野花野草都被焚燒殆盡。

魄狼兩頰的長鬃順風飄揚，哈哈笑了三聲：「你能死在我的手裡，也算得上是轟轟烈烈！」說著，把混天乾坤圈收縛腰帶，雙手往岩石一攀，躍上懸崖，瞬間走得無影無蹤。

滿天的暗雲籠罩在冰原上方，天空浮雲被藍色火焰耀照通明，濃煙直冒。

盤岩城的懸崖下可見巨大浮冰隨波逐浪，相互撞擊，鯨群隱沒在冰洋碧海之間。刑天感覺有股排山倒海的勢力擁來，全身如熱鍋炸開，眼前一黑，朝著半山迅速落墜…

山海幻世錄 第一部

原初之始,天地混沌黑暗,自盤古開天闢地以來,地繞黃道每六萬六千六百六十六年必有一次大劫,那橫災會使萬里方圓的地域發生海嘯山崩。

一旦大劫來臨,不僅池枯地裂,氣溫驟降,甚至還會洪災橫流,島嶼陸沉,生靈更是遭受沉湮之災。

四位仙人走遍天下,在極地偏僻之處發現了天地相輔、山海相循的天機奧秘。

靠著吸收天地山海的日月精氣,和火風水土的醞釀,所淬煉出的幻化靈珠,可以扭轉人類榮枯興衰的契機。這幾顆四象靈珠被打鑄在兵器內,代代相傳,被後世百姓稱為「萬古神器」。

這本小說,藉由一個平凡少年的今古奇遇,萬古神器和四象靈珠召喚術的超時空幻景,帶您進入前所未有的古典奇幻新紀元,敬請期待

Tales of Terra Ocean

Long before the distant past, Earth was an organic whole without form and void. A divine goddess named Pan Gu separated Earth from Heaven to form Terrestrial continents。 Once every sixty six thousand six hundred and sixty six year, a disastrous scourge would be brought upon this land。 Floods, drought, famines, earthquakes and disease epidemics spread throughout Earth。

Four Sages walked across the continents and discovered the myth of contrary forces, which were interconnected and interdependent in the dynamic natural cycle。 Relying on absorbing the spirits of sun, moon, fire, water, wind and earth, an animating force was formed within beads which could summon the catastrophic destruction brought upon land but also able to preserve the existence of mankind。

Weapons were forged with spiritual beads, passed down through generations and were dubbed
Eternal Summoning Weapons of the Ancient」。

As the plot progresses throughout this book, readers will be able to browse inside an ordinary youngster's extraordinary journey, retroactively entering the chronological time warp of paranormal summoning monsters, and witnessing a new era of fantasy stories。

This book guarantees an unprecedented scale in the classical Chinese literature。

A literature of fantasy moniker 「Tales Of Terra Ocean」

作者：蘆葦草

編輯：陸威廷

電子郵件：rikuwatashi@hotmail.com

購書網址：http://blog.udn.com/rikuwatashi/article

封面設計：草米菓創意工作室

地址：新北市新店區三民路159巷9號4樓

電話：02-29101237

網址：https://www.facebook.com/scm.2012

版次：2014年01月

ISBN：978-149-48-5491-1

Made in the USA
Lexington, KY
22 March 2014